JAN-PIETER BARBIAN
WERNER RUŽICKA (HG.)

EBERHARD FECHNER
EIN DEUTSCHER ERZÄHLER

KLARTEXT

Bibliografische Information der Deutschen Nationalbibliothek
Die Deutsche Nationalbibliothek verzeichnet diese Publikation
in der Deutschen Nationalbibliografie; detaillierte bibliografische
Daten sind im Internet über http://dnb.dnb.de abrufbar.

1. Auflage Oktober 2018
Umschlaggestaltung: Volker Pecher, Essen
Satz und Gestaltung: Jörg Spengler
Druck und Bindung: Majuskel Medienproduktion GmbH
Elsa-Brandström-Straße 18, 35578 Wetzlar

ISBN 978-3-8375-1993-8

© Klartext Verlag, Essen 2018

Alle Rechte der Verbreitung, einschließlich der Bearbeitung
für Film, Funk, Fernsehen, CD-ROM, der Übersetzung,
Fotokopie und des auszugsweisen Nachdrucks und Gebrauchs
im In- und Ausland sind geschützt.

KLARTEXT Jakob Funke Medien Beteiligungs GmbH & Co. KG
Friedrichstr. 34–38, 45128 Essen
info@klartext-verlag.de, www.klartext-verlag.de

Inhaltsverzeichnis

5   JAN-PIETER BARBIAN UND WERNER RUŽICKA
Zur Einführung

15   DIETRICH LEDER
Solitär und Einzelkämpfer. Der Schauspieler, Dokumentarist und Filmregisseur Eberhard Fechner

63   JULIA SCHUMACHER
Eberhard Fechner und die „Hamburger Schule"

87   SIMONE EMMELIUS
„Morgen muss ich fort von hier". Die Comedian Harmonists

101   ANGELA HAARDT
Eine Erzählung. Eberhard Fechners Film „Der Prozeß. Eine Darstellung des Majdanek-Verfahrens in Düsseldorf"

123   JAN-PIETER BARBIAN
Kino oder Fernsehen? Die Kontroverse um die Verfilmung des Romans „Winterspelt" von Alfred Andersch (1978)

161   OLIVER HADJI
Meeting Eberhard

167   KLAUS KREIMEIER
Nachrede auf Eberhard Fechner

177   FRITZ WOLF
Von Fechner bis heute oder: Vom Fernsehen, das es einmal gab

185   TORSTEN MUSIAL
Welche Spuren hinterlässt ein Mensch? Das Eberhard-Fechner-Archiv in der Akademie der Künste als Quelle für die Forschung

193   Verzeichnis der Autorinnen und Autoren

200   Bildnachweis

Portrait Eberhard Fechner 1978.

JAN-PIETER BARBIAN UND WERNER RUŽICKA

Von Menschen erzählen
Zur Einführung in ein Buch über Eberhard Fechner

EIN BESONDERER NACHRUF

Als Eberhard Fechner am 7. August 1992 in Hamburg gestorben war, würdigten zahlreiche Nachrufe in der deutschen Presse das Lebenswerk des Schauspielers, Regisseurs und Autors. Den liebevollsten Nachruf schrieb damals Horst Königstein (1945-2013), der Fechner als sein Vorbild betrachtete und ihm als Drehbuchautor und Regisseur fürs Fernsehen gefolgt war.[1] „Im Mittelpunkt seiner Arbeit" habe „nicht so sehr die dokumentarische Observation" gestanden, „sondern das Textbuch, das jeder Mensch für seinen eigenen Lebensentwurf formuliert, spielt oder verwirft. Menschen als Darsteller ihrer eigenen Lebensmöglichkeiten, – oft genug als Opfer ihrer Lebens-Unmöglichkeiten".[2] Fechner war für Königstein „ein bescheidener, aber stets präsenter Übervater" gewesen.[3] Die nachfolgende Generation habe von ihm gelernt, „dem Singen und Reden des Alltäglichen zu lauschen; den kleinen selbstgebauten Bühnen hinter großbürgerlichen Türen und in bescheidenen Etagenwohnungen alle Aufmerksamkeit zu schenken – den Verstellungen und Offenbarungen, den Riten und Artefakten, den kleinen und großen Auf-Rechnungen." Jeder Mensch sei für Fechner „einzigartig" geblieben. Er habe „das Besondere im Unauffälligen" getroffen, weil er „mit Respekt und Geduld" zuhörte. „Die kleinen Bühnen – die Wohnungen mit den Fotoandenken, den versteckten Tagebüchern, den zerkratzten Schallplatten, – den Altären und Geheimnissen des 20. Jahrhunderts: Sie sind der Ort gewesen, wo wir – dank Fechners Schlüssel – genauer hingeschaut haben. […] Ohne ihn (dessen Obsessionen und letzte Volten der Recherche wir manchmal aus Schmerz und/oder Ungeduld nicht teilen mochten) gäbe es einen bestimmten Blick nicht."

---

[1] Horst Königstein: Für Eberhard Fechner. Ein unordentlicher Dank, in: FUNK-Korrespondenz Nr. 33 vom 13. August 1992, S. 1-3.
[2] Ebd., S. 1.
[3] Ebd., S. 2. Das nachfolgende Zitat ebd.

WIE FECHNER SELBST ES SAH

Die präzise Beobachtung und Bewertung Königsteins lässt sich durch drei Selbst-Äußerungen Fechners aus den 1970er Jahren belegen. „Über das ‚Dokumentarische' in Fernseh-Spielfilmen", einem Aufsatz für die Literaturzeitschrift „Akzente" aus dem Jahr 1973,[4] geht auf Giorgio Strehler (1921-1997) als sein großes Vorbild ein. Für den italienischen Theaterregisseur, mit dem Fechner von 1961 bis 1963 am Piccolo Teatro in Mailand zusammengearbeitet hatte, war das „Sichtbarmachen gesellschaftlicher, moralischer und historischer Bedingungen" die Hauptintention seines künstlerischen Schaffens gewesen.[5] Diesem Engagement fühlte sich Fechner verpflichtet, als er zunächst in deutschen Schauspielhäusern und dann im Fernsehen Regie führte. Zu seinem Handwerk als Drehbuchautor gehörten dabei „umfassende Recherchen, systematisches Sammeln von Fakten und individueller Aussagen", um „Sachverhalte und Verhaltensweisen von Menschen so gewissenhaft wie möglich beschreiben" zu können, „mit der Absicht, dem Zuschauer durch die Darstellung symptomatischer Einzelfälle auf unterhaltsame Weise Einsichten zu vermitteln."[6] Bei der Umsetzung des Drehbuchs achtete der Regisseur Fechner dann auf die „weitgehend Detailtreue – sowohl in der Besetzung der auftretenden Personen als auch in der Auswahl (bzw. der Rekonstruktion) der erforderlichen Dekorationen usw. Wenn möglich, drehen wir an den Originalschauplätzen. Wo diese uns unzugänglich sind, bauen wir sie originalgetreu nach."[7] Die von ihm gewählte Darstellungsform sah Fechner „in ihrer Konstruktion dem Spielfilm näher als dem, was man gemeinhin ‚Dokumentarfilm' nennt."[8] Zumal er die Meinung vertrat, dass es „kaum eine Form der Kommunikation" gebe, „die sich besser manipulieren lässt als der sogenannte Dokumentarfilm".[9] Dagegen wollte Fechner in seinen Filmen mit der „Beschränkung auf die Aussagen der Interviewten und die kommentarlose Gegenüberstellung sich widersprechender Ansichten über nachprüfbare Fakten" den Fernsehzuschauern „die Freiheit einer eigenen Meinungsbildung erhalten."[10] Mit seinem „Sammeln von Fakten", seiner „Aktivierung der Phantasie des Zuschauers", seinem „Vermitteln kritischer

---

[4] Eberhard Fechner: Über das „Dokumentarische" in Fernseh-Spielfilmen, in: Akzente H. 4/August 1973, S. 309-320.
[5] Ebd., S. 312.
[6] Ebd., S. 312-313.
[7] Ebd., S. 313.
[8] Ebd., S. 318.
[9] Ebd., S. 314.
[10] Ebd., S. 317.

Einsichten" und seiner „Lust am didaktischen Geschichtenerzählen" war eine Form entstanden, die Fechner weder als Spiel- noch als Dokumentarfilm definieren wollte.[11] „Vielleicht sollte ich sie ‚Antifilme' nennen, um damit meinen Protest gegen die modische Überbewertung des Optischen in Fernsehfilmen auszudrücken."

„Ästhetik" war, wie Fechner in seinem Vortrag zu den Mainzer Tagen der Fernsehkritik 1977 betonte, nie der „Ausgangspunkt eines meiner Filme gewesen".[12] Für den „Filmemacher" war der „spezifische Ausdruck des Fernsehens" stets „dokumentarisch-informativ".[13] Bei seinen Recherchen hatte er „immer wieder erfahren, wie bereitwillig und ausführlich Menschen über sich selbst erzählen" und aus den Reaktionen auf seine Filme konnte er umgekehrt erkennen, „wie gerne sich Menschen Geschichten erzählen lassen."[14] Im Fernsehen konnte Fechner „ganz durchschnittliche, gewöhnliche, normale Menschen zeigen, wie es unsere Zuschauer eben auch selber sind." Allerdings galt sein Interesse Stoffen, „die weder in der subjektiven Problematik eines einzelnen noch in der abstrakten Problematik der Geschichte steckenbleiben. Im Zentrum jeder meiner Arbeit muss der Mensch stehen, und zwar in seiner genau fixierten geschichtlichen Dimension. Nur dann lässt sich durch das Private auch das Allgemeine darstellen. […] Nur der Mensch in der Geschichte gibt dem Zuschauer die Möglichkeit und auch den Genuss, die Distanz des Fernsehens durch eigenes Miterleben zu überbrücken."[15] Fechner machte deutlich, dass es ihm bei seinen Filmen nicht um „Dichtung und Wahrheit", sondern immer nur um die „Wirklichkeit" ging: „Auf krankhafte Weise scheine ich ein Dokumentarist zu sein, der wenig Interesse am Fiktiven hat und stattdessen einen nicht zerstörbaren Glauben an die Aussagekraft der geschichtlichen Realitäten des Menschen. […] Selbst eine literarische Vorlage benutze ich so, als sei sie Realität. Dabei prüfe und kontrolliere ich diese Vorlage natürlich ständig an der Wirklichkeit." Ausgangspunkt blieb für Fechner aber stets „die Vorlage selbst, die ich nicht durch irgendeine ‚Aussage' verändern oder verbiegen, sondern ‚nur' zeigen will. D.h., ich will niemandem meine eigene Position aufdrängen."[16]

---

[11] Ebd., S. 320. Das nachfolgende Zitat ebd.

[12] Eberhard Fechner: Das Fernsehspiel – Dichtung und Wahrheit, in: Josef Nagel/Klaus Kirschner: Eberhard Fechner. Die Filme, gesammelte Aufsätze und Materialien, erlanger beiträge zur medientheorie und –praxis, Sonderheft 1984, S. 126-140, hier S. 136.

[13] Ebd., S. 128.

[14] Ebd., S. 130. Das nachfolgende Zitat ebd., S. 131.

[15] Ebd., S. 133-134.

[16] Ebd., S. 135-136.

Bei seiner Rede auf der Tagung des deutschen PEN-Zentrums in Erlangen zog Fechner 1978 eine Bilanz seines bisherigen Filmschaffens. In den vergangenen neun Jahren hatte er „circa 50 Menschen, die mich aus irgendeinem Grund interessierten, jeweils 6 bis 7 Stunden aus ihrem Leben und dem, was ihnen davon berichtenswert erschien, erzählen lassen. Jeden für sich, an den verschiedensten Orten der Welt, wohin es sie im Laufe der Zeit verschlagen hatte."[17] Am Anfang habe es nur „die vage Idee eines nicht genau definierten Themas" gegeben. Am Ende hatte Fechner dann „eine Fülle sehr differenzierter, sehr persönlicher Darstellungen von Einzelschicksalen [..], die zugleich einen wichtigen Teil deutscher Geschichte in diesem Jahrhundert beschrieben, immer aus der Sicht der Betroffenen, mit ihren Einsichten, Fehlinterpretationen und der Beschreibung der Folgen, die sie am eigenen Leibe zu spüren bekommen hatten. Darüber hinaus aber besaß ich eine Sammlung von Erzählungen im ursprünglichen Sinne, voll von überraschenden Ereignissen, mit Witz, Klugheit, Schläue oder dummdreist und voll[er] Widersprüche vorgetragen, aber immer lebendig und wahr." Aus dem Ausgangsmaterial von 180.000 Metern Film traf Fechner eine Auswahl von 8.000 Metern, sodass aus 275 Stunden nur noch knapp 12 Stunden wurden.[18] Das Ergebnis war, wie der Regisseur erklärte, „keine objektive dokumentarische Bestandsaufnahme der vergangenen 70 Jahre in Deutschland", vielmehr „der Versuch, durch subjektive Erlebnisberichte und der dialektischen Gegenüberstellung durch andere subjektive Aussagen zu den gleichen Geschehnissen – die ja von jedem Zuschauer historisch nachprüfbar sind – ein unmittelbares Bild von Menschen unserer Zeit zu geben und zu bewahren." Nicht in der Literatur oder in einer anderen künstlerischen Ausdrucksform, sondern nur „durch das Medium Film" erschien es Fechner möglich zu sein, „auf so unmittelbare Weise Menschen sich selbst und die Zeit, in der sie lebten, darstellen zu lassen, – sichtbar in ihren Irrtümern, Erkenntnissen, Selbsttäuschungen und Verblendungen, in ihrer Suche nach persönlichem Glück oder dem Scheitern ihrer Pläne."

---

[17] Eberhard Fechner: Rede anläßlich der PEN-Tagung in Erlangen 1978, in: Nagel/Kirschner: Eberhard Fechner, S. 183-197, hier S. S. 190. Die nachfolgenden Zitate ebd., S. 190-191.

[18] Ebd., S. 192-193. Die nachfolgenden Zitate ebd., S. 193.

DER BLICK VON EGON NETENJAKOB

Es war nicht so konzipiert, aber als 1989 Egon Netenjakobs umfangreiche Biografie zu „Eberhard Fechner. Lebensläufe dieses Jahrhunderts" erschien,[19] wurde es zu einer Art Vermächtnis. Zum einen weil der Regisseur bereits drei Jahre später starb und mit „Wolfskinder" nur noch einen weiteren Fernsehfilm realisierte, der bei Netenjakob nicht berücksichtigt werden konnte; zum anderen weil mit dem Fall der Berliner Mauer am 9. November eine historische Epoche endete, die im Zentrum von Fechners Lebenswerk gestanden hatte: die NS-Diktatur, der Zweite Weltkrieg und die Zeit der deutschen Teilung. Es war Netenjakob, der aus seiner genauen Kenntnis von Leben und Werk Fechners erstmals darauf hinwies, dass der Regisseur, „dessen Filme Vielen als eng an Fakten orientiert gelten, [..] in Wirklichkeit versteckt autobiografisch [arbeitete], sobald sich eine Gelegenheit dazu bietet."[20] Dies galt auch für den Fernsehfilm, mit dem Fechner 1969 schlaglichtartig in Deutschland bekannt wurde: „Nachrede auf Klara Heydebreck". Denn: „Dass nach dem freiwilligen Tod der alten Frau die existentiellen Linien eines ganz normalen Menschen, der im Leben übersehen wurde, deutlich werden und Anteilnahme erzwingen, dass diese zufällig ausgewählte Person wichtig wird, macht die durchdringende Wirkung des Filmes aus. Kein anderer Autor hätte so detektivisch minutiös die entscheidende materielle Seite dieses Lebens aufgespürt und auf Mark und Pfennig dargelegt. Es waren Zusammenhänge, die Fechner kannte, und die er nur wiederentdecken musste. Das Geld spielte, solange Fechner zurückdenken kann, immer eine so einsehbar wichtige Rolle, dass er bis heute die materielle Seite des Lebens immer im Auge hat."[21]

Eberhard Fechner war am 21. Oktober 1926 im schlesischen Liegnitz geboren. Der leibliche Vater war ein jüdischer Student, der später von den Nationalsozialisten in Auschwitz ermordet wurde.[22] Die Geburt des Kindes als Folge einer außerehelichen Affäre führte zur Scheidung der Eltern, sodass Fechner bei seiner Mutter Charlotte und bei seiner Großmutter in äußerst bescheidenen Verhältnissen aufwuchs. Die Lebenswelt und das Durchsetzungs-

---

[19] Egon Netenjakob: Eberhard Fechner. Lebensläufe dieses Jahrhunderts im Film, Weinheim und Berlin 1989. Bereits 1976 hatte der Autor dem Regisseur eine ausführliche Darstellung gewidmet: Expeditionen in den Alltag. Das Fernsehspiel-Porträt: Eberhard Fechner, in: medium. Zeitschrift für Hörfunk, Film, Fernsehen, Presse Jg. 6, H. 6 (1976), S. 12-18.

[20] Netenjakob: Eberhard Fechner (1989), S. 21.

[21] Ebd., S. 23-24. Vgl. dazu Eberhard Fechner: Nachrede auf Klara Heydebreck, Weinheim und Berlin 1990, S. 85-100: Die materielle Basis. Eine Bilanz.

[22] Vgl. zum Folgenden Netenjakob: Eberhard Fechner (1989), S. 18-43.

vermögen seiner Mutter, die 1933 eine Stelle als Sekretärin bei der NS-Frauenschaft in Liegnitz, ab 1935 im Amt für Wiederaufbau in Berlin und während des Zweiten Weltkriegs in Alfred Rosenbergs Reichsministerium für die besetzten Ostgebiete übernahm, sind ebenso wie die eigenen Erfahrungen als Jugendlicher im nationalsozialistischen Deutschland in die Verfilmung von Walter Kempowskis Roman „Tadellöser & Wolff" eingeflossen. In der großartigen Edda Seippel (1919-1993) als Margarethe Kempowski wird Fechner auch seine eigene Mutter wiedererkannt haben. Allerdings ging es dem Regisseur in „Tadellöser & Wolff" wie zuvor bereits in dem zweiteiligen Dokumentarfilm „Klassenphoto" (1971) über Abiturienten des Jahrgangs 1937 aus Berlin-Wedding oder in dem Dokumentarfilm „Unter Denkmalschutz – Erinnerungen aus einem Frankfurter Bürgerhaus" (1975) und später in der zweiteiligen Dokumentation „Die Comedian Harmonists" (1976) oder in seinem dreiteiligen Opus Magnum „Der Prozess" (1984) um die Erkundung der Motive, wie sich Menschen während der NS-Diktatur verhalten haben und warum so viele von ihr korrumpiert wurden.

In den Gesprächen mit Egon Netenjakob hat Fechner erklärt, dass er seine Filme weder als „dokumentarisch" noch als Spielfilm oder als Interview-Film bewertet haben wollte.[23] Es seien „filmische Erzählungen, in denen eine Reihe von Menschen jeweils von etwas berichten, zum größten Teil Geschichten aus ihrem Leben, und das Ganze ergibt dann ein Bild. Aber nicht nur im Sinne ‚Was ist da passiert', sondern auch ‚Warum ist da etwas passiert', ‚Was ist in diesen Menschen vorgegangen' und ‚Wie haben sie seelisch darauf reagiert'. [...] Wenn ich die Absicht gehabt hätte, journalistisch ein Thema aufzuarbeiten, wäre die gefühlsmäßige Reaktion der Zuschauer bestimmt nicht so stark ausgefallen wie sie es ist." Dabei ist es wichtig zu beachten, dass Fechner nie als „Moralist" auftritt. „Er verzichtet darauf", so Netenjakob, „eine Moral zu benennen. Das Urteilen und vor allem das Verurteilen wird vermieden. Alle Erkenntnis muss vom Zuschauer aus der Beschreibung selber gezogen werden."[24] Netenjakob spricht von einem „Kino der Vernunft, das zum Betrachten anreizt".[25] Dazu Fechner selbst: „Ich will beim Filmen – und da sind die Kempowski-Verfilmungen der äußerste Punkt, den ich erreichen konnte – mit allen mir zur Verfügung stehenden Mitteln Wirklichkeit darstellen, wie sie eigentlich gewesen sein muss, beziehungsweise, um noch einen Schritt weiterzugehen, wie ich sie erlebt habe."

---

[23] Ebd., S. 135. Das folgende Zitat ebd.
[24] Ebd., S. 141.
[25] Ebd., S. 204. Das folgende Zitat ebd.

Auf diese Weise hat Fechner nach Einschätzung von Netenjakob eine einzigartige „Synthese zwischen einer filmisch und einer literarischen Erzählweise entwickelt. Seine Aussagen-Mosaike kombinieren die Vorteile des gefilmten Interviews (Spontaneität, lebendiges Mienenspiel, persönliche Stimme) mit denen eines literarischen Gesprächs-Abbilds (Verdichtung der Aussage, folgerichtige Argumentation, poetische Konstruktion). Dazu kommt noch eine Annäherung an Spielformen durch die künstliche Verknüpfung der einzelnen Aussagen verschiedener Personen an verschiedenen Orten zum fiktiven Dialog."[26] Das war ausgesprochen innovativ und einzigartig. Darüber hinaus ist Fechner in seinem Gesamtwerk etwas gelungen, was kein Historiker bis dahin zu leisten vermocht hatte: „ohne irgendetwas zu beschönigen oder falsch zu dramatisieren, ein von allen Vorurteilen befreites und befreiendes Bild vom Handeln der älteren Deutschen in ihren verschiedenen Gesellschaftsschichten zu zeichnen."[27]

Netenjakob machte zwei Gründe für diesen Erfolg aus. Erstens die Entscheidung Fechners, „zu jedem Punkt und zu jedem Thema seiner Chroniken" nicht eine Einzelperson, sondern immer eine Gruppe von Menschen sprechen zu lassen, also „immer mehrere, sich ergänzende oder einander widersprechende Perspektiven, aus denen sich der Zuschauer (der immer auch als aufmerksamer Zuhörer gefordert ist) sein eigenes Bild formen muss". Und zweitens die Entscheidung Fechners, „sich aus dieser Zuschau-Arbeit vollkommen herauszuhalten und niemals eine der vieltausend zitierten Äußerungen zu kommentieren." Gezeigt wird immer nur „der nackte Mensch mit seinen Bedürfnissen und Strebungen."[28] Fechners Filme erzählen davon, was ihm (und denen neben ihm) jeweils passiert ist und wie er (und die anderen) reagiert haben." Was bleibt als Erkenntnisgewinn am Ende? „Während kaum etwas eindeutig interpretiert werden kann, wird eines nicht nur sichtbar, sondern peinlich unübersehbar: die Unfreiheit des Individuums, seine Abhängigkeit von den Zeitläuften und von zufälligen Konstellationen."

WARUM NOCH EIN BUCH ÜBER EBERHARD FECHNER?

Das liest sich bereits wie ein Schlusswort. Nach einem so fundierten und einfühlsamen Buch wie dem von Egon Netenjakob fällt es auf den ersten Blick schwer, noch Neues über Eber-

---

[26] Ebd., S. 11-12.
[27] Ebd., S. 226. Das folgende Zitat ebd.
[28] Ebd., S. 227. Das folgende Zitat ebd., S. 227-228.

hard Fechner zu sagen. Zumal die Zeit über ihn hinweggegangen ist. Kaum noch ein Kommunales Kino, das seine Filme zeigen will – auch nicht das Duisburger filmforum im März 2018 aus Anlass einer Fechner-Tagung der Stadtbibliothek und der Duisburger Filmwoche im Rahmen der 39. Duisburger Akzente. Und auch im Fernsehen war seit langem kein Film mehr von ihm zu sehen. Das hat Horst Königstein bereits 1992 in weiser Voraussicht erkannt: „Fechner hat die Möglichkeit des Mediums ausgeschöpft. Er war der Meister der produktiven Erinnerung. Diese Zeiten sind vorbei. Heutzutage setzt das Medium Realitäten. Fernsehen schafft keine Erinnerung, sondern zerstört sie."[29] Allerdings machte der Fernsehregisseur damals noch Mut: „Ja, so ist es. So ist es auch. Das Fernsehen, das wir mochten, ist vorbei. Ein anderes kommt. Es kommen auch andere Kollegen. Vielleicht auch solche, die als Heranwachsende Fechners Filme gesehen und geliebt haben. Ich warte darauf, sehr neugierig."

So bleibt zu fragen, was uns Eberhard Fechner mit seinen „filmischen Erzählungen" aus der und zur deutschen Geschichte heute noch zu sagen hat? Ob er tatsächlich als Vorbild für die nachfolgenden Generationen von Filmregisseuren dienen kann, die seine Epoche nicht mehr erlebt haben? Ob seine spezifische „Methode" filmhistorisch von Bestand bleibt? Wie sich das heutige Fernsehen und Mediennutzungsverhalten zu dem der Zeit Fechners von den 1960er bis in die 1980er Jahre verhält? Oder noch einmal mit Horst Königstein gefragt: „Brauchen wir diesen Blick [der Liebe und der Zuwendung] noch? Sind die Töne im Nachruf für Eberhard Fechner nicht sentimentales Feuilleton und Pflichtübungen von Programmherstellern, die wissen (und auch sagen): ‚The Party is over!'/Funktionswechsel/Nebenbeimedium/Spartenprogramm: Kultur/‚Diese Anstrengung nimmt doch keiner mehr auf sich.'/FERNSEHEN als Medium der öffentlichen Erinnerungsfähigkeit, – als Medium des veröffentlichten Erinnerns spielt nur noch eine untergeordnete Rolle."[30]

Die in diesem Band versammelten Aufsätze geben Antworten auf diese Fragen aus unterschiedlichen Perspektiven. Alle Autoren gemeinsam betrachten Eberhard Fechner und seine Filme mit großer Wertschätzung, Sympathie und Wehmut, ohne ihr kritisches Auge die inhaltlichen Defizite und methodischen Schwächen übersehen zu lassen. Es geht uns allen nicht nur um die Erinnerung an einen großartigen Schauspieler, Autor und Filmemacher, sondern auch um die Bewusstmachung eines Erkenntnisstands über den engen Zu-

---

[29] Königstein: Für Eberhard Fechner, S. 1. Das nachfolgende Zitat ebd.
[30] Ebd., S. 3.

sammenhang von Politik und individueller Lebensgeschichte, also um eine in Deutschland schmerzhaft gewonnene historische Erkenntnis, die in der Gegenwart verlorenzugehen droht. Dabei geht es auch um die Verpflichtung und Verantwortung des deutschen Fernsehens, über diese Zusammenhänge aufzuklären, damit neue Formen extremistischer Parteien, einer entmündigenden Diktatur und einer Missachtung der Menschenrechte rechtzeitig verhindert werden können. Wir waren schon einmal deutlich weiter, wie die von Egon Monk (1927-2007) geförderte „Zweite Hamburger Schule" belegt, in deren Kontext die Filme Eberhard Fechners im deutschen Fernsehen erscheinen konnten. Auch daran erinnert unser Buch.

Egon Netenjakob hat in seinem Buch ein eigenes Kapitel Jannet Gefken-Fechner (1942-2015) gewidmet.[31] Damit wurde die große Rolle anerkannt und gewürdigt, die sie seit den Fernsehfilmen „Selbstbedienung" (1966) und „Vier Stunden von Elbe 1" (1967) als Verantwortliche für das Skript, danach als Regieassistentin bei allen weiteren Filmen ihres Mannes gespielt hat. Nach dem Tod von Jannet Gefken ist der umfangreiche Nachlass Eberhard Fechners vom Archiv der Akademie der Künste in Berlin übernommen worden. Das „Fechner-Archiv" umfasst insgesamt 40 Regalmeter Drehbücher, Produktionsunterlagen, Schriftverkehr und Fotos. Seit dem 1. Dezember 2017 ist diese akribisch zusammengetragene Sammlung über ein „Findbuch", das auch online eingesehen werden kann, öffentlich nutzbar.[32] Damit besteht mehr als 25 Jahre nach Fechners Tod die Möglichkeit, das Filmschaffen eines der bedeutendsten Regisseure und Autoren des deutschen Films nach 1945 neu zu sichten und zu bewerten. Dieser Band, der die Vorträge der Tagung zu den 39. Duisburger Akzenten am 16. und 17. März 2018, ergänzt um die zusätzlich erbetenen Beiträge von Klaus Kreimeier und Oliver Hadji, veröffentlicht, gibt erste Auskünfte und Anregungen zu einer zeitgemäßen Auseinandersetzung mit Eberhard Fechner. Mögen weitere „Nachreden" folgen!

---

[31] Netenjakob: Eberhard Fechner (1989), S. 184-194.

[32] S. dazu https://www.adk.de/de/presse/pressemitteilungen.htm?we_objectID=57883 und https://archiv.adk.de/bigobjekt/39883 .

Portrait Eberhard Fechner 1991.

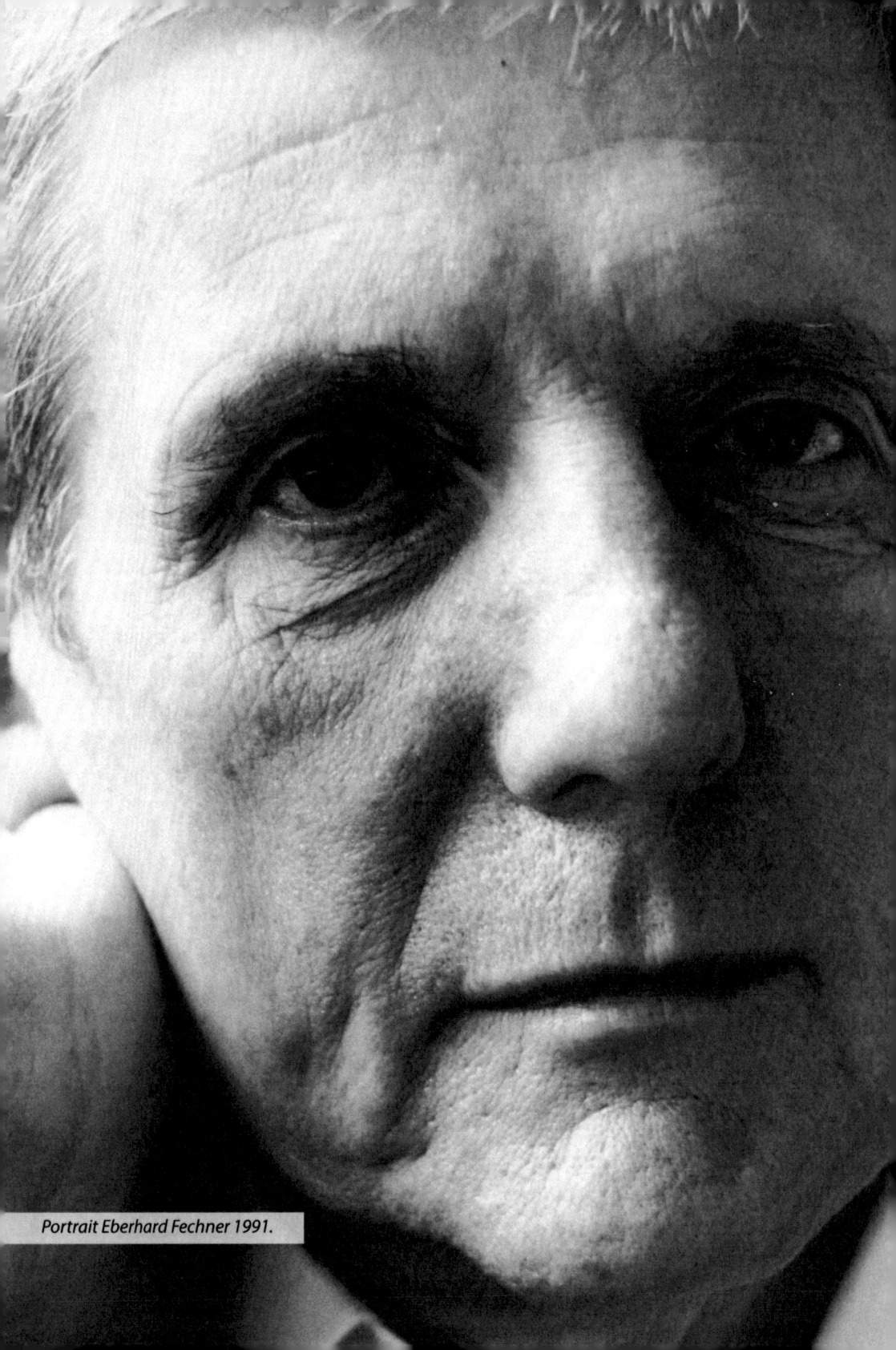

DIETRICH LEDER

Solitär und Einzelkämpfer
Der Schauspieler, Dokumentarist
und Filmregisseur Eberhard Fechner

ZU BEGINN

Eberhard Fechner ist für die Film- und Fernsehproduktion vom Anfang der 1960er bis zum Ende der 1990er-Jahre eine ungewöhnliche und deshalb besonders auffallende Gestalt. Ein Bühnenschauspieler, der Anfang der 1960er-Jahre aus dem bundesdeutschen Stadttheatertrieb aussteigt. Ein Schauspieler, der zunächst vor der Kamera für das Fernsehen arbeitet, ehe er in den Regiestuhl hinter der Kamera wechselt. Ein Regisseur, der sich mit dem, was man in den 1960er-Jahren „Fernsehspiel" nennt und was die fiktionale Form der filmischen Erzählung des Fernsehens bezeichnet, ab 1967 einen Namen zu machen beginnt. Ein Fernsehfilmregisseur, der zwischen mehreren fiktionalen Produktionen im Jahr 1969 wie nebenbei seinen ersten Dokumentarfilm realisiert, der gleich den Grimme-Preis erhält. Ein Dokumentarist, der auf dem Höhepunkt seiner Produktivität 1975 zum fiktionalen Fernsehfilm zurückkehrt und mit einem historischen Zweiteiler nun auch das große Publikum gewinnt. Ein Regisseur, der während der Inszenierung eines Kinofilms und eines Fernsehmehrteilers parallel an einem Dokumentarfilm arbeitet, der wohl sein wichtigstes Werk darstellt. Der vielfach ausgezeichnete Dokumentarist, dem zwei letzte große Fernsehfilmprojekte verwehrt bleiben, der dafür als Darsteller in einer klassischen Fernsehserie und einem sehr erfolgreichen Kinofilm dem großen Publikum auf eine andere Weise bekannt wird.

EINE VERWECHSLUNG

Es mag diese Widersprüchlichkeit sein, die mitunter selbst diejenigen irritiert hat, die sich mit hohem Engagement dem Werk von Eberhard Fechner verschrieben haben. Ausweis dieser Irritation ist beispielsweise die DVD-Edition von Fechners opus magnum „Der Prozeß", die 2017 von Absolut Medien herausgebracht wurde. In diesem dreiteiligen Dokumentarfilm beschreibt Fechner den Düsseldorfer Majdanek-Prozess von der Eröffnung 1975 bis zur Urteilsverkündung 1981; zugleich rekonstruiert der Film die Verbrechen, die in diesem deutschen Konzentrations- und Vernichtungslager auf polnischem Boden begangen wurden. Die lobenswerte Edition des 1984 erstmals von den Dritten Programmen der ARD ausgestrahlten Films hat nur einen Makel. Das Cover zeigt im Hintergrund des Filmtitels auf einem Foto den Regisseur Eberhard Fechner. Verblüffend nur, dass er hier eine altertümlich wirkende Polizeiuniform trägt. Irritierend auch, dass auf der Rückseite vor einer elektronischen Studiokamera ein anderer Mann in Lederjacke zu sehen ist, der so etwas wie eine Regiegeste zeigt.

Wie erklärt sich die Verblüffung und die Irritation? Denjenigen, die das Cover layouteten, war schlicht ein Lapsus unterlaufen. Auf der Suche nach Fotos, mit denen sich der Film „Der Prozeß" bebildern ließe, griffen sie nach zwei Standbildern, die während des fiktionalen Fernsehfünfteilers „Bauern, Bonzen und Bomben" entstanden sind, an der Eberhard Fechner als Schauspieler mitwirkte und einen Polizisten darstellte. Inszeniert wurde dieser 1973 in der ARD ausgestrahlte Mehrteiler von Egon Monk (1927-2007). Das ist der Herr in der Lederjacke, dessen Foto die Rückseite des Covers ziert. Der Mehrteiler basiert auf dem gleichnamigen Roman von Hans Fallada und spielt während der Weimarer Republik. Der von Fechner gespielte Polizeioberinspektor Frerksen ist Teil einer politisch-juristischen Auseinandersetzung in der norddeutschen Provinz, in der sich der Zerfall der demokratischen Verhältnisse andeutet, die 1933 zur Machtübernahme der Nazis führte und damit das Konzentrations- und Vernichtungslager Majdanek erst ermöglichte. Der Mehrteiler von Monk verdankt sich derselben Aufklärungsabsicht über Genese und Geschichte der NS-Gewaltherrschaft, die auch Fechners „Der Prozeß" antreibt. Zugleich verdankt Eberhard Fechner dem Regisseur, Redakteur und Produzenten Egon Monk sehr viel, weil dieser ihm die Chance bot, vom Schauspiel- ins Regiefach zu wechseln. Der eklatante Fehler in der Covergestaltung birgt also in sich ein Stück Wahrheit, die es nun offen zu legen gilt.

Die widersprüchliche Werkbiografie des Eberhard Fechner ist in vielen Dingen für jene (Männer-)Generation typisch, die das Fernsehen in Deutschland prägten, für das er mit Ausnahme seines Kinofilms „Winterspelt" nach seinem Ausstieg aus dem Stadttheater seit Anfang der 1960er-Jahre arbeitete. Um das zu verdeutlichen, wird nachfolgend die Geschichte seiner Filme, Mehrteiler und Serien, an denen er als Schauspieler, (Co-)Autor oder als Regisseur beteiligt war, auf der Folie der Geschichte dieser (Männer-)Generation des bundesdeutschen Fernsehens erzählt.

DIE „SKEPTISCHE" (MÄNNER-)GENERATION

Eberhard Fechner, so hat er es Egon Netenjakob für dessen Biografie erzählt,[1] ist der Sohn einer aus dem Bürgertum stammenden Frau, die mit 18 Jahren einen Lehrer namens Fechner geheiratet hatte. Die Ehe war nicht glücklich. So ging die Frau ein Verhältnis mit einem Studenten in Liegnitz ein, der einer jüdischen Familie entstammte. Als sie von diesem schwanger wurde, ließ sie sich vom Lehrer scheiden, ohne die Beziehung zum Studenten fortzusetzen. Der 1926 geborene Eberhard Fechner wuchs bei seiner Mutter auf, die als Sekretärin arbeitete, und bei seiner Tante, einer Musiklehrerin. 1935 musste er als Mitglied der Hitler-Jugend (HJ) erleben, wie ihn die Meute seiner Kameraden der Lächerlichkeit preisgab. Wenig später zog die Mutter mit ihm nach Berlin, wo Fechner auf die Höhere Handelsschule ging und danach eine kaufmännische Lehre anfing, aus der er erst zum Reichsarbeitsdienst, dann zur Wehrmacht eingezogen und in einen zu diesem Zeitpunkt bereits verlorenen Angriffs- und Vernichtungskrieg geworfen wurde.

Man kann Fechner deshalb der „skeptischen Generation" zurechnen, wie der Soziologe Schelsky 1957 diejenigen deutschen Männer nannte, die zwischen 1926 und 1930 geboren und die ab Januar 1943 im Alter zwischen 14 und 18 Jahren als letzte militärische Reserve eingezogen wurden.[2] Sie ersetzten zunächst als Flakhelfer die bislang in der Luftabwehr beschäftigten Soldaten, die Ende 1942 an die Ostfront versetzt worden waren. Später sollten sie wie Fechner als Hilfs-Infanteristen militärischen Widerstand gegen die vorrückenden Alliierten leisten. Sie wurden aus dem Schulbetrieb oder der Lehre gerissen, kaserniert, militärisch gedrillt und im Töten unterrichtet. „Man war fähig, ein in sich dreh- und schwenkbares Kanonenrohr zu bedienen, mit dem man feindliche Bomber vom Himmel holen konnte", schreibt Heinz Bude über das, was die Flakhelfer erlebten.[3] Diese Abschüsse waren aber nichts als hilflose Abwehrgesten in einem Luftkrieg, den die Deutschen spätestens 1942 verloren hatten. Sie bedeuteten für die pubertierenden Jungen eine massive Gewalterfahrung, in der Macht und Ohnmacht zusammenfielen. Diese wurde von Begegnungen mit dem Tod begleitet – auf der Seite der Freunde in den Flakstellungen, auf der Seite der Besatzungen der abgeschossenen Flugzeuge, auf der Seite der Zivilbevölkerung, die sie vor den alliierten Bomben kaum schützen konnten.

---

[1] Egon Netenjakob: Eberhard Fechner. Lebensläufe dieses Jahrhunderts, Weinheim/Berlin 1989.
[2] Helmut Schelsky: Die skeptische Generation. Eine Soziologie der deutschen Jugend, Düsseldorf/Köln 1957.
[3] Heinz Bude: Deutsche Karrieren. Lebenskonstruktionen sozialer Aufsteiger aus der Flakhelfer-Generation, Frankfurt am Main 1987, S. 25.

Diese komplexe und die Jungen für ihr Leben prägende Erfahrung hat der Journalist, Drehbuchautor und Produzent Michael Lentz (1926-2001) in einem autobiografischen Text festgehalten, den er zwei Jahre vor seinem Tod im Jahr 1999 auf einer öffentlichen Veranstaltung vorlas.[4] In diesem Text protokolliert er nicht nur die militärische Fachausbildung, sondern auch die Erfahrung, wie seine Flakeinheit ein britisches Flugzeug, wie er meint, abschießt. Er war insgesamt an 20 Abschüssen beteiligt, wofür er ausgezeichnet wurde. Und diese Auszeichnung schützte ihn davor, an die Ostfront versetzt zu werden. Er glaubte, dass ihn seine Beteiligung am Abschuss der alliierten Flugzeuge und damit am Tod der Besatzungen seinerseits vor dem eigenen Tod an der Ostfront bewahrt habe. Danach litt er Zeit seines Lebens an Flugangst.

Ähnlich eindrückliche Erfahrung hat Oliver Storz (1929-2011) in seinem 2008 veröffentlichten autobiografischen Roman „Die Freibadclique" festgehalten,[5] der die Jugendzeit während der letzten Kriegsjahre festhält: Wie die Jungen versuchen, nicht zur Waffen-SS eingezogen zu werden, wie sie ihre ersten sexuellen Erfahrungen machen, wie sie als Hitlerjungen zu Schanzarbeiten eingezogen werden, wie sie in den Abwehrkampf gegen die vorrückenden amerikanischen Truppen eingesetzt werden, wie einige der Freunde aus der Clique dabei umkommen. Und er beschreibt, wie sie nachts am „leise gestellten Radio" nach dem amerikanischen Sender suchten: „[...] durch das Geräuschdickicht der Störsender drangen die Klänge von Benny Goodman, Duke Ellington, Glenn Miller und Konsorten, eine Musik, die nicht mehr trampelnd marschierte, die nicht mehr befahl, sondern verführte – und damit waren wir unrettbar verloren fürs National-Heroische".[6]

Ähnliches beschreibt ein autobiografisch grundierter Film, den Egon Monk als Autor und Regisseur zum NDR-Projekt „Der Augenblick des Friedens" 1965 beisteuerte. Weitere Beiträge stammten von Margaret Duras (Buch) und George Franju (Regie) sowie Tadeusz Konwicki (Buch/Regie).[7] Monks Beitrag trägt den Titel „Berlin N 65", der im Moment der

---

[4] Michael Lentz: Text. Unpubliziert. Vorgelesen auf der Veranstaltung „per>son" der Kunsthochschule für Medien Köln, 1999. S. dazu Dietrich Leder: Ein Menschenfreund. Über Michael Lentz in: Lab. Jahrbuch 2001/02 für Künste und Apparate. Hg. von der Kunsthochschule für Medien Köln, Köln 2002, S. 193-204.

[5] Eine Szene des Romans hatte Dominik Graf in seinem Filmporträt von Storz mit dem Titel „Lawinen der Erinnerung" (2012) inszeniert. Den gesamten Roman verfilmte Friedemann Fromm unter dessen Titel 2018 für die ARD.

[6] Oliver Storz: Die Freibadclique, München 2008, S. 25. Vgl. auch Malte Herwig: Die Flakhelfer. Wie aus Hitlers jüngsten Parteimitgliedern Deutschlands führende Demokraten wurden, München 2013.

[7] Karl Prümm: Das Eigene im Fremden. Überlegungen zum autobiographischen Erzählen im Medium Fernsehen mit einer Einzelanalyse des Fernsehspiels „Berlin N65" (1965) von Egon Monk in: Jens Malte Fischer et. al. (Hg.): Erkun-

Befreiung Berlins von den Nazis spielt. Am Ende sieht man, wie ein junger Mann – das alter ego des Regisseurs[8] – und seine Mutter aus einer Nazifahne das Hakenkreuz herausschneiden und den nun zur reinen roten Fahne umgewidmeten Rest aus dem Fenster hängen. Um auch noch eine weiße Fahne daneben zu hängen, verlässt die Mutter den Raum, da beginnt das bislang stumme Radio, dessen Stromversorgung einen Wackelkontakt hat, unvermittelt einen Swingtitel zu spielen. Der junge Mann hält inne und beginnt, als hätte ihn die Musik verzaubert, zu ihr zu tanzen. Es ist, als tanzte er sich das aus dem Leib, was der Drill und die Erziehung der Nazi-Gesellschaft ihm angetan haben. Monk träumte am Ende seines Berufslebens noch von einem letzten großen Film über die Swing-Jugendlichen des Café Leon in Berlin.[9] Ein „Millionen-Projekt", wie der NDR-Redakteur Horst Königstein schreibt,[10] das sich nicht realisieren ließ.

Wie die Swing-Jugendlichen kleidete sich der 17-jährige Eberhard Fechner „als ein Dandy mit Lederhandschuhen und elegant gebundenem Schal, dazu Accessoires wie die schwarze Armbanduhr mit Schweizer Werk".[11] Dieses Aussehen und die sich in ihm vorsichtig andeutende Devianz greift Fechner in seiner Verfilmung des Romans „Tadellöser & Wolff" (1975) auf, als er die Figur des Robert mit dem Schauspieler Martin Semmelrogge besetzte und so inszenierte, dass sie sich „im Medium des allseits verfemten Jazz" opponierend erlebt.[12] Roberts jüngerer Bruder Walter (gespielt von Michael Poliza) trägt einen weißen Schal wie einst Eberhard Fechner; im Film wird er wegen dieses Aussehens einmal von einer HJ-Streife aufgegriffen und bestraft.

Schelsky bezeichnet in seiner erwähnten Studie – gestützt auf umfangreiches empirisches Material – die Flakhelfer-Generation als eine „stille" und als eine, die „[…] sich auf das Überleben eingerichtet hat".[13] Sie sei „[…] im privaten und sozialen Verhalten angepasster, wirklichkeitsnäher, zugriffsbereiter und erfolgssicherer als je eine Jugend vorher". Tatsächlich

---

dungen. Beiträge zu einem erweiterten Literaturbegriff. Helmut Kreuzer zum sechzigsten Geburtstag, Göttingen 1987. S. 372-390.

[8] Das erklärt Monk explizit seinem Interviewer Karl Prümm im Film „Ort der Handlung: Deutschland. Egon Monk und seine Filme" (NDR 1985) von Stephan Reichenberger.

[9] Vgl. Julia Schumacher: Realismus als Programm. Egon Monk – Modell einer Werkbiografie, Marburg 2018, S. 284-291.

[10] In einer Mail vom 10.5.2012 an den Autor.

[11] Netenjakob: Eberhard Fechner, S. 39.

[12] Netenjakob: Eberhard Fechner, S.197.

[13] Schelsky: Die skeptische Generation, S. 489. Das nachfolgende Zitat ebd., S. 488.

absolvierten die genannten Autoren und Regisseure Fechner, Lentz, Monk und Storz in den 1960er- und 1970-Jahren eine große Erfolgskarriere im jungen Fernsehen der Bundesrepublik Deutschland, weil sie sich im Sinne von Schelsky als „funktionstüchtig" erwiesen. Sie richteten sich zugleich in der prosperierenden Nachkriegsgesellschaft ein. In seiner Studie bezog sich Schelsky nur auf die männliche Jugend und rechnete diese geschlechtsübergreifend zur Generation hoch. Neben der weiblichen Perspektive unterschlug er die – wie ein zeitgenössischer Rezensent zu Recht anmerkte – „verhängnisvolle Wirkung der HJ-Erziehung und die Tatsache, dass in den letzten Monaten aus Kindern Volkssturmmänner gemacht wurden".[14] Nicht ohne Grund: Der 1912 geborene Schelsky war bereits 1932 der SA und vier Jahre später der NSDAP beigetreten, was ihm während der Nazi-Zeit die schnelle und glänzende Karriere gewiss nicht erschwerte. Ungeachtet dessen avancierte Schelskys Begriff zu einem geflügelten Wort und sollte die Flakhelfer-Generation über Jahrzehnte charakterisieren.

Wenige Jahre nach Schelsky hat 1964 der Religionswissenschaftler Klaus Heinrich, der mit dem Geburtsjahr 1927 dieser Generation zuzurechnen ist, in seiner Dissertation „Versuch über die Schwierigkeit nein zu sagen" Schelsky indirekt vorgeworfen, dass dieser das Problem verfehlt habe: „Sie [die Schwierigkeit nein zu sagen – D.L.] ist das Problem einer sprachlosen Generation, die ein zynischer Betrachter skeptisch nennt gegen eine skeptische Sprache".[15] Die Sprachlosigkeit seiner Generation, darauf beharrt Heinrich, teile jeder, „[...] der vor den falschen Worten und den peinlichen Redewendungen erschrickt".

DER THEATERSCHAUSPIELER

Aus der Kriegsgefangenschaft entlassen, begann Fechner eine Ausbildung zum Schauspieler. Daran schlossen sich erste Verpflichtungen in kleinen Theatern in der westdeutschen Provinz an, ehe er in Hamburg, dann in Hannover an größeren Bühnen fest engagiert war. Parallel dazu arbeitete er für den Hörfunk und übernahm eine Reihe von kleineren Rollen in Kinofilmen (etwa 1957 in „Bekenntnisse des Hochstaplers Felix Krull" von Kurt Hoffmann) und in Fernsehspielen (wie in „Straßenknotenpunkt" unter der Regie von Hanns Farenburg). In Celle, wohin er 1960 gewechselt war, konnte er erstmalig auch selbst inszenieren; aller-

---

[14] Zitiert nach Franz-Werner Kesting: Helmut Schelskys „Skeptische Generation" von 1957. Zur Publikationsgeschichte eines Standardwerkes, in: Vierteljahreshefte für Zeitgeschichte, H. 3/2002, S. 465-495, hier S. 489.

[15] Klaus Heinrich: Versuch über die Schwierigkeit nein zu sagen [1964], Basel/Frankfurt am Main 1985, S. 45. Das folgende Zitat ebd.

dings kam es bald zu einem Krach mit dem dortigen Intendanten. Fechner erinnerte sich in dieser Zeit eines Gastspiels des Piccolo Theatro von Girogio Strehler in Hannover, das ihn 1955 begeistert hatte. Um Strehlers offene Arbeitsweise kennenzulernen, ging Fechner 1961 nach Mailand. Dort erlebte er ein Theater, das anders als die meisten Häuser in Deutschland auch die politischen Aspekte der zu inszenierenden Stücke aufschlüsselte. Strehler folgte hier Bertolt Brecht und dessen Maximen eines epischen Theaters, die er mit Traditionen der Commedia dell'arte, also eines spezifisch italienischen Volkstheaters, verband.

Als Fechner zwei Jahre später in die Bundesrepublik Deutschland zurückkehrte, war er von den Ideen Strehlers nahezu beseelt. Doch eckte er damit in den deutschen Stadttheatern angesichts von deren latenter Brecht-Feindlichkeit nur an. Und damit endete seine Karriere an deutschen Bühnen. Wie tief Fechner diese Erfahrung getroffen hat, kann man daran erkennen, dass sein größter, die eigene Arbeit reflektierender Text eine Abrechnung mit dem Stadttheaterbetrieb war, den er 1978 unter der Überschrift „Theaterarbeit im Zeitalter des Fernsehens" vor dem Verband der deutschen Volksbühnenvereine vortrug. Die letzten Sätze lauten: „Zum gegenwärtigen sterbenden Theater gehöre ich nicht. Ich bin nicht gern Totengräber".[16]

Man kann diese harschen Worte, die er im langen Abstand zur eigenen Theaterpraxis formuliert und vorgetragen hatte, folgendermaßen erklären: Fechner, der sich nur selten zu seinen Arbeiten einvernehmen ließ und sich noch seltener zu ihnen öffentlich erklärte, blieb ostentativen Bekenntnissen Zeit seines Lebens gegenüber skeptisch. Er schwieg, weil er in diesem Punkt oft und lange genug sprachlos blieb. Als er dann nach mehr als 25 Jahren sein Urteil über das Stadttheater öffentlich aussprechen konnte, brach der lange unterdrückte Zorn aus ihm heraus, als er dieses als „sterbend" bezeichnete. Auch den letzten Satz kann man autobiografisch deuten: Seine Generation hat mehr als jede vor und nach ihm Tote begraben. Sie waren Totengräber ihrer Kameraden und Freunde. Dass sie es „nicht gern" waren, ist eine für diese Generation typische Untertreibung.

DAS FERNSEHLABOR

1965 war Fechner von Egon Monk für ein Fernsehspiel als Darsteller verpflichtet worden.

---

[16] Eberhard Fechner: Theaterarbeit im Zeitalter des Fernsehens (1978), in: Josef Nagel/Klaus Kirschner: Eberhard Fechner. Die Filme, gesammelte Aufsätze und Materialien, Erlangen 1984 (= erlanger beiträge zur medientheorie und –praxis), S. 141-182, hier S. 182.

„Ein Tag", geschrieben von Gunther R. Lys und Claus Hubalek und inszeniert von Monk selbst, schildert die Ereignisse in einem norddeutschen Konzentrationslager im Jahr 1939, kurz vor dem Beginn der Zweiten Weltkriegs.[17] Der Film erfasst in acht Kapiteln den systematischen Terror, dem die Häftlinge ausgeliefert sind. Zu ihnen gehören neben rassisch Verfolgten wie den Juden kommunistische, sozialdemokratische und christliche Oppositionelle sowie einige Berufsverbrecher. Letztere assistieren bei den Strafaktionen dem Wachpersonal, das aus zynischen Ordnungsfanatikern (Lagerkommandant) und Sadisten (Rapportführer) besteht. Eberhard Fechner spielt einen der Berufsverbrecher, der mithilft, einen der jüdischen Häftlinge auf Geheiß des Rapportführers in den Tod zu treiben. „Ein Tag" ist der erste bundesdeutsche Fernsehfilm, der vom Terror in einem Konzentrationslager berichtete. In seiner multiperspektivisch angelegten Erzählkonstruktion, in seinem exemplarisch ausgewählten Personal auf Opfer- und Täterseite, mit seinen kurzen Einschüben aus Wochenschaumaterial und seinem radikalen Ende, das Bürger zeigt, die es sich, während im Lager gefoltert wird, wenige Kilometer entfernt in einem Lokal gut gehen lassen, war Monks Film Mitte der 1960er-Jahre eine ästhetisch-politische Provokation.

Egon Monk leitete zu diesem Zeitpunkt seit fünf Jahren die Fernsehspielabteilung des Norddeutschen Rundfunks (NDR). Monk hatte zuvor mehrere Jahre bei Bertolt Brecht am Schiffbauerdammtheater in Ost-Berlin gearbeitet,[18] ehe er 1953 in den Westen wechselte. Im NDR wurde er zunächst als Hörspielregisseur angestellt, ehe er 1959 damit beauftragt wurde, eine eigene Fernsehspielabteilung des Senders aufzubauen, die er dann bis 1968 auch leitete. Das Fernsehspiel jener Jahre bestand in der Regel aus Live-Inszenierungen von Theaterstücken, während Originalstoffe oder gar filmische Formen die absolute Ausnahme bildeten.[19] Das zu ändern, setzte sich Monk zur Aufgabe. 1965 erklärte er zurückblickend Egon Netenjakob gegenüber, was er nicht mehr wollte: „Keine Streifzüge durch die Literatur, kein Querschnitt, kein Schweifen durch Vieles, um manches zu bringen".[20] Netenjakob be-

---

[17] Vgl. Thomas Koebner: Rekonstruktion eines Schreckensortes. Egon Monks „Ein Tag", in: Augen-Blick H. 21 (1995), S. 52-64; Sebastian Pfau: „Ein Tag. Bericht aus einem deutschen Konzentrationslager 1939". Analyse eines Fernsehspiels von Egon Monk, Halle 2003.

[18] Vgl. Monks Erinnerungen an seine Zeit bei Brecht in Rainer Nitsche (Hg.): Regie Egon Monk. Von Puntila zu den Bertinis. Erinnerungen, Berlin 2006, S. 15-177.

[19] Dazu Knut Hickethier: Das Fernsehspiel der Bundesrepublik. Themen, Form, Struktur, Theorie und Geschichte 1951-1977, Stuttgart 1980.

[20] Zitiert nach Egon Netenjakob: „Eine politische Mission". Fünf Jahre Fernsehspiel des NDR (1961-1965) – Eine Konzeption und ein Spielplan, in: FUNK-Korrespondenz Nr. 47 vom November 1966, S.1-4, hier S. 1.

schrieb als erster „Egon Monks Konzeption" für den Fernsehfilm. Sein Kritiker-Kollege Werner Kließ erhob ein Jahr später Monks Anstrengungen zur „Hamburgische(n) Dramaturgie".[21] Andere nannten es im Abstand „Hamburger Schule".[22] Zugegeben: Das klingt alles ein wenig hochtrabend. Tatsächlich lässt sich die Summe aller Produktionen, die in der Ägide von Monk entstanden, schwer auf einen Begriff bringen. Einfacher ist das Klima zu beschreiben, in dem sie geschaffen wurden.

Monk begriff seine Redaktion, die er aus dem Funkhaus auf das Gelände von Studio Hamburg ausgelagert hatte, als eine Art von Entwicklungslabor, in dem viele sich selbst und das Fernsehen künstlerisch ausprobieren konnten. So ermunterte er einen Schriftsteller wie Christian Geissler oder eine Schauspielerin wie Helga Feddersen, für das Fernsehen zu schreiben. Er produzierte den ersten eigenständigen Dokumentarfilm von Klaus Wildenhahn (1930-2018): „Zwischen 3 und 7 morgens" aus dem Jahr 1964.[23] Er förderte junge Regisseure wie Rolf Busch, Claus Peter Witt, Peter M. Ladiges oder Dieter Wedel und hatte dafür ein kleines Ausbildungsprogramm, das ihm der NDR finanzierte, aufgelegt. Kurz vor seinem Ausscheiden aus dem NDR hatte Monk auch Marcel Ophüls zur Mitarbeit eingeladen. Der Sohn des Spielfilmregisseurs Max Ophüls hatte zuvor mit Unterstützung des NDR seinen großen Dokumentarfilm „Le chagrin et la pitié" realisieren können. Als Ophüls in Hamburg ankam, war Monk aber schon für ein kurzes und tragisches Gastspiel ans Schauspielhaus gewechselt.[24] Mit Monks Nachfolger Dieter Meichsner kam Ophüls wie auch viele andere, die Monk zum Sender geholt hatte, nicht zurecht. So floh er bald zu Dreharbeiten in die USA, ehe er sich endgültig von Hamburg und dem NDR verabschiedete.[25]

In seinem „Fernsehlabor" ließ Monk von Anfang an eine Reihe von Stoffen entwickeln, die in der Gegenwart der Bundesrepublik Deutschland spielten oder aber die Nazi-Vergangenheit sowie den Ost-West-Konflikt thematisierten. Manche dieser Stoffe wurden etwa in den Filmen von Horst Lommer (Buch) und Peter Beauvais (Regie) kabarettistisch zugespitzt, an-

---

[21] Vgl. Knut Hickethier: Egon Monks „Hamburgische Dramaturgie" und das Fernsehspiel der 60er Jahre, in: AugenBlick, H. 21 (1995), S. 19-33.

[22] Vgl. Schumacher: Realismus als Programm, S. 59.

[23] Egon Netenjakob: Liebe zum Fernsehen und ein Porträt des festangestellten Filmregisseurs Klaus Wildenhahn, Berlin 1984, S. 198. Zum Folgenden ebd., S. 159.

[24] S. dazu im Einzelnen Schumacher: Realismus als Programm, S. 179-187.

[25] Marcel Ophüls: Meines Vaters Sohn. Erinnerungen, Berlin 2015, S. 173. S. dazu Dietrich Leder: Lob der offenen Form. (Zu Marcel Ophüls), in: Stefanie Stallschuss und Bernd Ternes (Hg.): Bild, Kunst, Medien. Resonanzen auf das Denken von Hans Ulrich Reck, Köln 2018, S. 131-136.

dere wurden in den Produktionen von Christian Geissler (Buch) und Monk (Regie) lehrstückhaft aufgefächert. Einige dieser Filme erinnerten ästhetisch noch an ein abgefilmtes Theater, andere wie „Wilhelmsburger Freitag" (1964) des Duos Geissler/Monk waren in ihrer filmischen Anlage den damals aktuellen Kinofilmen eines Michelangelo Antonioni – beispielsweise „La Notte" aus dem Jahr 1961, dessen Plakat im Film selbst in einem Kinoaushang zu sehen ist – näher als den übrigen Fernsehfilmen der ARD und ab 1963 des ZDF. Monk nutzte früh das Dritte Programm des NDR, das im Januar 1965 mit dem Versuchsbetrieb begann,[26] um mit neuen Fernsehfilmformen zu experimentieren.[27] Er war sich zu diesem Zeitpunkt des Drucks der Zuschauererwartung, der im Ersten Programm auf den von ihm produzierten Fernsehfilmen lastete, bewusstgeworden. 1963 hatte der bereits erwähnte Altersgenosse Oliver Storz, zu dieser Zeit Dramaturg bei der Bavaria, in einem Vortrag nach allerlei Komplimenten den aufklärerischen Anspruch von Monk getadelt: „[...] das wird ein bißchen sehr Praeceptor Germaniae" und hatte ihn daraufhin gewiesen, dass das Fernsehen „eine primäre Funktion" besäße: zu unterhalten.[28] Monk reagierte vielleicht indirekt auf eine solche Kritik, indem er seine Produktionen neu mischte. Neben die strikt aufklärerisch angelegten Filme traten nun verstärkt auch unterhaltende, die aber des Anspruchs auf Gegenwärtigkeit nicht entschlagen sollten.

So entstand eine Familienserie wie „Die Unverbesserlichen", von der ab 1965 bis 1973 jährlich eine Folge (!) ausgestrahlt wurde. Oder der äußerst populäre Krimi-Mehrteiler „Die Gentlemen bitten zur Kasse", der 1966 die Geschichte des berühmtesten Kriminalfalls der Zeit – den Überfall auf einen Postzug in England – nacherzählte. Zu den Regisseuren, die ihm diese unterhaltenden, aber der Wirklichkeit abgewonnenen Filme lieferten, gehörte Eberhard Fechner. Der Schauspieler, der nach „Ein Tag" noch an zwei weiteren Fernsehfilmen des NDR mitgewirkt hatte, hatte Monk im Gespräch seine Vorstellungen einer stärker filmisch orientierten Darstellungsform dargelegt. Daraufhin engagierte ihn der Fernsehspielchef für eine gewisse Zeit als Redaktionsassistent.[29] Hier entwickelte er seine ersten Fernsehfilme.

---

[26] Vgl. Knut Hickethier: Geschichte des deutschen Fernsehens. Unter Mitarbeit von Peter Hoff, Stuttgart 1998, S. 225.
[27] Netenjakob: „Eine politische Mission", S. 4.
[28] Oliver Storz: Gibt es schon Fernseh-Regeln, und wie kann man sie lernen?, in: Anne Rose Katz (Hg.): Vierzehn Mutmaßungen über das Fernsehen, München 1963. S. 128-136, hier S. 137.
[29] Netenjakob: Eberhard Fechner, S. 94.

DIE FRÜHEN FERNSEHFILME

Schon kurz nachdem Fechner am 1. Dezember 1965 seine festangestellte Arbeit beim NDR begonnen hatte, legte er seinem neuen Vorgesetzten eine erste Idee vor, die dann zu seinem ersten Fernsehfilm führen sollte. „Selbstbedienung" schildert die Geschichte von drei Ganoven, die in Berlin gleich zweimal in ein Berliner Warenhaus eingebrochen waren, um die dort deponierten Einnahmen zu stehlen. Beim ersten Mal scheitert ihr Unterfangen. Als sie aus der Presse erfahren, wieviel ihnen dabei entgangen ist, unternehmen sie Monate später einen zweiten Versuch und zwar ausgerechnet an dem Tag, an dem die englische Königin West-Berlin besucht, was die Aufmerksamkeit der Polizei einschränkt. Ihr Coup gelingt. Glücklich teilen sie die große Beute unter sich auf. Doch ein zufälliger Mitwisser verrät sie gegen eine hohe Belohnung. Fechner hatte den realen Fall recherchiert und ausführliche Interviews mit den Tätern geführt. Monk genehmigte nach einigen Kürzungen am Drehbuch die Produktion des Films, der ja thematisch an den Dreiteiler „Die Gentlemen bitten zur Kasse" anknüpfte. Anders als dieser von John Olden und Claus-Peter Witt – ebenfalls nach einer journalistischen Recherche[30] – inszenierte Film wurde „Selbstbedienung" auf 16mm-Material gedreht. Er wurde im März 1967 im Ersten Programm ausgestrahlt und stieß mit seinem trockenen Humor auf eine positive Resonanz. Die Komik zeigt sich beispielsweise in der Szene, in der die Einbrecher den Tresor des Kaufhauses öffnen. In diesem Augenblick dringt die lauter werdende britische Nationalhymne ins Kaufhaus und untermalt den staunenden Blick der Ganoven auf ihre Beute.

Der Erfolg animierte Fechner zu weiteren Fernsehfilmen, die auf der Grundlage recherchierter realer Verbrechen entstanden. „Damenquartett" (1969) erzählt von vier Frauen, die sich in Dortmund ein gutes Leben ergaunern und sich dann an die Mosel absetzen, wo sie es sich auf Kosten der Einheimischen gut gehen lassen. „Frankfurter Gold" (1971) – die erste „Tatort"-Folge mit Klaus Höhne als Kommissar Konrad, der für viele Jahre im Auftrag des Hessischen Rundfunks auf Verbrecherjagd in dieser ARD-Krimi-Reihe ging – berichtet von einem Betrüger, der falsche Goldbarren als Sicherheit für hohe Kredite bei Banken hinterlegt. „Geheimagenten" (1971) handelt von einem Gastwirt, dem ein Betrüger suggeriert, er könne sich gegen teures Honorar zu einem Spion des Bundesnachrichtendienstes fortbilden lassen. Gemeinsam ist diesen Filmen neben den Vorlagen aus der Wirklichkeit die

---

[30] Vgl. den Fernsehfilm „Die Gentlemen baten zur Kasse" (2013) von Carl-Ludwig Rettinger, der u.a. auch die Entwicklungs- und Rezeptionsgeschichte des Dreiteilers erzählt.

Komik, mit der Fechner ihre Geschichten erzählt. Die Betrüger entlarven immer auch die Gesellschaft, weil sie sich deren Regeln, Erwartungen und Strategien perfekt anverwandeln oder übertrumpfen und somit karikieren.

Neben diesen gleichermaßen kriminalistisch und komödiantisch angelegten Filmen, von denen einige bereits bei anderen Sendern entstanden, realisierte Fechner bei Monk und mit dem NDR zwei Produktionen, die für eine andere Seite seines Werks bezeichnend sind. „Vier Stunden von Elbe 1" (1968) und „Gezeiten" (1970) entstanden nach Drehbüchern der Schauspielerin Helga Feddersen (1930-1990), die Monk ähnlich wie Fechner gefördert hatte. Es handelt sich um realistische Geschichten aus dem Milieu der Seeleute, die lange Zeit auf hoher See arbeiten, während ihre Ehefrauen, ihre Freundinnen und ihre Familien in den Hafenstädten der Nordsee zurückbleiben. Es geht um Bindungswünsche und Bindungsängste, es geht um Treue und Betrug, es geht um Verlässlichkeit und Verlassenwerden. Es sind melancholische Geschichten, deren jeweiliges Happy End nicht um den grundsätzlichen Zweifel, dass es nicht hätte anders kommen können, betrügt. Aber auch sie enthalten komische Momente, in denen die Absurdität dessen, was Alltag und zwischenmenschliche Routine heißt, szenisch kenntlich wird.

Helga Feddersen, die in diesen Filmen eine der Hauptrollen übernahm, verfasste später weitere Drehbücher, die andere Regisseure inszenierten. Zu nennen wäre beispielhaft der Fernsehfilm „Bismarck von hinten oder wir schließen nie" (1974) in der Regie von Joachim Hess, der wie die beiden Fechner-Filme genau beobachtete Geschichten aus dem Alltag von Arbeitern und kleinen Gewerbetreibenden erzählt – bar jeder Sentimentalität oder einer erzieherischen Absicht. Weitere Filme nach ihren Drehbüchern folgten nicht, so dass sie wieder allein als Schauspielerin arbeitete. Eberhard Fechner besetzte sie beispielsweise 1975 in „Tadellöser & Wolff" in der Rolle einer sadistischen Erzieherin; das war für sie untypisch, galt sie doch eher als Komikerin. In ihren letzten Lebensjahren geisterte sie nur noch als „Ulknudel" durch das deutsche Fernsehen, wenn sie etwa in der Comedy-Reihe „Plattenküche" neben Frank Zander grimassierte. Als Drehbuchautorin geriet sie zu Unrecht völlig in Vergessenheit.

Von der Erzählform her waren Fechners frühe Fernsehfilme den Arbeiten von Claus-Peter Witt (1932-2017) beispielsweise näher als denen von Egon Monk selbst. Der Redaktionsleiter, der in den Jahren von 1960 bis 1968 zehn eigenständige Fernsehfilme inszenierte, hatte in seine filmischen Arbeiten fast immer widerspenstige Momente eingebaut, die die Erwartung an ein realistisches Abbild unterliefen oder irritierten: ob es sich um das deutlich theatrale Bühnenbild von „Die Anfrage" (1962) handelt, oder um den ins Endlose fahrenden, damit irrealen Zug in „Schlachtvieh" (1963), oder um das direkte Ansprechen des Publikums durch den Drogeriebesitzer in „Industrielandschaft mit Einzelhändlern" (1970).[31]

In diesen Irritationsmomenten zeigen sich deutlich die Spuren der Brecht-Rezeption durch Monk. Für Brecht war ein Realismus, wie ihn beispielsweise Georg Lukács[32] nach seiner Annäherung an kommunistische Positionen vertreten hat und der allein an den linearen Erzählungen und Romanen von Honoré de Balzac ausgerichtet war, unzulänglich.[33] Es fehlte für ihn beispielsweise das, was in der Literatur der Anfangsjahre des 20. Jahrhunderts (Joyce) aufschien und was die subjektive Seite der Aneignung und Verarbeitung der Realität (Kafka) ausdrückt.[34] Hinzu kam Brechts Zweifel an einer Identifikationsdramaturgie, bei der die Zuschauer mit einem positiven Helden mitfiebern können und die ihnen die „richtigen" Erkenntnisse vermittelt. Brecht setzte stärker auf ein Aktivwerden derjenigen, die eine Theaterinszenierung betrachten. Die Aktivierung geschieht durch gestisches Spiel, durch Brüche im Ablauf, durch Fragmentarisierung und Mediatisierung. Alles Theater-Mittel, die dann die frühen Filme der Nouvelle Vague etwa eines Jean-Luc Godard auf das Kino übertrugen und durch kinematographische Formen wie Jump-Cuts oder Cross-Cutting ergänzten. Der Nouvelle Vague ebenso wie dem italienischen Neorealismus fühlte sich Monk nahe.

Fechner hingegen setzte bis in seine letzten Fernsehfilme hinein ausschließlich auf die klassische lineare Erzählung. Sein Realismus bleibt dem des 19. Jahrhundert eines Balzac verhaftet, auf den er sich wie auf Émile Zola und dessen Naturalismus mehrfach bezog. Formal irritierende Momente gibt es in seinen Filmen nicht. Stattdessen wird stets der Wirklichkeitsgehalt des Dargestellten verbürgt: „[...] ich will beim Filmen [...] mit allen mir zur Verfügung stehenden Mitteln Wirklichkeit darstellen, wie sie eigentlich gewesen sein muss, beziehungsweise, um noch einen Schritt weiterzugehen, wie ich sie erlebt haben habe."[35] Die Illusion dieser Wirklichkeitsdarstellung irritierte er in seinen Filmen nicht.

---

[31] Wie geschichtsblind eine gegenwärtige Fernsehkritik agiert, konnte man erkennen, als diese Technik bei der US-Serie „House of Cards" hochgelobt wurde, ohne gleichzeitig an Monk oder Dieter Wedel zu denken, der dies bereits in seiner NDR-Produktion „Einmal im Leben" (1972) ebenfalls verwendet hatte.

[32] Neben vielen anderen Texten beispielhaft in Georg Lukács: Es geht um den Realismus (1938), in: Hans-Jürgen Schmitt (Hg.): Die Expressionismusdebatte. Materialen zu einer marxistischen Realismuskonzeption, Frankfurt am Main 1973. S. 192-230.

[33] Bertolt Brecht: Über den formalistischen Charakter der Realismustheorie (1938), in: Die Expressionismusdebatte, S. 309-317.

[34] Vgl. neben anderen Texten beispielhaft Brecht ebd.

[35] Zitiert nach Netenjakob: Eberhard Fechner, S. 204.

DER ERSTE DOKUMENTARFILM

Seinen ersten Dokumentarfilm „Nachrede auf Klara Heydebreck" drehte Eberhard Fechner nach drei fiktionalen Fernsehfilmen. Ausgangspunkt war, dass der Redakteur Hans Brecht, damals stellvertretender Hauptabteilungsleiter des Fernsehspiels, später viele Jahre Filmredakteur des NDR, die Idee hatte, einen Film über die Selbsttötung eines Menschen drehen zu lassen. Dafür hatte er zunächst bei Erika Runge, die gerade für den WDR den Dokumentarfilm „Warum ist Frau B. glücklich?" realisiert hatte, und bei Klaus Wildenhahn angefragt. Beide lehnten ab, so dass Brecht auf Fechner zuging, der mit einer gewissen Neugier reagierte. Er las zunächst – berichtet er in einem ersten Text über seinen Film im Jahr 1970 – Émile Durkheims Studie „Der Selbstmord" und weitere soziologische Untersuchungen, nach denen in den 1960er-Jahren der Suizid älterer Menschen statistisch zugenommen habe und die höchste Rate an Suiziden in Berlin zu verzeichnen wäre.[36] Deshalb konzentrierte sich seine Recherche auf Selbstmordfälle im Westteil der damals durch die Mauer geteilten Stadt. Er beschloss aber induktiv vorzugehen, also einen konkreten Fall und seinen Hintergrund zu schildern, statt von abstrakten Einschätzungen auf die Wirklichkeit zu schließen: „Form, Inhalt und Aussage sollten ausschließlich bestimmt werden durch die – mir noch unbekannte – Geschichte eines Menschen und die Ergebnisse der Recherchen, die wir auf Film und Tonband festhalten wollten".

Diese Erklärung aus dem Jahr 1970, also kurze Zeit nach der Fertigstellung des Films, hält im Kern die Methode fest, die Fechner auch in all seinen folgenden Dokumentarfilmen anwenden sollte. Ausgangspunkt bilden jeweils konkrete Biografien von Menschen, die reich an vielen Detailgeschichten etwa des jeweiligen Alltags sind und die zudem stets auf die Allgemeingeschichte verweisen oder diese konkretisieren. Die Biografien ermittelt Fechner in der bereits von der Kamera begleiteten Recherche. Beim Beginn der Dreharbeiten weiß der Regisseur also noch nicht, wohin ihn die Recherche führen wird. Das bedeutet ein gewisses Risiko für den Sender, der bei der Genehmigung des Projekts noch nichts von dem Ergebnis wissen kann. Zusammengefügt werden die unterschiedlichen Fundstücke der Recherche (Dokumente, Fotografien, Interviews von Bekannten, Verwandten, Zeitzeugen) in der Montage. Aber in diesem ersten Dokumentarfilm werden sie zusätzlich zusammengehalten durch den Kommentar, den Fechner selbst spricht.

---

[36] Eberhard Fechner: Zur Entstehung des Filmes „Nachrede auf Klara Heydebreck" (1970), in: Nagel/Kirschner (Hg.): Eberhard Fechner, S. 66-72, hier S. 66-67. Das nachfolgende Zitat ebd., S. 68.

Dass sich Fechner für den Fall Klara Heydebreck während der Recherche entschied, hatte einen einfachen Grund. Anders als bei den anderen Fällen, die der Polizei während Fechners Anwesenheit auf den Schreibtisch kamen, ließ sich bei dieser älteren Frau auf Anhieb kein offensichtliches Suizid-Motiv erkennen. Im Kommentar stellt Fechner - nach elf Minuten und nach Abschluss des Prologs seines Films – die Frage: „Warum hat Klara Heydebreck Tabletten genommen?".[37] Am Ende des Films werden weder der Regisseur in seinem Kommentar noch die Zuschauer die Frage beantworten können. Das ist so ungewöhnlich nicht. Suizide haben oft mehrere Motive, von denen manche offengelegt, andere wiederum verschleiert werden. Tatsächlich ist die Frage ein rhetorischer Trick. Sie zielt weniger auf eine Antwort, sondern begründet vielmehr das Verfahren der nachfolgenden Recherche. „Vielleicht gibt ja ihr Leben darüber Aufschluss", fährt der Kommentar fort, um nachfolgend dieses Leben aufzublättern und detailliert zu beschreiben. Dieses Leben steht aber nicht für sich allein. In den Bildern der Eröffnungssequenz sind mehrfach ältere Frauen im Berliner Schneegestöber zu sehen, die allein aus dem Fenster blicken oder sich langsam über die glatten Straßen bewegen. Klara Heydebreck steht auch für all die anderen älteren Frauen, die in West-Berlin alleine leben.

Insgesamt 37 Interviews hat der Regisseur für diesen Film geführt.[38] Im Prolog schneidet er aus zwölf von ihnen Reaktionen auf die Frage, wer von den Nachbarn Klara Heydebreck denn kannte, kurz hintereinander. In den knappen Einstellungen schütteln manche den Kopf, andere verneinen die Frage, dritte geben an, dass die Frau „sehr zurückgezogen wohnte" oder alles allein gemacht habe". Sie unterstreichen alle, dass und wie Frau Heydebreck sehr zurückgezogen die letzten Lebensjahre verbrachte. Anschließend schneidet Fechner Aussagen derjenigen aneinander, die der alten Dame in den letzten Tag vor ihrem Suizid begegnet sind, ehe er die Ereignisse um das Auffinden des Leichnams schildern lässt. Den zwölfminütigen Prolog schließt die Verlesung des Abschiedsbriefes ab, den Klara Heydebreck hinterlassen hatte. In ihm entschuldigt sie sich bei ihrem Neffen für die „Unannehmlichkeiten",[39] die ihr Tod diesem nun bereiten werde. Und benennt, was der Neffe noch zu tun habe. Sie hat dabei an jede Kleinigkeit gedacht. Der Brief schließt mit den Worten: „Vergebt mir alle und seid gedankt". Für den Film hat Fechner den Brief nicht nur vom an-

---

[37] Eberhard Fechner: (Wort-Protokoll des Films „Nachrede auf Klara Heydebreck"), in: Nagel/Kirschner (Hg.): Eberhard Fechner, S. 73-108.
[38] Fechner: Wort-Protokoll des Films „Nachrede auf Klara Heydebreck", S. 74. Das folgende Zitat ebd.
[39] Ebd., S. 79. Das folgende Zitat ebd.

gesprochenen Neffen, sondern auch vom ermittelnden Kommissar vorlesen lassen. Er schneidet zweimal zwischen diesen beiden hin und her. Das kann man als Beginn des Montageverfahrens bezeichnen, mit dem Fechner spätestens seit den „Comedian Harmonists" bekannt und auch berühmt wurde. Einen hohen Anteil daran hatte die Cutterin Brigitte Kirsche, die fast alle seine Dokumentarfilme montierte. Durch dieses Verschachteln des Vorlesens des Abschiedsbriefes, das den Adressaten – den Neffen – mit dem professionellen Leser – dem Kommissar – verbindet, werden die unterschiedlichen Perspektiven, in denen hier etwas erscheint (oder in späteren Filmen etwas erinnert wird), deutlich. Dieses Verfahren erproben Fechner und Kirsche noch an anderen Stellen dieses ersten Dokumentarfilms. Dass der Regisseur nicht nur mittels seiner Interviews mit Verwandten, Bekannten, Nachbarn und der beruflich mit Frau Heydebreck in Kontakten stehenden Personen ihr Leben rekonstruieren konnte, lag vor allem daran, dass er den kompletten Nachlass untersuchen und für seinen Film verwenden konnte. Dieser Nachlass war reichhaltig, weil Frau Heydebreck seit über 50 Jahren in derselben Wohnung gelebt hat, in der sie sich umbrachte, und weil sie –für ihre Generation typisch – kaum etwas weggeworfen hatte. So fand Fechner nicht nur viele Fotos, sondern auch Dokumente: ihre Lohnabrechnungen, ihre Zeugnisse, ihre Bewerbungsschreiben, ihr Sparbuch, ihre Rentenbescheide und viele (teilweise nicht abgesandte) Briefe.

Nach dem Prolog beginnt die Beschreibung des Lebens von Klara Heydebreck mit den familiären Umständen zur Zeit ihrer Geburt. Er eilt dabei in schnellen Sprüngen vorwärts. Der Kommentar beschleunigt diese biografische Erzählung, indem er Phasen zusammenfasst, wenn er etwa sagt: „In den acht Schuljahren [...] hat Klara Heydebreck kein schlechtes Zeugnis nach Hause gebracht".[40] Er stellt mitunter auch die Fragen, die er seinen Zeugen bei der Aufnahme gestellt hatte und die im Film selten aus dem Off der Interviews zu hören sind, und leitet von einer Lebensphase zur anderen über. Des Öfteren bilanziert er das, was die damals junge Frau verdient hat, wenn etwa ihre Lohnsumme während der Inflation in astronomische Höhen kletterte.[41] Er rechnet aus, was der nun 36-jährigen Frau in den Jahren ihrer Arbeitslosigkeit zum Leben blieb, wenn er ihren kärglichen Einnahmen die durchschnittlichen Kosten für den Lebensunterhalt gegenüberstellt und so zu folgendem Ergebnis kommt: „So

---

[40] Ebd., S. 81.
[41] Ebd., S. 84.

blieben ihr pro Tag noch 57 Pfennig."[42] Diese buchstäblich im Bild vorgenommenen Rechnungen, die zahlreichen Belege für die Einnahmen (Stempelkarte) und die Ausgaben (Mietbuch) verbinden die Sinnlichkeit des konkreten Beispiels mit der Abstraktion dessen, was die Arbeitslosigkeit in der späten Phase der Weimarer Republik für die Menschen bedeutete. Ähnliches geschieht, wenn der Film beschreibt, wie Klara Heydebreck mit dem Erreichen des Rentenalters mehr Geld zu Verfügung stand als jemals zuvor. Denn hier verbindet sich das individuelle Glück der Protagonistin mit der Allgemeingeschichte der Rentenreform von 1957, die zu einer Verbesserung der sozialen Lage der Rentnerinnen und Rentner führte.

Der Kommentar beschreibt nicht nur, sondern deutet gelegentlich auch das aus, was er den Materialien entnehmen kann. Prototypisch die Passage, in der der Kommentar sagt: „Einmal 1926 war sie mit dem Arbeitervolkschor in Wien, ein Urlaub im Harz und zwei Wochen in den Alpen. Aber immer allein."[43] Aber solche Deutungen bleiben zurückhaltend. Die aus Briefen und Postkarten sprechende Freundschaft zu einer jungen Frau aus dem Chor oder die Verehrer-Briefe eines „Universalartisten" bleiben unkommentiert. Auch die Streitigkeiten in der Familie, die zum Abbruch vieler Beziehungen führten, oder die mit Arbeitgebern werden nur angedeutet. Stattdessen gesteht der Kommentar eine gewisse Bewunderung ein, wenn er ihre Neugier auf die Welt, wie sie sich im Alter von über 50 Jahren in der Teilnahme an Sprachkursen oder am Besuch von Museen und Ausstellungen zeigte, beschreibt oder ihre Spenden an soziale Institutionen auflistet. Doch am Ende muss er konstatieren: „Die letzten Lebensjahre verbrachte Klara Heydebreck in völliger Vereinsamung."[44] Im Epilog zitiert der Kommentar aus einem Brief, den Frau Heydebreck an ihre Schwester geschrieben, aber nicht abgeschickt hatte. In ihm spricht sie von einem gewissen „Lebensüberdruss".[45] Die letzten Bilder zeigen einen jungen Mann, der die Wohnung übernehmen wird. Das Leben geht weiter.

Die vielen situativen Szenen des Films – vom Beginn in der Polizeiwache[46] bis zur Übergabe der Wohnung an den Nachmieter – hatte Rudolf Körösi[47] während der zehn Drehtage in Ber-

---

[42] Ebd., S. 88.

[43] Ebd., S. 89.

[44] Ebd., S.100.

[45] Ebd., S. 106.

[46] Diese Szene wurde nachträglich aufgenommen; als die Todesmeldung die Polizei erreichte, waren Fechner und sein Team noch in Hamburg. Vgl. Eberhard Fechner: Nachrede auf Klara Heydebreck, Berlin 1990, S. 10.

[47] Zu Rudolf Körösi s. Egon Netenjakob: Liebe zum Fernsehen und ein Porträt des festangestellten Filmregisseurs Klaus Wildenhahn, Berlin 1984, S. 125-130; Roland Timm: Rudolf Körösi – Die Liebe zur alten Eclair, in: Cornelia Bo-

lin mit einer 16mm-Kamera von der Schulter auf einem empfindlichen Schwarz-Weiß-Material[48] gedreht. Die Aufnahmen sind so weniger ausgeklügelt kadriert, als vielmehr den jeweiligen Licht- und Ortsbedingungen geschuldet. Gelegentlich zoomt Körösi an die Zeitzeugen heran, um ihr Gesicht bildfüllend zu zeigen. So erscheinen die Sprechenden bisweilen in starker Aufsicht, seltener in Untersicht. Die notwendigen Bewegungen der Schulterkamera und die Zooms dynamisieren die Recherche; es wird die Suche spürbar und auch die Spannung, wenn Fechner und sein Team etwas entdecken, beispielsweise wenn Körösi schnell auf die Dose mit dem Schlafmittel, das Klara Heydebreck eingenommen hatte, heranzoomt, oder wenn er vom Gesicht der Toten zurückzoomt, als die Männer des Beerdigungsinstituts den Sarg schließen. Nur längere Gesprächspassagen scheinen vom Stativ und dann aus Augenhöhe aufgenommen zu sein. Ähnlich ruhig sind selbstverständlich alle Tricksequenzen, mit denen die Fotos, Briefe und Dokumente aufgenommen wurden.

Zurückblickend liegt die besondere Qualität des Films in der filmisch dynamischen, aber sich Zeit für das Detail lassenden Rekonstruktion eines alltäglichen Lebens, das über die individuellen Besonderheiten hinaus eine gewisse Allgemeingültigkeit für eine deutsche Frauengeneration beanspruchen konnte. Gleichzeitig berührte das Schicksal der Klara Heydebreck die Zuschauer, die das langsame Versinken in die familiäre und gesellschaftliche Isolation Schritt für Schritt miterleben konnten. Die Wirkung des Films ergibt sich aus dem hohen Informationswert, der den von Fechner ermittelten und filmisch angemessen präsentierten Dokumenten eigen ist, und der Empathie, die der Film für ein konkretes Schicksal weckt.

Zur Zeit seiner Erstausstrahlung ist das, was heute Dokumentarfilm heißt und was auf dem idealisierten Begriff des documentary basiert, wie ihn John Grierson Anfang der 1930er-Jahre entwickelt hatte,[49] in Deutschland gleichsam noch im Entstehungsprozess. Zwar ist der Einfluss des Kulturfilms der NS-Zeit, wie er noch im Kinovorfilm der 1950er-Jahre präsent war, abgeklungen. Die Möglichkeiten des direct cinema, wie sie in den USA Leacock,

---

lesch (Hg.): Dokumentarisches Fernsehen. Ein Werkstattbericht in 48 Porträts, München 1990, S.203-207, hier S. 203-207.

[48] Fechner beziffert das verbrauchte Material auf 5000 Meter (vgl. Netenjakob: Eberhard Fechner, S. 108), was bei der Länge des Films von knapp 59 Minuten einem Drehverhältnis von 1 zu 7 entspricht und damals eine durchschnittliche Produktionsweise war. Später sollte das Drehverhältnis der Fechnerfilme enorm ansteigen: bei „Klassenphoto" lag es bei über 1 zu 10 (ebd.).

[49] Vgl. John Grierson: Grundsätze des Dokumentarfilms (1933), in: Eva Hohenberger (Hg.): Bilder des Wirklichen. Texte zur Theorie des Dokumentarfilms, Berlin 1998 (= Texte zum Dokumentarfilm 3), S. 100-113.

Pennebaker, Maysles u.a. für sich entdeckt hatten, waren in Deutschland gerade erst von Klaus Wildenhahn,[50] aber auch von Günter Hörmann erprobt worden. Auch die radikale Darstellungsform des cinema verité, wie es in Frankreich Jean Rouch propagiert hatte, war etwa bei Alexander Kluge auf Resonanz gestoßen. Gemeinsam ist diesen Formen des Dokumentarfilms die klare Position des Regisseurs: ob er sich nun der Realität gegenüber zurückhält (direct cinema) oder auf diese durchaus auch einwirkt (cinema verité). Es handelt sich stets um Autorenfilme,[51] deren Idee als erster Alexander Astruc Ende der 1940er-Jahre entwickelt hatte. Im Fernsehen hatte sich als einzige personale Form die Reportage entwickelt, wie sie etwa in der Reihe „Zeichen der Zeit" produziert wurde. Ihren Beiträgen wie dem Autorendokumentarfilm wurde in den 1960er-Jahren der subjektive Zugang zum Vorwurf gemacht. Das Fernsehen favorisierte stattdessen das Feature, eine Darstellungsform, die keinen Autor als personalen Erzähler kennt, sei dieser nun explizit oder implizit im Werk vorhanden. Im Feature regiert hingegen ein anonymer allwissender Erzähler, dessen Kommentar dann von neutralen Sprechern verlesen wird. Man kann es so sagen: Im Feature gewann die Omnipotenzvorstellung des Fernsehens der 1970er-Jahre, alles zeigen und erklären zu können, ihre Form.

Fechners Film changiert erzählerisch zwischen den Positionen des Autorendokumentarfilms und denen des Features. Einerseits wird der Einfluss des Regisseurs bereits im Titel deutlich: Eine „Nachrede" ist stets subjektiv; im Kommentar als Ausdruck eines expliziten Erzählers spricht der Regisseur selbst und gibt ihm so eine persönliche Färbung. Andererseits spricht Fechner an keiner Stelle in der ersten Person Singular. Selbst die Begründung der filmischen Recherche wird neutral formuliert: „Vielleicht gibt ihr Leben Aufschluss."[52] Wie ein allwissender Erzähler fügt der Kommentar denn auch die differenten Erscheinungen des Nachlasses zu einer objektivierten Bilanz zusammen. Über Momente des Scheiterns der Recherche oder über Grenzen der Interpretation gibt er ebenfalls keine Information, was ebenfalls Momente des Subjektiven zulassen würde.

Der Film stieß bei seiner Fernsehausstrahlung auf eine positive Resonanz.[53] So erhielt Eber-

---

[50] Vgl. Klaus Wildenhahn: Über synthetischen und dokumentarischen Film. Zwölf Lesestunden. Erweiterte Neuauflage, Frankfurt am Main 1975.

[51] Vgl. Alexandre Astruc: Die Geburt einer neuen Avantgarde: die Kamera als Federhalter (1948), in: Christa Blümlinger/Constantin Wulff (Hg.): Schreiben Bilder Sprechen. Texte zum essayistischen Film, Wien 1992, S. 199-204.

[52] Fechner: Wort-Protokoll des Films „Nachrede auf Klara Heydebreck", S. 80.

[53] S. dazu die Kritiken von Momos (i.e. Walter Jens) in der Wochenzeitung „Die Zeit" und von Peter F. Gallasch in der „Funk-Korrespondenz" – beide wiedergegeben in Nagel/Kirschner (Hg.): Eberhard Fechner, S. 22-24.

hard Fechner 1970 für ihn den ersten seiner vier Grimme-Preise und eine „Goldene Kamera" der Zeitschrift „Hörzu". Im selben Jahr verfasste er einen ersten Text über die Produktionsgeschichte.[54] 20 Jahre später veröffentlichte er einen zweiten Text, als der Quadriga-Verlag nach einem ersten Buch über seinen Film „Die Comedian Harmonists – Sechs Lebensläufe"[55] nun auch einen Band zu seinem ersten Dokumentarfilm vorlegen wollte. Die Unterschiede zwischen den beiden Texten über „Klara Heydebreck" sind signifikant. Während er 1970 – wie oben dargelegt – seine induktive Methode aus den Vorüberlegungen und aus der Beschäftigung mit der Literatur zum Thema Suizid ableitet, schildert er es 1990 so, als habe ihn der Gedanke einer solchen Konzeption auf dem Hinflug nach Berlin geradezu überfallen.[56] Der Filmregisseur stilisiert sich so im Abstand als ein Künstler, den ein für das Werk wichtiger Gedanke wie eine Intuition überkommt. Dieses Bild soll die ältere Beschreibung überlagern, nach der Fechner seine Konzeption nach Vorarbeiten am Schreibtisch und im Ausschlussverfahren – Verzicht auf die Illustration einer vorab aufgestellten Behauptung[57] – entwickelt hatte.

Ähnlich ist es mit den Bedenken, ob man das Leben eines Menschen so öffentlich darlegen dürfe. 1970 spricht er im Plural, als er Zweifel am Vorgehen festhält: „Immer wieder kamen uns Bedenken".[58] Der Plural bezeichnet eindeutig das Team, zu dem ja maßgeblich auch der Kameramann Rudolf Körösi und die Cutterin Brigitte Kirsche gehörten. 1990 heißt es dann zu denselben selbstkritischen Fragen: „Zweifel überfallen mich."[59] Dass man Eberhard Fechner im Rückblick als Einzelgänger bezeichnen kann, hat mit dieser Selbststilisierung zu tun, mit der er sich selbst als Filmkünstler neu erfand.

DIE DOKUMENTARFILME DER 1970ER-JAHRE

1971 strahlte das Erste Programm den nächsten, nun erstmals zweiteiligen Dokumentarfilm von Eberhard Fechner aus. „Klassenphoto" erzählt die Geschichte einer Gruppe von Männern, die 1933 in die Schulklasse 7b des Lessing-Gymnasiums in Berlin-Wedding gegangen waren. Es handelt sich um ein Gymnasium, das auch Egon Monk mehrere Jahre besucht

---

[54] Fechner: Zur Entstehung des Filmes „Nachrede auf Klara Heydebreck".
[55] Eberhard Fechner: Die Comedian Harmonists. Sechs Lebensläufe, Berlin 1988.
[56] Fechner: „Nachrede auf Klara Heydebreck" (1990), S.10.
[57] Vgl. Fechner: Zur Entstehung des Filmes „Nachrede auf Klara Heydebreck", S. 68.
[58] Ebd., S. 70.
[59] Fechner: „Nachrede auf Klara Heydebreck (1990), S. 12.

hatte. Die Protagonisten des Films waren sechs oder sieben Jahren älter als Monk und Fechner. Die meisten von ihnen bestanden 1937 das Abitur, erlebten also die ersten Jahre der Nazi-Diktatur ebenso bewusst wie den Anfang des Eroberungs- und Vernichtungskriegs, mit dem Deutschland ab 1939 Europa überzog. Fechner konnte nach einer umfassenden Recherche 13 Schüler, die auf dem Foto des Jahres 1933 abgebildet waren, befragen. Unter ihnen befand sich auch ein jüdischer Mitschüler, der mit Glück aus Deutschland entkommen konnte, während seine Eltern in Auschwitz ermordet wurden. Er ist der Außenseiter der ansonsten sozial homogenen Gruppe. Diese verkörpert eine Generation junger Deutscher, die weitgehend mit der Nazi-Ideologie übereinstimmte und die in den ersten Jahren den Krieg als großes Abenteuer erlebte. Er brachte sie in fremde Länder, wo sie es sich als Eroberer auf Kosten der Bevölkerung gut gehen ließ. Zwar bekennt sich während der Drehzeit nur einer noch zum Nationalsozialismus. Doch in den mehr oder minder routiniert vorgetragenen Distanzierungen der anderen tauchen mitunter Begriffe und Floskeln aus der nationalsozialistischen Ideologie auf. Ihre Selbst-Entschuldigung vor der Geschichte beruht auf einer grundsätzlichen Distanzierung von der Politik, die sie stets nie mitprägten, sondern immer nur erlitten.

In diesem Film war Fechner weiterhin explizit mit seinem Kommentar zu hören. Gleichzeitig war er als impliziter Erzähler in der Montage, die er gemeinsam wieder mit Brigitte Kirsche vornahm, stärker zu spüren, da hier die Aussagen noch mehr aneinander- und gegeneinander geschnitten als in „Klara Heydebreck" waren. Wie in seinem ersten Dokumentarfilm sind es die Einzelschicksale, die auf die Allgemeingeschichte verweisen, statt dass diese mit individuellen Erzählungen illustriert wird. Dem Vorteil dieser Methode, Geschichte gleichsam von unten zu erzählen, steht der Nachteil gegenüber, dass es ihr an einer historisch-kritischen Einordnung mangelt. Das hat Eberhard Fechner denn auch die Kritik eingetragen, dass er wie seine Protagonisten „Politik als Schicksal, gegen das man nichts machen kann" begreife.[60] Tatsächlich gehört eben diese Vorstellung zum Welterklärungsarsenal der „skeptischen Generation". Dennoch geht die Ineinssetzung der Aussagen der Interviewten mit der Gesamterzählung in die Irre, denn diese erlaubt ja geradezu, die ideologische Verblendung der Kriegsgeneration zu erkennen. So erhielt Fechner denn für diesen Film zu Recht seinen zweiten Grimme-Preis.

---

[60] Eckardt Kroneberg in „epd/Kirche und Fernsehen" Nr. 3 vom 23.1.1971, zitiert nach Nagel/Kirschner (Hg.): Eberhard Fechner, S. 28-29, hier S. 29.

Sein nächster Dokumentarfilm „Unter Denkmalschutz", 1975 fertiggestellt und in der ARD ausgestrahlt, nimmt einen konkreten Ort als Ausgangspunkt der Recherche. So heißt der Film denn auch im Untertitel: „Erinnerungen aus einem Frankfurter Bürgerhaus". Der für den Hessischen Rundfunk gedrehte Film – wie die beiden vorhergegangenen in Schwarz-Weiß – erzählt Geschichten von Menschen, die für eine gewisse Zeit ein Haus im Frankfurter Westend bewohnten. Anders als bei der Arbeiterin Klara Heydebreck oder den kleinbürgerlichen Jugendlichen aus „Klassenphoto" handelt es sich bei den hier aus ihrem Leben erzählenden Frauen und Männer um Angehörige des Großbürgertums. Der Film schlägt den bislang größten Zeitbogen unter Fechners dokumentarischen Arbeiten. Seine Erzählung beginnt mit dem Bau des Hauses, das 1882 für einen jüdischen Arzt, seine Familie und deren Dienstboten errichtet worden war, und reicht bis in die Gegenwart der Filmaufnahme Mitte der 1970er-Jahre. Zu diesem Zeitpunkt war das Haus bereits seit einigen Jahren in Etagenwohnungen aufgeteilt worden. Es handelt sich wie schon in den anderen beiden Filmen um eine Mischung aus individueller Lebens- und sozialer Gesellschaftsgeschichte aus einem Zeitraum von knapp 100 Jahren. Zugleich werden die Verfolgungs- und Fluchterfahrungen der jüdischen Arzt-Familie während der Nazi-Zeit erzählt. Etwas, was Fechner in „Klassenphoto" mit dem jüdischen Überlebenden nur andeuten konnte. In diesem Film ist erstmals Eberhard Fechner nicht der einzige explizite Erzähler, der hier mitunter in der ersten Person Plural spricht. Er teilt sich die Rolle mit der damals 78-jährigen Gertrud Rose, die einst Schriftstellerin werden wollte. Ihre Erzählung – auch aus dem Off – strukturiert zusätzlich zu Fechners Kommentar den Film.

In „Klara Heydebreck" ergab sich der Zusammenhang der Erzählung aus dem Schicksal einer Einzelperson, in „Klassenphoto" aus der gemeinsamen Erfahrung von Schulkameraden und in „Unter Denkmalschutz" aus den Begegnungen in einem besonderen Haus. Bei seinem vierten Dokumentarfilm fehlte es 1976 an seinem solchen Zusammenhang. Die Klammer der Erzählung war vielmehr eine abstrakte Setzung, die mit dem Filmtitel „Lebensdaten" benannt wurde. Fechner hatte für diesen Film vier besondere Momente im Leben von Menschen ausgesucht: Die Geburt, die Hochzeit, die Pensionierung und den Tod – jeweils beschrieben am Schicksal eines Menschen. Doch die Abstraktion der relevanten Daten verband die unterschiedlichen Erzählungen nicht. Das merkte nicht nur die Fernsehkritik kritisch an,[61] sondern registrierte auch Fechner rückblickend: „Diese Verschränkung einer

---

[61] S. dazu Nagel/Kirschner: Eberhard Fechner, S. 51.

Reihe von Schicksalen zu einem Generationserlebnis, die hat es da natürlich nicht gegeben".[62] Die Konsequenz: „Ich wußte nun, daß es besser ist, eine größere Gruppe zu nehmen."

DER ERSTE GROSSE ERFOLG

Auf der Suche nach einer solchen „größeren" Gruppe, die aber zugleich eine gewisse Kohärenz besitzt, kam Eberhard Fechner im Jahr 1975, wie er es sieben Jahre später rückblickend schilderte, ein „Zufall zu Hilfe". Bei einem Freund hörte er eine zu dieser Zeit neu aufgelegte Langspielplatte mit Liedern der „Comedian Harmonists", einer Gesangsgruppe der Weimarer Republik. Die Lieder erinnerten ihn daran, wie er unmittelbar nach dem Krieg ein Grammophon erstanden hatte. Dieses Grammophon war für ihn wie für viele Überlebende der „skeptischen Generation" das „Symbol meiner neuen Freiheit".[63] Unter den drei Platten, die mit dem Abspielapparat in seinen Besitz übergegangen waren, befand sich auch eine der „Comedian Harmonists". Da sich auf der neuen Langspielplatte seines Freundes keine Informationen über das Schicksal der Mitglieder der Gesangsgruppe, von denen drei Juden waren, während der Nazizeit und danach fanden, beschloss er, sich auf die Suche nach ihren Mitgliedern zu begeben. Er wusste „sofort", schreibt er 1988, „dass dies mein nächster Film werden würde – vorausgesetzt, jemand von den fünf Sängern oder der Pianist sollte noch leben." Als Fechner erfuhr, dass vier der ursprünglich sechs Mitglieder der Gruppe noch lebten, begann er im Dezember 1975 mit den Dreharbeiten, für die er nach Berlin, Bochum, Bremen, Sofia, Los Angeles, Palm Springs und New York reiste. Die Interviews, die er mit den Mitgliedern der Gruppe und bei den Verstorbenen mit ihren Frauen führte, sollen, schreibt Fechner, über 70 Stunden Material ergeben haben. Sie ließ er vor Beginn des Schnitts abschreiben. Noch vor Beginn des Schnitts traf er am Papier der Transkripte eine Vorauswahl dessen, was nachher für die Montage des Films zu Verfügung stehen sollte. Ein Verfahren, das er von nun an bei all seinen Dokumentarfilmen anwandte. In einem monatelangen Montageprozess – wieder zusammen mit Brigitte Kirsche – entstand dann ein zweiteiliger Dokumentarfilm, den der NDR, der ihn in Auftrag gegeben und produziert hatte, im Dezember 1976 im Dritten Programm ausstrahlte.

Das neue Verfahren veränderte die Form des Films. Man kann es vielleicht so sagen: Durch die Intensität der Vorarbeit an den Transkripten nahm die Bedeutung des Kommentars im

---

[62] Zitiert nach Netenjakob: Eberhard Fechner, S. 116. Das nachfolgende Zitat ebd.
[63] Fechner: „Die Comedian Harmonists", S. 14. Das nachfolgende Zitat ebd., S. 15.

Film ab. War der Regisseur noch in „Klara Heydebreck" als expliziter Erzähler präsent, ist er in „Comedian Harmonists" nur noch an wenigen Stellen zu hören, in denen er Informationen beisteuert oder sachliche Übergänge schafft. So verschwindet der Regisseur scheinbar aus seinem Film,[64] um aber als impliziter Erzähler wieder aufzuerstehen, der die vielen subjektiven Erinnerungs-Geschichten zusammenfügt. Denn es ist seine Interpretation der Ereignisse und Aussagen, welche die Montage anleitet. Und so gibt der Film seine Sicht der Dinge wieder und nicht die seiner Protagonisten, denen er so viel Platz einräumt. Wenn man so will, ersteht in der Gesamt- wie in der Detailmontage der Erzähler im umfassenderen Sinne neu. Hiermit wird Eberhard Fechner zu einem Autorendokumentarfilmer besonderer Art; seine Methode wendet bis auf wenige Ausnahmen kein anderer Regisseur an. Zu dieser Methode gehört, dass die Zuschauer die Montage wahrnehmen sollen. Es gibt in diesen späteren Filmen kaum „unsichtbare" Schnitte, wie sie in einer bestimmten Sorte von Spielfilmen verlangt ist. Stattdessen hört und sieht man, wie der Regisseur und seine Cutterin Aussagen abbrechen und willkürlich mit anderen zusammenfügen. Diese Eingriffe, die er – einen kritischen Begriff für sich positiv umwendend – „Manipulationen" nennt, sind für ihn „künstlerischer Ausdruck".[65]

Die Geschichte der „Comedian Harmonists" ist nicht allein die – ohnehin spannende – einer äußerst erfolgreichen deutschen Gesangsgruppe. In ihr erscheint zudem vieles von der deutschen Allgemeingeschichte der Jahre 1928 bis in die Gegenwart der Interviews von 1975/76 auf. Beispielsweise, wie sich im sozialen und künstlerischen Schmelztiegel im Berlin der 1920er-Jahre die aus Polen, Bulgarien und Deutschland stammenden Sänger und ihr Pianist und Arrangeur zusammenfanden. Wie die Gruppe Ende der 1920er-Jahre durch die Massenmedien Tonfilm, Radio und Schallplatten auf eine Weise populär wurde, wie es erst zu diesem Zeitpunkt möglich war. Wie der latente Antisemitismus in Deutschland zu Beginn der Nazizeit in eine systematische Verfolgungspraxis überging, die von ersten organisierten Störungen bei Konzerten 1933 bis zu den Berufs- und Auftrittsverboten der Gruppe durch die Reichsmusikkammer 1935 führte. Wie sich diejenigen, die anschließend nicht emigrierten, mit dem Regime arrangierten und unter dem neuen Namen „Meistersextett" mit neuen Mitgliedern bis 1941 auftraten.

---

[64] So Fechner gegenüber Netenjakob: Eberhard Fechner, S. 117.
[65] Ebd., S. 137.

Gleichzeitig berichtet der Film über die Zusammenarbeit in der Gruppe, wie sie erst in mühevollem Training zu ihrem stilbildenden Klangbild aus den fünf Stimmen (drei Tenöre, ein Bariton, ein Bass) und dem sie begleitenden Klavier fanden, wie sie klassisches Liedgut und populäre Songs für sich neu arrangierten und durch ihre Mehrstimmigkeit zum Klingen brachten, wie sie ihre Guten-Laune-Schlager durch komische Momente pointierten. Zugleich scheint im Film die interne Konkurrenz in der Gruppe auf und werden die angesichts des enormen Erfolgs aufbrechenden Eifersüchteleien, Zwistigkeiten und Streitereien deutlich. Nicht zu vergessen die meist süffisante Schilderung der jeweiligen Affären und Ehen, welche die Gruppenmitglieder unterhielten. Stars waren sie auch auf diesem Gebiet.

Die Männer und jene Frauen, die für ihre verstorbenen Männer berichten, erinnern manches durchaus unterschiedlich. An einigen Stellen widersprechen sie sich eklatant. Fechners Montage verhehlt das nicht, sie spitzt gelegentlich die Widersprüche zu, deutet aber eher nur an, wem sie mehr glaubt und wem weniger. Dabei korrespondiert die vielstimmige Montage des Filmes mit der Vielstimmigkeit des Gruppen-Gesangs, auch wenn nicht wie bei dieser alles in Harmonie aufgeht. Die vielen Musiktitel, die Fechner als Off-Töne zitiert, sollen nicht nur das belegen, was die Mitglieder der Gruppe erzählen, sondern dienen zugleich der Emotionalisierung, wenn beispielsweise ein Abschiedslied den Fotografien vom letzten Auftritt der Gruppe im Nazi-Deutschland unterlegt wird.

Eberhard Fechner profitierte mit seinem Film von der gewachsenen Neugier auf die „Comedian Harmonists". So wurde dieser unter seinen Dokumentarfilmen der erfolgreichste. Die Kritiker lobten ihn und sie belegten, dass sie Fechners Konzept verstanden hatten. So schreibt Manfred Sack in der Wochenzeitung „Die Zeit", dass man „nicht nur das Portrait eines Ensembles, sondern ausdrücklich sechs Lebensläufe erlebt hat, die zugleich Zitate der Zeitgeschichte sind".[66] Und Rupert Neudeck erkennt in der „FUNK-Korrespondenz" an: „Die unendliche Mühe [...], die sich der Autor bei der Aufarbeitung seiner Themen macht, bürgt diese leise-starke Passion."[67] Er war der erste Film von Eberhard Fechner, der auf der Duisburger Filmwoche – im Jahr 1977 – gezeigt wurde. Er wurde auch als erster seiner Dokumentarfilme als DVD wiederveröffentlicht. Und er führte 1988 zum eigenständigen Buch Fechners über „Die Comedian Harmonists", das auch Auszüge aus Interviews enthält, die

---

[66] Manfred Sack: Achtung! Seiten! „...schönklingende Stimmen gesucht, nicht über 25, musikalisch...", in: „Die Zeit" vom 24. Dezember 1976. Wieder abgedruckt in Antje Goldau (Hg.): Duisburger Film-Woche '77. Dokumentation, Duisburg 1977, S. 40-41.

[67] Rupert Neudeck: Zeitgeschichte im Dokumentarfilm, in: FUNK-Korrespondenz Nr. 23 vom Juni 1977.

nicht im Film enthalten sind. Das so wiederbelebte Interesse an dieser deutschen Pop-Gruppe avant la lettre mag Produzenten animiert haben, 20 Jahre später den von Joseph Vilsmeier inszenierten Spielfilm „Comedian Harmonists" ins Kino zu bringen. Dessen Geschichte lehnte sich deutlich an das an, was Fechners Dokumentarfilm erzählte, und verkitschte es dann doch summa summarum.

DIE FIKTIONALEN MEHRTEILER

Als der Dokumentarfilm „Comedian Harmonists" ausgestrahlt wurde, war Eberhard Fechner so populär wie noch nie. Das lag an dem zweiteiligen Fernsehfilm „Tadellöser & Wolff", den er 1975 nach dem gleichnamigen Roman von Walter Kempowski (1929-2007) im Auftrag des ZDF geschrieben und inszeniert hatte.[68] Das Interesse an dem autobiografisch angelegten Roman, der vier Jahre zuvor erschienen war, lag auf der Hand. Kempowski verstand sich Zeit seines Lebens als Sammler von Archivalien aller Art. Sein letztes großes Buch-Projekt, „Das Echolot", war die auf vier Bände angelegte Montage aus zahlreichen Tagebüchern, Briefen und autobiografischen Erinnerungen aus den letzten Kriegsjahren 1943 bis 1945.[69] Auch „Tadellöser & Wolff" basierte auf Archivalien der eigenen Familiengeschichte, zu denen Postkarten, Briefe und Erinnerungstexte maßgeblich beitrugen. Kempowski hatte mit seinem Roman eine Vorleistung erbracht, die Fechner für seine anderen Fernsehfilme selbst hatte erbringen müssen: die Fundierung der jeweiligen Geschichte auf den Fakten, wie sie sich recherchieren ließen. Das war hier einfacher: „Ich habe den Roman genommen und habe getan, als sei das die Realität."[70]

Noch ein zweites Element, das Fechners vorherigen Fernsehfilmen eigen war, ist hier bereits in der Romanvorlage vorhanden. Gemeint ist der spezifische Humor, der die familiären Gespräche der großbürgerlichen Rostocker Reederfamilie Kempowski – so heißen sie auch im Film – auszeichnet. Vor allem Vater Karl glänzt mit seiner Anverwandlung von Spruchweisheiten und Reklameslogans, von denen einer im Titel des Films aufscheint. „Tadellöser & Wolff" ist die Erweiterung des Namens „Loeser & Wolff",[71] den eine große deutsche Tabakwarenfabrik trug, deren Zigarren der Vater überaus gerne rauchte. Er verband den Namen

---

[68] Walter Kempowski: Tadellöser & Wolff. Roman, München 1971.
[69] Walter Kempowski: Das Echolot. Ein kollektives Tagebuch. 4 Bände, München 1993.
[70] Zitiert nach Netenjakob: Eberhard Fechner, S. 205.
[71] Die Firma gehörte einer jüdischen Familie, ehe sie 1937 „arisiert" wurde, was der Film nicht erwähnt – eine Auslassung, die man dem Film vorwerfen muss.

mit dem Adjektiv, das für ihn das größte Kompliment, das er geben könnte, ausdrückte – tadellos –, und das er zum absurden Komparativ steigerte.

Wie Karl Lieffen (1926-1999) diese Sprüche herausknarzt, wie er zwischen Kommiss-Ton und Kaufmanns-Jargon mühelos hin- und herwechselt, wie er die Marotte einer demonstrativen Fürsorge um seine Gesichtshaut ausspielt, wie er das Spiel mit Grimassen zur Unterhaltung der Familie und zugleich der Zuschauerinnen und Zuschauer einsetzt, hat zum Erfolg des Zweiteilers, den das ZDF im Mai 1975 ausstrahlte, beigetragen. Gleiches gilt für Edda Seippel (1919-1993) als Mutter Kempowski, die ihrem Lieblingsausspruch „Wie ist es nur möglich" alle nur denkbaren Nebenbedeutungen gab. Nicht zu vergessen, der latent aufmüpfige Ton, den Martin Semmelrogge als älterer Bruder anschlug. Fechner gelangen gerade in den vielstimmigen Familienszenen, in denen die Sprüche hin- und herfliegen und in denen der Humor alle Widersprüche tilgen sollte, besonders intensive Momente, die das deutsche Fernsehpublikum bezauberte.

Zum Erfolg mag aber vor allem die Erzählstruktur beigetragen haben. „Tadellöser & Wolff" ist eine Familienchronik, die im April 1939 einsetzt und im Mai 1945 endet. Alles das, was sich in diesen Jahren gesellschaftlich, politisch und sozial ereignet, wird allein durch die Perspektive dieser wohlhabenden Familie geschildert. Das mag die Identifikation der Zuschauer befördert haben, schränkte aber den Aufklärungswert dramatisch ein. Der 1939 schon längst extrem gewalttätige Antisemitismus und ab 1941 die Deportationen der Juden in die Vernichtungslager kommen nur am äußersten Rand vor, wie die mörderische Ausbeutung der Kriegsgefangenen eher beifällig thematisiert wird. Der Zweite Weltkrieg ist zunächst einzig und allein über die Karte präsent, auf der Karl die Eroberungsfeldzüge mit Bindfäden markiert. Als der Vater und später der Bruder Robert eingezogen werden, erfährt man wenig bis nichts über ihre Kriegserfahrungen.

Das ist auch der Tatsache geschuldet, dass der Film ebenso wie der Roman aus der Perspektive von Walter Kempowski geschildert wird, der erst in den letzten Kriegstagen als Bote dienstverpflichtet wird: Eine eher harmlose Tätigkeit der „Flakhelfer-Generation". Die Schilderung beginnt in der Gegenwart der Filmproduktion. Der mittlerweile 45 Jahre alte Walter blättert vor der Kamera Fotoalben auf, hält private wie auch öffentliche Fotos in die Kamera und leitet in die Geschichte ein, wie er sie später an manchen Stellen rafft, an anderen beschleunigt. Gespielt wird dieser älter gewordene Walter, der in seiner Kleidung an den

Schriftsteller Kempowski erinnert,[72] wie dieser damals öffentlich auftrat, von Ernst Jacobi (*1933), den auch Egon Monk in seinen Fernsehfilmen mehrfach besetzt hatte. Die Fotos, die Jacobi als Kempowski in die Kamera hält, sind zum einen Fotos aus der Stadtgeschichte von Rostock, wie sie der Schriftsteller gesammelt haben mag. Sie verbürgen den Teil der Allgemeingeschichte, indem sie Veränderungen im Stadtbild etwa nach einem Bombenangriff zeigen. Zum anderen zeigen die Fotos Szenen aus der Familiengeschichte, wie sie in einem Album gesammelt worden sein können. Diese Bilder sind aber Aufnahmen, die für den Film entstanden. Im Nebeneinander der dokumentarischen und der inszenierten Fotos geht die Differenz zwischen beiden verloren. Die Familienbilder erhalten so eine Art dokumentarischer Verbürgung. Ähnliches geschieht auch zu Beginn beider Teile des Films, die mit je einem auf den ersten Blick dokumentarischen Foto aus Rostock beginnen. Beide setzen sich nachfolgend in Bewegung und eröffnen damit die historisierende Darstellung. Auch diese beiden Fotos sind also Produkt der Inszenierung und lenken zugleich davon ab. Dass die Farbgebung des Films auf das Sepia alter kolorierter Fotos anspielt, ist zwar ästhetisch konsequent, verstärkt aber die Suggestion des Dokumentarischen.

Reales zeitgenössisches Material jenseits der Ausstattung ist im Film rar. Zwar hört man sehr oft die Musik, die Robert und Walter auf ihrem Grammophon abspielen (vor allem „Georgia On My Mind"), aber nur sehr selten das Radio, das im Wohnzimmer thront. Im zweiten Teil ist über dessen Lautsprecher eine offizielle Nachricht von der Ardennenoffensive im Winter 1944 zu hören, die den letzten Versuch der Naziarmeen darstellte, den Vormarsch der westlichen Alliierten zu stoppen. Diese Nachricht dient propagandistisch der Verleugnung der realen Kriegssituation, über die Mutter und Sohn Kempowski aber zu dieser Zeit bereits zu gut informiert sind, als dass sie ihr glaubten. Zuvor war aus Anlass eines Kinobesuchs ein Ausschnitt aus dem Film „Die große Liebe" zu sehen, in dem Zarah Leander das Lied „Davon geht die Welt nicht unter" schmettert. In beiden Fällen dienen die zeitgenössischen Materialien (Radiobericht, Filmausschnitt) als Kontrast, um das Bewusstsein der Protagonisten zu illustrieren. Die NS-Propaganda bleibt also in beiden Fällen etwas Äußerliches, das gleichsam das Innere der Familienmitglieder nicht erreicht.

Walter Jens kritisierte in der „Zeit" unter seinem Glossen-Pseudonym Momos, dass der Zweiteiler „nur die eine Seite der Wirklichkeit" gezeigt habe. „Von Lagern und Millionen von

---

[72] Diese Ähnlichkeit mag den Kritiker der „Stuttgarter Zeitung" dazu animiert haben, den Darsteller mit dem Dargestellten zu verwechseln, wenn er in seiner Kritik von dem „zuweilen als Kommentator eingeblendeten Autor Kempowski" schreibt. Vgl. den Abdruck der Kritik in Nagel/Kirschner (Hg.): Eberhard Fechner, S. 42.

Toten, von Verbrennungsöfen und Foltern ist nicht die Rege. Es geht harmlos zu im Kreis der Familie Kempowski."[73] So berechtigt diese Kritik ist, so haftet ihr im Nachhinein ein merkwürdiger Beigeschmack an. Walter Jens, der 1923 geboren wurde, hatte die Nazizeit deutlich bewusster erlebte als die Generation der Flakhelfer. Doch vieles von dem, was er selbst erlebt hatte, war von ihm selbst verdrängt worden. Das erfuhr die Öffentlichkeit, als 2003 bekannt wurde, dass Jens Mitglied der NSDAP gewesen war. Als die entsprechenden Akten öffentlich wurden, erklärte er in einem Gespräch mit Willi Winkler von der "Süddeutschen Zeitung", dass er eine solche Mitgliedschaft "mit großer Gewissheit" verneinen könne. Er gestand aber in diesem Gespräch ein, dass er als 19-jähriger Student über "entartete Literatur" gesprochen habe.[74] Vielleicht war die "Flakhelfer-Generation" auch deshalb "skeptisch", weil sie miterlebt hatte, wie die, die älter waren als sie, ihre Vergangenheit verleugneten. Fechner muss die Kritik von Jens geärgert haben, nicht zuletzt, weil er stets behauptet hatte, dass es ihm anders als dem Autor Kempowski nicht um eine Familien-Sage, sondern um Zeitgeschichte gegangen war.[75] Vielleicht ging er deshalb viele Jahre später das Projekt der Verfilmung des Romans „Die Bertinis" von Ralph Giordano so voller Elan an, weil sich mit ihm eine andere Familiengeschichte erzählen ließe – nicht die der Mitläufer wie in „Tadellöser & Wolff", sondern die der Opfer.

Fünf Jahre nach „Tadellöser & Wolff" verfilmte Fechner als Dreiteiler drei weitere autobiografische Romane von Walter Kempowski: „Im Block", „Uns geht's ja noch gold" und „Ein Kapitel für sich".[76] Der Titel des letzten Romans überschrieb auch diesen zeitlich und produktionstechnisch umfangreichsten aller Fernsehfilme von Eberhard Fechner. Er wurde vom ZDF in Auftrag gegeben, aber diesmal von einer Filmtochter des Springer-Verlags, der Ullstein AV, produziert. Dieser Film umfasst die Jahre von 1945 bis 1956. Diesmal sind die von Walter Jens in „Tadellöser & Wolff" vermissten Vernichtungslager erwähnt: als Teil einer Aufklärungsaktion der sowjetischen Besatzungsmacht im Rostock des Jahres 1946. Erneut

---

[73] Die Kritik ist abgedruckt ebd., S. 44-45, hier S. 44.

[74] Willi Winkler: „ich war lange Jahre angepasst". Interview mit Walter Jens, in: „Süddeutsche Zeitung" vom 8.12.2003. Online unter: https://www.sueddeutsche.de/kultur/interview-mit-walter-jens-ich-war-lange-jahre-angepasst-1.432552 .

[75] Vgl. Netenjakob: Eberhard Fechner, S. 203.

[76] Walter Kempowski: Im Block. Ein Haftbericht, Reinbek bei Hamburg 1969; Ders.: Uns geht's ja noch gold. Roman, München 1972; Ders.: Ein Kapitel für sich. Roman, München 1975.

geht es um die Erlebnisse der Familie Kempowski. Nur der Vater taucht nicht mehr auf, er war in den letzten Kriegstagen gefallen. Während Edda Seippel weiterhin Margarethe Kempowski spielt, wurden Robert und Walter nun von Jens Weisser und Stephan Schwartz dargestellt. Die heitere Note, die noch in „Tadellöser & Wolff" viele Familienszenen selbst während des Kriegs durchzog, ist hier nur noch selten zu spüren. Stattdessen bestimmen Not und Elend die Verhältnisse, und im dritten Teil sind die Erfahrungen bestimmend, die die Mutter und die Söhne in Straflagern und Gefängnissen erst der sowjetischen Besatzungsarmee, später der DDR durchlitten.

Vor allem in den Massenszenen des Frauen- ebenso wie des Männergefängnisses zeigt sich die Fähigkeit von Fechner, kollektive Erfahrungen beispielhaft zu verdichten. Das liegt am guten Casting, das die vielen Nebenrollen mit Schauspielern wie Witta Pohl, Annemarie Wendl, Traugott Bure, Jan Groth, Dieter Mues, Stefan Reck und Rolf Schimpf besetzt, die später alle Fernsehkarrieren machten. Das liegt aber auch an der Choreographie der Massenszenen und an der Inszenierung im Bildvordergrund, die Fechner vortrefflich gelingen. Als Regieassistent stand ihm Matti Geschonneck zur Seite, der erst kurz vor Beginn der Dreharbeiten im Jahr 1978 aus der DDR in den Westen gegangen war und der später selbst einer der großen Fernsehregisseure des deutschen Fernsehens wurde. Anders als „Tadellöser & Wolff" ist „Ein Kapitel für sich" nicht in einem Sepia-Ton gehalten, sondern auf Schwarz-Weiß gedreht worden. Eine Rahmenhandlung, aus der die Geschichte erzählt wird, fehlt. Als Erzähler wechseln sich die Mutter, die beiden Söhne und die Tochter ab. Ihre Off-Kommentare sind nicht aus der Zeit der Produktionswirklichkeit geschrieben, sondern abstrakt aus einer Zeit, vor der man nur weiß, dass sie jenseits des Jahres 1955 liegen muss, mit der Fechners Dreiteiler endet.

Die Produktion des Films war nicht einfach. Sie dauerte wesentlich länger als ursprünglich geplant: statt der geplanten 95 Drehtage benötigte Fechner 132. Eine Überschreitung um über 30 Prozent, die eine Auseinandersetzung mit der Produktionsfirma Ullstein AV mit sich brachte.[77] Mit dieser Produktionsfirma hatte Eberhard Fechner zwischen beiden Kempowski-Verfilmungen einen weiteren literarischen Stoff zu seinem einzigen Kinofilm umgearbeitet.[78] Der Roman „Winterspelt" von Alfred Andersch erzählt eine Geschichte aus dem Zweiten Weltkrieg, die sich zwischen September und Dezember 1944 in einer kleinen Ei-

---

[77] S. dazu Netenjakob: Eberhard Fechner, S. 210-211.
[78] S. dazu den Aufsatz von Jan-Pieter Barbian in diesem Band.

felgemeinde abspielt. Fechner hält sich in der Verfilmung an die Erzähllinie des Romans, reduziert aber die vielen dokumentarischen Einschübe des Textes auf wenige Wochenschauszenen, bleibt also auch hier dem Prinzip der linearen Erzählung treu.

Dass wiederum „Ein Kapitel für sich" anders als „Tadellöser & Wolff", obgleich szenisch eindrucksvoller, keine Auszeichnung im Wettbewerb um den Grimme-Preis erhielt, mag eine Ursache darin haben, dass dieser Dreiteiler von den Gewaltverhältnissen in der sowjetischen Besatzungszone und der DDR erzählte. In den Jurys des Grimme-Preises gab es Anfang der 1980er-Jahre noch einige Sympathisanten der DDR: seien es eingeschriebene Mitglieder der Deutschen Kommunistischen Partei (DKP), seien es Journalistinnen und Journalisten, die für durch die DDR alimentierten Publikationen – etwa die Düsseldorfer „Volkszeitung" – schrieben. Für sie konnten so etwas wie politische Urteile und Präventiv- oder Gesinnungsstrafen in der DDR, wie sie die Familie Kempowski durchlitt, nicht geben. Ihre filmische Darstellung galt folglich als anti-sozialistische Propaganda. Eberhard Fechner stand anders als manche Weggefährten[79] nie in Gefahr, die Verhältnisse in der DDR zu idealisieren oder kommunistische Positionen einzunehmen. Er war ebenso wie viele andere der „skeptischen Generation" gegen totalitäre Systeme und deren Glaubensvorstellungen immunisiert. Gleiches galt für Egon Monk, der die Verhältnisse in der DDR persönlich miterlebt hatte. Unter den großen Produktionen seiner NDR-Zeit gehört denn auch der 1962 ausgestrahlte Dreiteiler „Die Revolution entlässt ihre Kinder" (Buch: Claus Hubalek/Regie: Rolf Hädrich) nach der Autobiografie von Wolfgang Leonard, einer der wichtigen Renegaten-Texte der Bundesrepublik.

OPUS MAGNUM

Am 26. November 1975 hatte in Düsseldorf vor dem Landgericht ein Strafverfahren begonnen, in dem es um Verbrechen ging, die im nationalsozialistischen Vernichtungslager Lublin-Majdanek begangen wurden. Dort waren in der Zeit vom Herbst 1941 bis zum 23. Juli 1944 mindestens 250000 Menschen ermordet worden. Der Prozess endete erst am 30. Juni

---

[79] Klaus Wildenhahn kann man angesichts seines Films „Der Hamburger Aufstand Oktober 1923" (1971) eine gewisse Nähe zu Positionen, wie sie die DDR bezogen auf die Geschichte der kommunistischen Bewegung eingenommen und als historisch allein richtig dekretiert hatte, nicht absprechen. Christian Geißler wiederum stand Mitgliedern der illegalen, da seit 1956 in der Bundesrepublik verbotenen Kommunistischen Partei Deutschlands (KPD) nahe und radikalisierte sich im Zuge der Studentenrevolte Ende der 1960er-Jahre. Darüber gibt sein Roman „Das Brot mit der Feile" (Reinbek bei Hamburg 1976) Auskunft, unter dessen Figuren auch der Baggerführer Ahlers zu finden ist, der bereits in der literarischen Vorlage des Monk-Films „Wilhelmsburger Freitag" (1964) eine der Hauptpersonen war.

1981 und war bis dahin das längste und umfangreichste Strafverfahren der deutschen Rechtsgeschichte. Der bereits erwähnte NDR-Redakteur Hans Brecht hatte Fechner im Februar 1976 gefragt, ob er über diesen Prozess, der durch die Berichterstattung der Presse, aber auch des Fernsehens etwa in der „Tagesschau" eine gewisse Publizität erlangt hatte,[80] nicht einen Film drehen wolle. Fechner sagte zu und begann im März 1976 mit den Dreharbeiten, die bis ins Jahr 1981 liefen. Am Prozess selbst nahm Fechner nur an etwa 20 Tagen teil. Stattdessen führte er in den fünf Jahren der Drehzeit 70 Interviews und ließ so 150.000 Meter Filmmaterial belichten, was 230 Stunden an Schnittmaterial ergab. Es schloss sich eine zwei Jahre dauernde Arbeit an der Montage des Films an. Ausgestrahlt werden konnte der Film allerdings erst in dem Augenblick, als die Urteile in letzter Instanz bestätigt worden waren – im November 1984.

Da man in Deutschland im Gerichtssaal nur vor, aber nicht während einer Sitzung filmen darf, befragte Fechner Beteiligte abseits des Prozesses in Hotels, in Wohnungen, Büros, Kanzleien und in einer Gefängniszelle. Unter den Befragten sind fünf der Angeklagten, 26 Zeugen, mehrere Sachverständige und Beobachter, die beiden Staatsanwälte, einige Verteidiger, ein Schöffe und der Vorsitzende Richter. Sie werden im Film in den Bauchbinden nicht mit Namen genannt, sondern mit ihrer Funktion als „Zeuge", „Richter" oder „Angeklagter" bezeichnet.[81] Diese Interviews werden ergänzt durch Archivalien aller Art. Zu ihnen gehören Dokumente, die den Prozess selbst betreffen wie Fernsehnachrichten, Fernsehdokumentation und Zeitungsberichte. Zu ihnen gehören auf einer weiteren Ebene die Aktenbestände und Dokumente, die im Prozess verwandt wurden, und Aufnahmen von einem Besuch des Tatorts in Polen, den das Gericht unternahm. Zu ihnen gehören nicht zuletzt viele historische Fotos und Filmausschnitte, die die nationalsozialistischen Gewalttaten dokumentieren.

Der dreiteilige Film „Der Prozeß" folgt zunächst der Zeitlogik des Prozesses. Er beginnt nach einem Prolog, in dem rückblickend die Funktion und Bedeutung des Prozesses dargestellt werden, mit der Darstellung der Ermittlungen. Sie dauerten viele Jahre und waren durch eine Reihe von juristischen Bedingungen erschwert. Dazu gehörte beispielsweise, dass

---

[80] Sabine Horn: „Jetzt aber zu einem Thema, das in dieser Woche alle beschäftigt." Die westdeutsche Berichterstattung über den Frankfurter Auschwitz-Prozeß (1963-1965) und den Düsseldorfer Majdanek-Prozess (1975-1981) – ein Vergleich, in: 1999. Zeitschrift für Sozialgeschichte des 20. und 21. Jahrhunderts, H. 2/2002, S. 13-43.

[81] Auch im Abspann werden die Interviewten nicht benannt. Ihre Namen finden sich in der Sekundärliteratur etwa in Martina Thiele: Publizistische Kontroversen über den Holocaust im Film. 2., überarbeitete Auflage Göttingen 2007, S. 348-349.

jedem Mitglied der SS-Wachmannschaften in Majdanek eine individuelle Tatbeteiligung nachgewiesen werden musste. Anschließend wird die Anklage dargelegt, ehe die entscheidenden Stationen des Prozess-Verlaufs beschrieben werden. Hier werden die Schwierigkeiten thematisiert, auf die die Staatsanwälte bei der Beweisführung ihrer Anklagen stießen. Diese Schwierigkeiten resultieren aus dem zeitlichen Abstand zu den Ereignissen, die zu Erinnerungsproblemen bei den Zeugen führten. Beschrieben werden auch die Verfahrensprobleme, die aus „prozessualem Hickhack", wie der Vorsitzende Richter im Rückblick im Film konstatierte, erwuchsen. So wurden an die 50 Befangenheitsanträge gegen die Richter und Schöffen gestellt, die allesamt abgelehnt wurden. Nicht zuletzt werden die Strategien der Verteidiger analysiert, die – teilweise offen, teilweise versteckt – rassistische, antisemitische und latent neofaschistische Positionen einnehmen.[82] Am Ende wird das Urteil selbst festgehalten und rückblickend bewertet, ohne allerdings die juristischen Revisionsinstanzen zu berücksichtigen. Tatsächlich wurde der Film laut Copyright-Zeichen des NDR 1983 fertiggestellt, als die letzte Instanz noch nicht entschieden hatte.

Parallel zur Darstellung des Prozesses rekonstruiert der Film im ersten Teil die Geschichte und die Bedingungen des Vernichtungslagers Majdanek. Im zweiten Teil werden die Topographie des Lagers und der Lager-Alltag[83] beschrieben, ehe die Mordmaschinerie der Gaskammer in ihrer Konstruktion und ihrem Ablauf erfasst werden. Im dritten Teil wird von weiteren Mordaktionen und schließlich von der Befreiung des Lagers durch die Rote Armee berichtet. Diese umfassende Rekonstruktion der Geschichte des Lagers ist aber mehr als nur die historische Fundierung dessen, was im Prozess thematisiert und juristisch bewertet wurde. Sie analysiert darüber hinaus eigenständig eine Gewaltherrschaft, in der systematisch, ohne Skrupel und sadistisch gemordet wurde.

Möglich wurde diese Rekonstruktion durch die beeindruckenden Aussagen der polnischen oder israelischen Männer und Frauen, die das Lager überlebt hatten und nun als Zeugen nach Düsseldorf gereist waren. Zur Illustration dessen, was die Zeugen berichten, bedient sich Fechner fotografischer Dokumente, die in den Sammlungen und Archiven, die zur Erfassung des nationalsozialistischen Massenmords an den europäischen Juden angelegt

---

[82] Dazu Horn: „Jetzt aber zu einem Thema, das in dieser Woche alle beschäftigt.", S. 23-25.

[83] Zur Erinnerung: Im erwähnten Film „Ein Tag" von Egon Monk, der einen durchschnittlichen Tag in einem deutschen Konzentrations- und eben nicht Vernichtungslager 1939 schilderte, hatte Fechner einen Funktionshäftling gespielt, der als Handlanger des Wachpersonals die Gefangenen quälte. Die Beschreibung der Sinnlosigkeit der Lagerarbeiten im Dokumentarfilm von 1985 ist identisch mit der Darstellung des Spielfilms von 1965.

worden waren, aufbewahrt werden. Fechner zitiert auch den Film „Vernichtungslager Majdanek – Friedhof Europas", den eine Abteilung der Roten Armee bei der Befreiung des Lagers 1944 aufgenommen hatte. An ihm hatte neben Aleksander Ford auch Jerzy Bossak[84] mitgearbeitet, der als einer der Sachverständigen im Film Auskunft gibt. Es ist dieser doppelte Ansatz, die Verbrechen ebenso wie den Prozess gleichzeitig zu thematisieren, der Fechners Film aus den zahlreichen Fernsehproduktionen zum Thema heraushebt. Dieser thematischen Komplexität entspricht eine formale: Eberhard Fechner und Brigitte Kirsche, die im Abspann nicht nur als für den Schnitt Verantwortliche genannt wird, sondern auch unter dem Rubrum „künstlerische Mitarbeit", haben hier ihr Montageverfahrens noch einmal radikalisiert.

Der Regisseur ist im Film nicht als Kommentator zu hören. Die Rolle eines expliziten Erzählers übernimmt der Hörfunkjournalist Heiner Lichtenstein, der für den Westdeutschen Rundfunk vom Prozess berichtete und darüber während des Prozesses – 1979 – ein Buch veröffentlicht hatte.[85] Sein Interview war das letzte, das Fechner für den Film führte.[86] Mit den Worten von Liechtenstein aus dem Off beginnt jede Folge des Films, wenn er erst kurz das Lagersystem von Majdanek definiert und dann den Prozess in Düsseldorf. Auch an anderen Stellen übernimmt Liechtenstein Überleitungen und Zusammenfassungen. Gleichzeitig ist er aber auch ein Interviewpartner wie jeder andere, nimmt im On Einschätzungen zu Beteiligten vor und schätzt die Stimmungen vor Gericht ein. Seine Rolle changiert also zwischen dem des Erzählers und dem des Augenzeugen.

Gleichzeitig ist die Rolle des impliziten Erzählers, der die vielen Stimmen der vor der Kamera Aussagenden koordiniert, schneidet und zusammenfügt, zum Vergleich zu den bisherigen Dokumentarfilmen noch einmal größer geworden. Denn in großen Teilen des Films, in denen es um bestimmte Ereignisse, Situationen und Verbrechen geht, werden viele Fragmente einzelner Aussagen aneinandergeschnitten. Das Reihungsprinzip ist dabei durchaus unterschiedlich. Grob lassen sich zwei identifizieren: Zum einen geht es um die Fortsetzung

---

[84] Über den polnischen Dokumentarfilmer und Filmlehrer drehte 1984 Klaus Wildenhahn einen Porträtfilm: „Ein Film für Bossak und Leacock". Über die Funktion von Jerzy Bossak im polnischen Dokumentarfilm von 1945 bis 1968 vgl. Dietrich Leder: Bilderwelten des Dokumentarischen. Die „Schwarze Serie", in: Konrad Klejsa/Schamma Schahadat/Margarete Wach (Hg.): Der Polnische Film. Von seinen Anfängen bis zur Gegenwart. Unter Mitarbeit von Christian Nastal, Marburg 2013. S. 204-220.

[85] Heiner Lichtenstein: Majdanek. Reportage eines Prozesses. Mit einem Nachwort von Simon Wiesenthal, Frankfurt am Main 1979.

[86] Vgl. Netenjakob: Eberhard Fechner, S. 170.

oder Verstärkung eines bestimmten Aspekts oder einer bestimmten Einschätzung; hier wird Identisches oder Ähnliches zur Verstärkung aneinandergereiht. Zum anderen geht es um die Betonung eines Widerspruchs, der etwa zwischen Zeugen und Angeklagten, Ankläger und Verteidigern aufbricht; hier wird das Prinzip von Rede und Gegenrede angewandt, wie es auch das rechtliche Verfahren kennt. Beides erzeugt erst einmal so etwas wie eine enorme Vielstimmigkeit und eine gewisse Spannung, wenn Aussagen einander konterkarieren. Und beide imaginieren aus den Dokumenten der Interviews etwas, was man als „Kommunikationstechniken der juristischen Wahrheitsfindung" bezeichnen könnte.[87] Allerdings stehen die Aussagen nicht gleichberechtigt nebeneinander. Es ist Lisa Eiling zuzustimmen, wenn sie in einer Analyse dieser „fiktiven" Dialoge darauf beharrt, dass „die Schilderungen der Angeklagten in der Regel nicht zum narrativen Element der Erzählung über das Lager werden". Die Fragmente, die der Schnitt aus stellenweise Stunden dauernden Interviews herausbricht, sind meist Sätze, mitunter Halbsätze. „An einigen Stellen", so Klaus Kreimeier, „folgt die Montage, also die Grammatik des Films, buchstäblich der Grammatik der wörtlichen Rede in den Erzählungen der Menschen vor der Kamera: Ein Angeklagter setzt die Darstellung fort, die zuvor ein Zeuge mitten im Satz abgebrochen hat."[88]
Es soll nicht verschwiegen werden, dass dieses Schnittverfahren die besondere Situation, in der solche Sätze oder Satzteile geäußert wurden, ignoriert. Tatsächlich zählt für Fechner nur der semantische Gehalt dessen, was man ihm vor der Kamera sagte. Die Situation des Interviews selbst interessierte ihn nicht. Um so radikal schneiden zu können, musste Fechner die Aufnahmeform soweit standardisieren, dass er auch mit mehreren Kameraleuten über die lange Drehzeit arbeiten konnte. Das bedeutete: Verzicht auf Zooms oder Fahrten; Einstellungswechsel nur zwischen Nah- und Großaufnahmen; ausschließlich indirektes Licht; festliegende Positionen und Blickachsen.[89]
Unter den Aussagen haben die der Angeklagten eine besondere Bedeutung. Sie hatten nach dem deutschen Strafrecht die Möglichkeit, vor Gericht die Aussage zu verweigern. So schwiegen sie meistens vor Gericht. Aber fünf der neun (von ursprünglich 19) Angeklagten

---

[87] Lisa Eiling: Die unbewältigte Gegenwart. Ästhetik und Zeugenschaft im Film „Der Prozess", in: Forum Recht, H. 3/15 (2015), S. 81-83, hier S. 81. Online unter: http://forum-recht-online.de/wp/wp-content/uploads/2015/09/FoR1503_81_Eiling.pdf Das nachfolgende Zitat ebd.

[88] Klaus Kreimeier: Im Lapidaren das Abgründige. Eberhard Fechners Fernsehfilm über den Majdanek-Prozess, in: „Frankfurter Rundschau" vom 24.11.1984. Zitiert nach der Übernahme auf der Seite der Filmzentrale.com. Online unter: http://www.filmzentrale.com/rezis/prozesskk.htm

[89] Vgl. Netenjakob: Eberhard Fechner, S. 152-154.

sagten gegenüber Eberhard Fechner aus. Vieles von dem, was der Film von ihren Aussagen verwendet, entspricht klassischen Apologien von NS-Tätern, wonach entweder die Verhältnisse oder die Vorgesetzten an dem Schuld tragen, was ihnen vorgeworfen wird. Sie begreifen sich als Sündenböcke, die für Verbrechen angeklagt werden, die ganz andere begangen haben. Gleichzeitig deuten sie an, dass sie all das, was in Majdanek geschah, als übertrieben dargestellt sähen. Aber es wird ihr weiterhin waltender Antisemitismus und ihr Überlegenheitsgefühl gegenüber den Polen spürbar. Ein einziger SS-Wachmann, der allerdings nicht angeklagt war, spricht offen über die Verbrechen. Er ließ sich allein nur anonym einvernehmen; die Kamera zeigt ihn als Schattenriss unter einem Holzkreuz. Man könnte also wie Judith Keilbach der Meinung sein, […] dass sie [also die Angeklagten] sich in der Regel nicht über die ihnen konkret zur Last gelegten Verbrechen äußern (und sich daher auch nicht selbst belasten)."[90] Doch das ist ein Irrtum. Denn auch Lügen und Apologien können verräterisch sein, solange sie dann doch dieses oder jenes Detail ungewollt preisgeben.

So musste der Vorsitzende Richter Günter Bogen erkennen, als er Fechners Film im Fernsehen anschaute, dass er mindestens ein Fehlurteil begangen hatte. Denn eine KZ-Wächterin, die besonders gewalttätig war, wurde beschrieben als jemand, die des Öfteren auf einem Pferd durch das Lager geritten war. Ob diese Person die Angeklagte Hildegard Lächert sei, wie die Anklage und auch viele Zeugen behaupteten, konnte das Gericht nicht beweisen. „Wir", sagte Bogen 1991 in einem Interview, „hatten […] nichts [an Beweisen], dass es tatsächlich so war."[91] Im Film erzählt Frau Lächert wie nebenbei, dass sie regelmäßig mit einem Pferd ausgeritten sei. Hätte sie dies vor Gericht ausgesagt, hätte man sie für gewisse Taten belangen können. Bogen: „Bei ganz bestimmten Scheußlichkeiten spielte die Frage eine ganz entscheidende Rolle, sind sie von einer Aufseherin, die auf einem Pferd saß, begangen worden oder nicht."[92] Hildegard Lächert wurde wegen gemeinschaftlicher Beihilfe zum Mord an mindestens hundert Menschen zu zwölf Jahren Freiheitsstrafe verurteilt. In Kenntnis der Aussage in Fechners Film wäre das Urteil weitaus höher ausgefallen.

---

[90] Judith Keilbach: Zeugen der Vernichtung. Zur Inszenierung von Zeitzeugen in bundesdeutschen Fernsehdokumentationen, in: Eva Hohenberger/Judith Keilbach (Hg.): Die Gegenwart der Vergangenheit. Dokumentarfilm, Fernsehen und Geschichte, Berlin 2003 (= Texte zum Dokumentarfilm 9), S. 155-174, hier S. 163.
[91] Zitiert nach Ingrid Müller-Münch: NS-Verbrechen vor Gericht (2012). Manuskript des Hörfunkbeitrags, den SWR2 am 10.8.2012 ausstrahlte. Online unter: https://www.swr.de/-/id=15781160/property=download/nid=8986864/agxdfa/swr2-tandem-20150810-1005.pdf
[92] Zitiert nach Müller-Münch: NS-Verbrechen vor Gericht, S. 7.

„Der Prozeß" wurde auf den Mainzer Tagen der Fernsehkritik im Oktober 1984 uraufgeführt. Dort wurde er als eine „Pflicht-Zumutung" bezeichnet, die – so der damalige ZDF-Chefredakteur Reinhard Appel – „bis in die kleinste Hütte" dringen solle.[93] In den Kritiken wurden neben dem hohen Informationsgehalt zwei Dinge gelobt: Zum einen, dass man in diesem Film zum ersten Mal ausführliche Selbsterklärungen von NS-Tätern im Umfeld eines solchen Prozesses wahrnehmen konnte, wie sie beispielsweise ihre Mitwirkung an der Massenmordmaschinerie als „Betrieb" oder als „Arbeit" verniedlichten;[94] zum anderen, dass die vielen Schilderungen der Opfer eine emotionale Wucht entfalteten: „Man wird in diesen Film hineingezogen, er wird einen nicht mehr entlassen".[95] Vielleicht die schrecklichste aller schrecklichen Erzählungen: Ein Überlebender des Lagers berichtet (Teil II TC 01:21:35) von einem „schönen Bild", das er sah. Ein Funktionshäftling trägt ein neugeborenes Kind auf dem Arm. Ein Bild der Fürsorge, das doch so grausam lügt. Der Mann bringt das Neugeborene ins Krematorium.

Mit Fechners Film war der Majdanek-Prozess das vierte große Strafverfahren gegen NS-Täter, der massenmedial aufbereitet wurde. Schon der Nürnberger Prozess der Alliierten wurde auf Film dokumentiert. Ein erster Zusammenschnitt wurde unter dem Titel „New Drama in the Nuremberg Trial" von der Filmfirma Paramount in die Kinos gebracht.[96] Ausschnitte wurden in den aktuellen Wochenschauen verwandt.[97] Das gesamte Material wurde in den USA eingelagert und blieb lange Zeit unbeachtet, ehe es Marcel Ophüls für seinen Film „The Memory of Justice" (1976) ausgrub. Es lieferte 1961 auch die Grundlage zu dem Spielfilm „Judgement at Nuremberg" von Stanley Kramer.

Der Eichmann-Prozess 1961 in Jerusalem wurde fast komplett auf Videobändern[98] mitgeschnitten für ein israelisches Fernsehen, das es zu dieser Zeit noch nicht gab. Auszüge davon wurden in vielen Ländern gezeigt. Der Regisseur des Live-Schnitts Leo Hurwitz mon-

---

[93] Zitiert nach -wa (i.e. Waldemar Schmid): Kontroverse um Fechner-Dokumentation „Der Prozeß", in: FUNK-Korrespondenz Nr. 43 vom Oktober 1984, S. P3-P4, hier P4.

[94] Peter Kurath: „Was sind wir eigentlich für Menschen?" Zu Eberhard Fechners Dokumentation „Der Prozeß" – Eine Pflicht-Zumutung, in: FUNK-Korrespondenz Nr. 44 vom November 1984, P4-P6, hier P5.

[95] Gerhard Mauz: Ein Fall öffentlich-rechtlicher Zensur?, in: „Der Spiegel" Ausgabe 45/1984, S. 79-80, hier S. 80. Online unter: http://www.spiegel.de/spiegel/print/d-13510572.html

[96] Vgl. Cornelia Vismann: Medien der Rechtsprechung. Hg. von Alexandra Kemmerer und Markus Krajewski, Frankfurt am Main 2011, S. 241.

[97] Vgl. Axel Fischer/Wolfgang Form: Das Nuremberg Trial Film Project. Inszenierung und Dokument, in: Carsten Heinze/Thomas Weber (Hg.): Medienkulturen des Dokumentarischen, Wiesbaden 2017, S. 413-428.

[98] Das Material ist mittlerweile im Netz abrufbar unter https://www.youtube.com/user/EichmannTrialEN

tierte aus dem Material den Film „Verdict for Tomorrow", der 1961 in den USA ausgestrahlt wurde. 1999 bearbeitete Eyal Sivan das Material in seinem Film „Ein Spezialist" neu und radikal, was heftige Diskussionen auslöste. [99] Der Auschwitz-Prozess in Frankfurt am Main (1963-1965) wurde – für deutsche Strafverfahren ungewöhnlich – auf Tonband aufgezeichnet[100] und in Reportagen von Klaus Naumann für die „Frankfurter Allgemeine Zeitung" festgehalten. Der Schriftsteller Peter Weiss, der den Prozess an vielen Verhandlungstagen verfolgte, verarbeitete seine Beobachtungen und Mitschriften für das Theaterstück „Die Ermittlung" (1965).[101]

Bleibt eine Kritik, die erst im Abstand von einigen Jahren laut werden konnte. Viele der 500 Fotografien, die Fechner in seinem Film verwendet,[102] stammen aus Majdanek, aber nicht alle. Diese zusätzlichen Fotos wurden in anderen Vernichtungslagern und in Gettos aufgenommen. Fechner verwendet sie an Stelle von Aufnahmen, die es nicht gibt, also als Ersatz oder als Illustration. Problematisch daran ist zum einen allgemein, dass all diese Fotos mit ganz wenigen Ausnahmen Aufnahmen der Täter sind, die sie aus Propagandazwecken oder aus privaten Gründen tätigten. Ihnen ist also stets die Perspektive der Täter einbeschrieben. Die Opfer sind auf ihnen – lebendig oder als Leichen – Objekte einer Täter-Anschauung. Das wurde auch den meisten Filmkritikern erst bewusst, als Claude Lanzmann für seinen Film „Shoah", der ein Jahr nach Fechners Film uraufgeführt wurde, auf solche Fotografien vollständig verzichtete und dies mit eben dieser Täterperspektive begründete.[103] Harun Farocki thematisierte 1988 die Probleme einer Verwendung solcher Aufnahmen in seinem Film „Bilder der Welt und Inschrift des Krieges".

Problematisch ist zum anderen konkret die Verwendung eines der wenigen existierenden Bilder aus der Opfer-Perspektive. Dieses Foto schneidet Fechner im Teil II (TC 01:10:55) illustrativ ein, als es um die Arbeit des Leichenkommandos geht. Doch dieses Foto wurde nicht in Majdanek, sondern in Auschwitz aufgenommen. Zudem wurde es stark bearbeitet:

---

[99] Vgl. das Protokoll der Diskussion auf der Duisburger Filmwoche 1999 online unter http://www.protokult.de/prot/EXTRA%20IV%20-%201999.pdf

[100] Die Tonbandmitschnitte sind mittlerweile online unter http://www.auschwitz-prozess.de zugänglich.

[101] Peter Weiss: Die Ermittlung. Oratorium in 11 Gesängen, Reinbek bei Hamburg 1965.

[102] Netenjakob: Eberhard Fechner, S. 179.

[103] Vgl. Gertrud Koch: Die ästhetische Transformation der Vorstellung vom Unvorstellbaren. Claude Lanzmanns Film „Shoah", in: Dies.: Die Einstellung ist die Einstellung. Visuelle Konstruktion des Judentums, Frankfurt am Main 1992, S. 143-168.

Es wurde um den dunklen Rand, der den Durchlass der Gaskammer markiert, von der aus es aufgenommen wurde, beschnitten. Seine schräge Perspektive wurde rechtwinklig geradegezogen, und sein Hochformat wurde in ein – dem Filmbild entsprechendes – Querformat umgewandelt. Es ist eines von vier Bildern, die – wie Georges Didi-Huberman schreibt – „der Hölle entrissen" wurden; sie kann und darf man nicht illustrativ verwenden.[104] Eberhard Fechner, der die Bearbeitungen dieses Fotos vermutlich nicht vorgenommen, sondern es so aus anderen Quellen übernommen hat, verwendete mehrfach – wie schon die Analyse des Einstiegs in „Tadellöser & Wolff" zeigte – historisches Bildmaterial unreflektiert. Oder anders gesagt: Ihm ist eine zu erzielende Wirkungsabsicht wichtiger als eine Reflexion der Methode, mit der er sie erzielt. Auch hier ist er eher ein Realist des 19. Jahrhunderts und nicht der Gegenwart, in der er seine Filme drehte.

DIE SPÄTEN DOKUMENTARFILME
Verglichen mit „Der Prozeß" entbehren die drei Filme, die Fechner während und nach diesem Monumentalwerk drehte, der großen thematischen Wucht. Sie erzählen eher private Geschichten und sie erzählen diese eher leise als politisch aufgeladen. Man kann sie aber mühelos dem großen Projekt einer Geschichte des 20. Jahrhunderts in Filmen zurechnen, als die Fechner seine Arbeit selbst angesehen hat. Denn zu seiner wachsenden Selbststilisierung als Künstler gehört die Zusammenfügung seiner Filme zu einem großen Projekt: „[...] von 1973 an habe ich keinen Film mehr gemacht, der nicht in irgendeiner Beziehung zu allen anderen steht."[105] Diese seine Absicht eines Gesamtzusammenhangs vergleicht er nicht unbescheiden mit der „Menschlichen Komödie" von Balzac, somit den Schriftsteller als Vergleich anrufend, der von Lukács zum Vorbild eines „richtigen" Realismus ausgerufen wurde.
„Im Damenstift" (1984) drehte Fechner noch während der Arbeit am Majdanek-Film. Er stellt hier ältere Frauen vor, die als Adelige in einer Welt aufwuchsen, als ihre Abkunft noch von großer Bedeutung war. Nun leben sie, die katholischen Glaubens sind, unverheiratet blieben und mittellos wurden, dank einer Stiftung Mitte der 1980er-Jahre in einem Schloss in der Nähe von Köln. Manches verbindet die stets fein gekleideten Gräfinnen, Baroninnen und Freifrauen vor der Kamera: vor allem die Erinnerung an eine Vergangenheit, die eine feste Struktur und Ordnung hatte. Ihr Gespür für Hierarchien, ausgeprägt im Regelwerk des

---

[104] Vgl. dazu umfassend und grundsätzlich Georges Didi-Huberman: Bilder trotz allem, München 2007.
[105] Zitiert nach Netenjakob: Eberhard Fechner, S. 98.

deutschen Adels mit seinen zahlreichen Abstufungen, lässt sie im Stift nicht als ein Kollektiv erscheinen. Manche sehen auf andere herab, andere separieren sich bewusst, um dann wieder das Ideal ihrer Gemeinschaft zu beschwören. Anders als in seinen anderen Filmen verlegt Fechner hier manche Aussage ins Off, um statt der Aufnahmen der Sprechenden Ansichten des Schlosses und seiner prächtigen Parklandschaft zu zeigen. So waltet eine gewisse melancholische Gelassenheit im Film, auch weil die Damen durchaus selbstbewusst von ihrem Alter sprechen und ihre gesellschaftlichen Bedeutungsverluste ohne großes Klagen ertragen. Man hört und sieht ihren einander meist ergänzenden Erzählungen gerne zu. Berührt wird man davon nicht.

Ähnlich geht es dem Zuschauer mit den Seeleuten, die Fechner in „La Paloma" (1988) vor seiner Kamera versammelte. Wieder entsteht ein vielstimmiger Gesang, der von einer ver-

La Paloma, 1988.

schwundenen Welt erzählt. Diesmal geht es um die Seeschifffahrt, wie sie um die Jahrhundertwende den Welthandel beschleunigte. Es berichten Kapitäne, Schiffsköche und Heizer, Segelmacher und Ingenieure. Sie erzählen von den ersten Erfahrungen auf großen Segelschiffen, den Veränderungen durch die Motorisierung, den Erlebnissen auf den langen Wegstrecken von Kontinent zu Kontinent, auf denen die Qualität der Nahrung von Tag zu Tag abnahm, von der Hierarchie an Bord, von den Dramen auf hoher und stürmischer See, aber auch von der Langeweile, die sich einststellte, wenn man Tage lang nur den Ozean um sich sah. Auch hier geht es um eine versunkene Welt, denn das, was Fechners Zeitzeugen darlegen, hat mit der Container-Schifffahrt, wie es sie seit den 1960er-Jahren gibt, kaum noch etwas zu tun. Auch hier herrscht eine gewisse Melancholie vor, auch wenn die Erzählungen einer Heiterkeit und Komik nicht entbehren. Auch hier begegnet man der Zeitgeschichte als kollektiver Lebensgeschichte. Nur fragt man sich mitunter, was diese Berufserfahrungen von anderen groß unterscheidet.

Der letzte seiner Dokumentarfilme war dann wieder eine Familiengeschichte. „Wolfskinder" (1990) erzählt die Geschichte einer Familie aus Ostpreußen, die auf der Flucht am Ende des Zweiten Weltkriegs auseinandergerissen wird, deren Mitglieder auf höchst unterschiedliche Weise überleben und die am Ende dann wieder in der jungen Bundesrepublik Deutschland wieder zusammengefunden hat. Es ist eine Geschichte der Entbehrung, der Nöte, der Gewalterfahrungen und es ist zugleich ein Dokument des Willens zu überleben. Und es ist die Geschichte eines großfamilialen Zusammenhalts, wie er zur Zeit der Produktion des Films 1988 vollkommen ungewöhnlich wirkte.

DER ZORN DES EBERHARD FECHNER

So sehr „Der Prozeß" im Rückblick als eine der großen Leistungen des öffentlich-rechtlichen Fernsehens erscheinen mag, war der Dokumentarfilm im Jahr seiner Erstausstrahlung nicht unumstritten. Um die Frage, wann und in welchem Programm der dreiteilige Dokumentarfilm ausgestrahlt werden sollte, entzündete sich ein erbitterter Streit. Er führte zum Ende mancher Freundschaft und ließ Eberhard Fechner erneut als Einzelkämpfer erscheinen. Angesichts des Umfangs von 89 Minuten (Teil I), 92 Minuten (Teil II) und 88 Minuten entschieden die Verantwortlichen im NDR – allen voran der Monk-Nachfolger Dieter Meichsner,[106] den Film nicht der ARD-Programmdirektion für das Erste Programm vorzuschlagen, sondern im Dritten Programm auszustrahlen. Andere Dritte Programme schlossen sich an, so dass „Der Prozeß" zwischen dem 21. und 25. November 1984 in den Dritten Programmen von NDR, WDR, BR, HR und dem heutigen SWR gezeigt wurde.

Doch Fechner hatte gefordert, dass sein Film im Ersten Programm zur Hauptsendezeit ausgestrahlt werden sollte. Auf den Mainzer Tagen der Fernsehkritik, auf denen – wie erwähnt – der Film uraufgeführt worden war, verlas er deshalb eine Protestresolution. In ihr erklärte er zugespitzt, dass die Zuschauer des deutschen Fernsehens vom Film „nach dem Willen der Programmverantwortlichen des NDR möglichst verschont werden" sollten.[107] In den Dritten Programmen würde der Film „wieder nur die Menschen erreichen, die die Schuld

---

[106] Vgl. Peter Reichel: Erfundene Erinnerung. Weltkrieg und Judenmord in Film und Theater, München 2004, S. 283.
[107] Zitiert nach Hans Helmut Hillrichs/Hans Janke (Hg.): Die entfernte Wirklichkeit. Journalistisch-dokumentarische Programme im Fernsehen, Mainz 1985 (= Mainzer Tage der Fernsehkritik Band XVII), S. 183.

der Deutschen an den nationalsozialistischen Verbrechen ohnehin nicht vergessen haben". Fechner stellte die Frage, ob das Das Erste Programm mittlerweile „dem Diktat der Unterhaltung bereits endgültig" unterläge. Und noch schärfer: „Diesen Film so tot wie möglich zu schweigen, ist die öffentlich-rechtliche Form von Zensur."[108]

Die Programmierung wie der Protest dagegen hatten eine Vorgeschichte. Als der WDR Ende der 1970er-Jahre die amerikanische Fernsehserie „Holocaust" ankaufte,[109] die am Schicksal einer jüdischen Familie fiktional von der Ermordung der europäischen Juden erzählt, verweigerten einige ARD-Anstalten wie der Bayerische Rundfunk eine Ausstrahlung im Ersten Programm.[110] Nach heftigen Protesten kam ersatzweise die Präsentation in den zu diesem Zweck zusammengeschalteten Dritten Programmen im Januar 1979 zustande. Durch eine große Vorabberichterstattung, in der auch über die Form des Mehrteilers gestritten wurde, war die Zuschauerresonanz enorm. Mehr als ein Drittel aller Zuschauer schaltete sich zu „Holocaust" ein.[111] Das führte im Übrigen dazu, dass dem Majdanek-Prozess selbst im Fernsehen wieder größere Aufmerksamkeit zuteilwurde.[112]

Fechners Protest stieß zwar bei den Fernsehkritikern auf Zustimmung. Klaus Kreimeier beispielsweise schrieb in der „Frankfurter Rundschau", dass die Überweisung an die Dritten Programme jene „Verdrängungsarbeit fortsetzt, die in unserem Land seit 1945, trotz positiver Gegenströmungen, letztlich die Oberhand behalten hat."[113] Waldemar Schmid schlug in der „FUNK-Korrespondenz vor: „Auch wenn eine Ausstrahlung mit kurzfristigen Programmänderungen verbunden wäre, müsste das, was für eine Live-Übertragung eines Fußball-Länderspiels geht, auch einmal für eine wichtige Dokumentation möglich sein."[114] Nur Gerhard Mauz, Gerichtsreporter des „Spiegel" und eben dort einer der wenigen Journalisten, der zu dieser Zeit seine Artikel mit Namen kennzeichnen durfte, bezog eine andere Position. Bei allem Lob für den Film tadelte Mauz den Regisseur für seine Proteste und für die in ihnen aufscheinende Anmaßung. Man könne Aufklärung über die Schuld der Deutschen

---

[108] Ebd., S. 184.
[109] Zur Produktions- und internationalen Rezeptionsgeschichte vgl. Friedrich Knilli/Siegfried Zielinski (Hg.): Holocaust zur Unterhaltung. Anatomie eines internationalen Bestsellers. Fakten – Fotos – Forschungsreportagen, Berlin 1982.
[110] Dazu Reichel: Erfundene Erinnerung, S. 254.
[111] Vgl. Hickethier: Geschichte des deutschen Fernsehens, S. 355.
[112] Vgl. Horn: „Jetzt aber zu einem Thema, das in dieser Woche alle beschäftigt.", S. 28.
[113] Kreimeier: Im Lapidaren das Abgründige.
[114] Schmid: Kontroverse um Fechner-Dokumentation „Der Prozeß", P4.

„nicht mit Gewalt" durchsetzen; „[...] auch nicht mit dem Gewaltakt, dass an drei Abenden auf den Bildschirmen der Bundesrepublik Deutschland nichts als der Majdanek-Film zu sehen ist."[115] Der Furor des nachfolgenden Satzes deutet an, dass es Mauz um mehr ging, wenn er verschärfend schreibt: „Gemeinschaftsempfang unter Aufsicht des Blockwarts, damit keiner zu einem Buch oder gar zum Skatspielen kommt?".

Ehe man sich versieht, ist beim „Spiegel"-Journalisten aus dem Aufklärer Fechner jemand geworden, der von einer ideologischen Formung wie in der Nazizeit geträumt haben soll. Gegen eine solche Unterstellung ist Fechner in Schutz zu nehmen. Sie sagt denn auch mehr über Mauz als über den Regisseur aus. Im Phantasma des „Spiegel"-Reporters schimmert denn auch etwas von dem auf, was der Schriftsteller Martin Walser 1998 in einer Rede als „Moralkeule" bezeichnet hat und was man als eine allgemeine Unmutsäußerung darüber deuten muss, dass die Deutschen weiterhin mit ihrer Vergangenheit konfrontiert werden. Dennoch ist gegenüber Fechner einzuwenden, dass er im Zorn über die Platzierung seines Films über das Ziel hinausgeschossen ist. Seinem Redakteur Hans Brecht ist zuzustimmen, der Fechner noch in Mainz erwidert hat, es bestünde die Gefahr, dass „eine Debatte über den Sendeplatz von diesem Werk und von seiner Wichtigkeit nur etwas wegnehmen kann".[116] Bei seiner Ausstrahlung erreichte „Der Prozeß" in den unterschiedlichen Einschaltquoten zwischen zwei und acht Prozent. Als anderthalb Jahre später „Shoah" von Claude Lanzmann ebenfalls von den Dritten Programmen gemeinsam, aber erneut zu unterschiedlichen Zeiten ausgestrahlt wurde, erreichte dieser in etwa eine ähnliche Zuschauerzahl.[117] Der Zorn des Künstlers, der für sein Werk die besten Bedingungen und die größte Aufmerksamkeit erheischt, brach sich in seiner Erklärung in Mainz Bahn. Er stieß damit auch Menschen wie Hans Brecht vor den Kopf, der ihn Zeit seines Wirkens als NDR-Redakteur unterstützt hatte.

---

[115] Mauz: Ein Fall öffentlich-rechtlicher Zensur?, S. 80.
[116] Zitiert nach Hillrichs/Janke: Die entfernte Wirklichkeit, S. 184-185.
[117] S. dazu Dietrich Leder: Bis an die Grenzen des Sagbaren. Eine Auseinandersetzung mit „Shoah" von Claude Lanzmann im Fernsehen, in: FUNK-Korrespondenz Nr. 16 vom April 1986, P1-P4.

DIE GESCHEITERTEN PROJEKTE

Noch ein weiteres Mal sollte der Zorn Eberhard Fechner öffentlich übermannen. Es geschah, als sein alter Freund und Förderer Egon Monk nicht die Drehbücher verfilmte, die Fechner nach dem Roman „Die Bertinis" von Ralph Giordano geschrieben hatte. Fechner war vom ZDF, der die Verfilmung in Auftrag gegeben hatte, als Regisseur beauftragt worden und hatte ab 1984 an den Drehbüchern gearbeitet. Doch nach einer schweren Erkrankung im Jahr 1986 weigerte sich die Versicherung, seine Regietätigkeit finanziell abzusichern. So kam der Ersatzmann ins Spiel, auf den sich frühzeitig die Produktionsfirma, das ZDF, aber auch Fechner verständigt hatten. Fechner ging davon aus, dass Monk seine Drehbücher übernehmen und nur minimal an seinen Regiestil anpassen würde. Dem war aber nicht so. Monk schrieb eine neue Drehbuchfassung. Darauf reagierte Fechner mit dem erwähnten Zorn. Er erklärte öffentlich, dass er sich verraten fühle und dass er Monk die Freundschaft aufkündigte.[118]

Noch ein weiteres großes Projekt – es sollte von der Objektiv Film für das ZDF produziert werden – konnte Eberhard Fechner nicht realisieren: „Die Grunewaldvilla". Es ist die große, ein Jahrhundert umfassende Geschichte eines Hauses, das sich ein Industrieller 1888 im Kaiserreich errichten ließ und das 1988 von Grund auf erneuert und renoviert wurde. Der Erzählstoff enthält Vieles: Was die Familien, die dieses Haus zu den unterschiedlichen Zeiten bewohnten, in den politischen Zeitläuften erlebten, wie sich Täter ebenso wie Opfer verhielten, wie sich das Soziale ebenso wie das Private in den unterschiedlichen Gesellschaftssystemen änderte. Als das Projekt, mit dem Fechner 1987 begonnen und für das er schon umfangreich gecastet hatte,[119] vermutlich aus Gesundheitsgründen nicht zustande kam, begann er die Drehbücher zu einem Roman umzuschreiben.[120] So entstanden zumindest zwei Kapitel. Nach dem Tod von Eberhard Fechner verfasste seine Frau die weiteren elf Kapitel auf der Grundlage der Drehbücher. 1993 erschien dann der Roman „Die Grunewaldvilla" als Werk von Eberhard und Jannet Fechner, dem seine Herkunft aus den Drehbüchern anzumerken ist; in seiner Erzählform bleibt er dem Realismus des 19. Jahrhunderts treu.

---

[118] Dazu im einzelnen Schumacher: Realismus als Programm, S. 252. S. auch ihren Aufsatz in diesem Band.
[119] Vgl. die Archivalien des Eberhard-Fechner-Archivs in der Akademie der Künste Berlin mit der Signatur Nr. 2804. Online unter: https://archiv.adk.de/bigobjekt/39883
[120] Vgl. die „Editorische Notiz" in Eberhard Fechner/Jannet Fechner: Die Grunewaldvilla. Roman, Berlin 1993, S. 3.

DER FERNSEHSCHAUSPIELER

In seinen letzten Lebensjahren war Eberhard Fechner aber nicht nur als Regisseur von Fernseh- und Dokumentarfilm bekannt. Ihn sahen auch viele Fernsehzuschauer, die mit dem Film „Der Prozeß" nichts anzufangen wussten. Sie kannten ihn als Schauspieler. Dafür sorgte vor allem die fünfteilige Serie „Die Knapp-Familie", die Stephan Meyer unter Mitarbeit von Eckhard Henscheid für den WDR geschrieben und inszeniert hatte. In dieser Serie, deren Handlung in einer Duisburger Bergarbeitersiedlung angesiedelt ist, spielt Fechner einen Familienvater und Bergmann namens Paul Knapp, der in seiner Freizeit Gedichte schreibt. Die turbulente Handlung kommt in Gang, als das Haus, in dem der Mann mit seiner Frau (gespielt von Rosel Zech) und den vier Kindern lebt, mit der gesamten Siedlung verkauft werden soll. Die Serie greift hier Konflikte auf, die sich Ende der 1970er-, Anfang der 1980er-Jahre in vielen Werkssiedlungen im Ruhrgebiet abgespielt haben.[121] Die Komik der Serie erwächst aus den wechselvollen Familienverhältnissen. Paul Knapp verliebt sich in eine andere Frau, seine Gattin verliebt sich in einen anderen Mann, während die Töchter nicht, wie es die Eltern wollen, heiraten. Eberhard Fechner spielt den etwas schusseligen Ehemann mit einem ausgeprägten Gefühl für mimische und gestische Details. Er lässt den Eigensinn der Figur spüren, die sich gegen alle Widrigkeiten und Beengtheit der Verhältnisse seine Träume bewahrt hat. Ähnlich legte er die rechthaberische Figur des Dr. Giesebrecht im Kinofilm „Ödipussi" von Loriot (1988) an, der an der Kinokasse ein Riesenerfolg war.

Diese komödiantischen Qualitäten des Schauspielers Eberhard Fechner überraschen insofern, weil er bis dahin in seinen größeren Fernseharbeiten nur ernste Rollen übernommen hatte. Verblüffend ist die Ähnlichkeit der Figuren, die Fechner in den Filmen von Egon Monk spielte. Auf die Rolle des Funktionshäftlings in „Ein Tag" wurde bereits hingewiesen. Der Polizist, den Fechner in „Bauern, Bonzen, Bomben" spielt, ist der klassische deutsche Beamte, der seine Haltung den jeweiligen politischen Verhältnissen anpasst und der – das steht am Ende des Mehrteilers zu vermuten – ein willfähriger Helfer des NS-Terrors sein wird. In „Geschwister Oppermann" hat Monk Fechner mit der Rolle des Unternehmers Wels betraut, der die Firma der jüdischen Titelfiguren an sich reißt. Bei Monk ist Fechner also Dar-

---

[121] Davon erzählt beispielsweise der Film „Recht auf die Auguststraße", den Klaus Helle mit betroffenen Bewohnern auf ein von Abriß bedrohtes Siedlungshaus in Gelsenkirchen-Erle drehte. Vgl. das Protokoll der Diskussionsveranstaltung auf der Duisburger Filmwoche 1981 von Corinna Belz in Haardt/Hofmann 1981: 268-271. Online unter: http://www.protokult.de/prot/RECHT%20AUF%20DIE%20AUGUSTSTRASSE%20-%20Klaus%20Helle%20-%201981.pdf

steller eines Sadisten, eines Opportunisten und eines „Arisierers". Vielleicht brach im Streit um „Die Bertinis" noch ein anderer bis dahin nur schwelender Konflikt auf.

ZUM ENDE

Der Durchgang durch das Werk, das Eberhard Fechner als Filmschauspieler, als Drehbuchautor, als Regisseur von Fernsehfilmen, Mehrteilern und Dokumentarfilmen hinterlassen hat, zeigte, dass er sich erst im Laufe der Zeit zum Einzelgänger und Solitär entwickelt hat. Zu Beginn seiner Karriere konnte man ihn noch bestimmten Gruppen zuordnen wie etwa jener, die Egon Monk im NDR um sich scharte. Später rechnete man ihn zu jenen Regisseuren, die den Autoren-Dokumentarfilm zu einer hochrespektierten Gattung erhoben. Mit jedem Schritt, mit dem er sein dokumentarisches Verfahren des Gesprächsfilms radikalisierte, mit jedem Film, mit dem er bei einem breiten Publikum erfolgreich wurde, stilisierte er sich – auch rückwirkend – als Künstler, der sich gleichsam autonom entwickelte und sich gegen die Bedingungen des Betriebs durchsetzen musste. Der Zorn, der ihn gelegentlich übermannte, war vielleicht Ausdruck der Anstrengung, die eine solche Stilisierung als herausragendes Individuum ihm abverlangte. Bei aller Detailkritik an einzelnen Elementen seiner Dokumentarfilme, an der klassischen Erzählform seiner Mehrteiler, seiner aus dem 19. Jahrhundert stammenden Realismus-Konzeption bleibt er als ein besonderer Filmerzähler des deutschen Fernsehens in Erinnerung, der sich wie andere Mitglieder seiner Generation an der deutschen Geschichte kritisch abarbeitete und der auf ideologische Fixierungen mit radikaler Skepsis reagierte.

Eberhard Fechner 1965 als Häftling Mennes in dem NDR-Fernsehfilm „Ein Tag. Bericht aus einem Konzentrationslager (Buch und Regie: Egon Monk).

JULIA SCHUMACHER

Eberhard Fechner und die „Hamburger Schule"

In Reden und Beiträgen für die Presse lud Eberhard Fechner des Öfteren dazu ein, seine Arbeit als in sich geschlossenes, auf einander bezogenes Werk zu sehen.[1] Egon Netenjakob, der ihn für das 1989 veröffentlichte Portrait „Lebensläufe dieses Jahrhunderts" interviewte, erklärte er: „Von 1973 an habe ich keinen Film mehr gemacht, der nicht in irgendeiner Beziehung zu allen anderen steht. […] Die Filme sind jeder einzeln für sich zu betrachten und zu bewerten, sie sind aber auch in einem größeren Zusammenhang gedacht".[2] Diese Intention unterstrich Netenjakob, indem er die Filme des Regisseurs als „Chronik des 20. Jahrhunderts" charakterisierte.[3] Fechner betonte außerdem, dass kein prinzipieller Unterschied zwischen seinen Dokumentar- und Spielfilmproduktionen bestehe. Den Begriff ‚Dokumentarfilm' lehnte er aber bekanntlich ab: Er wollte seine Arbeiten als „filmische Erzählungen" verstanden wissen.[4]

Beide Behauptungen – die der inneren Geschlossenheit seines Werks ebenso wie die Gleichsetzung von dokumentarischer Arbeit und Spielfilmproduktion – wurden in der Fernsehforschung bereitwillig angenommen.[5] Untersucht wurden jedoch vor allem die Dokumentarfilme und im Anschluss an Fechners Aussage, er habe für seine Literaturadaptionen die Vorlage behandelt, wie dokumentarisches Material,[6] kolportiert, dass auch seinen Spiel-

---

[1] Vgl. Eberhard Fechner: Familiengeschichte als Zeitgeschichte, in: ZDF – Information und Presse (Hg.): Tadellöser & Wolff – Ein Kapitel für sich. Materialien zu ZDF-Fernsehprogrammen Koproduktionen mit ORF und SRG, München 1979, S. 31–46; Egon Netenjakob: Eberhard Fechner. Lebensläufe dieses Jahrhunderts, Weinheim/Berlin 1989.

[2] Zitiert nach Netenjakob: Eberhard Fechner, S. 98.

[3] S. ebd., S. 105. Vgl. auch Christian Hißnauer/Bernd Schmidt: Wegmarken des Fernsehdokumentarismus. Die Hamburger Schulen, Konstanz 2013, S. 255 ff.

[4] Ebd., S. 136 und S. 137. Vgl. Eberhard Fechner: Über das „Dokumentarische" in Fernseh-Spielfilmen [1973], in: Josef Nagel/Klaus Kirschner (Hg.): Eberhard Fechner. Die Filme, gesammelte Aufsätze und Materialien. Erlangen 1984 (= Erlanger Beiträge zur Medientheorie und -praxis. Sonderheft), S. 109–125; Eberhard Fechner: Das Fernsehspiel – Dichtung und Wahrheit [1977], in: Nagel/Kirschner (Hg.): Eberhard Fechner, S. 126–140.

[5] Martina Thiele: Publizistische Kontroversen über den Holocaust im Film. Dissertation Universität Göttingen 2001, Online-Ressource, URL: <http://ediss.uni-goettingen.de/handle/11858/00-1735-0000-000D-F211-4> (Zugriff: 6.7.2018), S. 339–377; Simone Emmelius: Fechners Methode. Studien zu seinen Gesprächsfilmen, Mainz 1996, besonders S. 9 ff.; Hißnauer/Schmidt: Wegmarken des Fernsehdokumentarismus, S. 210–289.

[6] Fechner: Über das Dokumentarische in Fernseh-Spielfilmen, S. 127; Ders.: Das Fernsehspiel – Dichtung und Wahr-

filmen dasselbe dokumentarische Konzept zugrunde liegt.[7] Dieses Vorgehen verwischt allerdings die bemerkenswerten Unterschiede zwischen den Filmen Fechners, die sich sowohl in der Art und Weise der Produktion als auch im ästhetischen Ergebnis zeigen. Im Zentrum dieses Beitrags steht daher die Frage, inwiefern sich die Behauptung halten lässt, dass ihnen dasselbe Konzept zugrunde liegt.

Im Zeitraum von 1967 bis 1991 hat Fechner insgesamt 20 Regiearbeiten für das deutsche Fernsehen vorgelegt. Darunter sind neun Dokumentarfilme nach seiner Konzeption und für sieben von insgesamt elf Spielfilmproduktionen zeichnet er ebenso für das (größtenteils adaptierte) Drehbuch verantwortlich. Er selbst schränkte den Zeitrahmen, für den er den konzeptionellen Zusammenhang zwischen seinen Filmen behauptet, auf jene ein, die er ab den 1970er-Jahren als freier Autor und Regisseure realisierte. An dieser Zweiteilung des Werks orientiere ich mich, wenn ich im ersten Schritt den Anfang von Fechners Karriere in der Hauptabteilung Fernsehspiel des NDR – in der „Hamburger Schule" – rekapituliere und mich anschließend auf zwei spätere Regiearbeiten fokussiere, denen wiederholt im besonderen Maße Fechners ‚Handschrift' attestiert wurde: die zweiteilige Adaption von Walter Kempowski Roman „Tadellöser & Wolff" (ZDF 1975) sowie die dreiteilige Dokumentation des sogenannten Majdanek-Verfahrens, „Der Prozeß" (NDR 1984). Um Fechners ästhetisches Konzept auf seine Differenzqualität hin zu prüfen, gehe ich im dritten Teil auf ein bekanntes und schließlich nicht von ihm realisiertes Projekt ein: die Adaption von Ralph Giordanos Roman „Die Bertinis" (1982).

Für den fünfteiligen Fernsehfilm „Die Bertinis", die mit u.a. Hannelore Hoger und Peter Fitz in den Hauptrollen 1988 im ZDF gesendet wurde, zeichnet bekanntermaßen Egon Monk in Buch und Regie verantwortlich; ursprünglich war jedoch Fechner für diese Aufgabe vorgesehen.[8] Monk übernahm das Projekt erst, als der Fechner aus gesundheitlichen Gründen seinen Regieauftrag nicht mehr erfüllen konnte. Während Fechner davon ausgegangen war, dass Monk seine 1986 bereits fertiggestellten Drehbücher inszenieren würde,[9] reali-

---

heit, S. 136; Netenjakob: Eberhard Fechner, S. 205.

[7] Hißnauer/Schmidt: Wegmarken des Fernsehdokumentarismus, S. 268.

[8] Vgl. Heinz Ungureit: Die Zukunft des Fernsehspiels im Zeichen der Neuen Medien, in: Dramaturgische Gesellschaft (Hg.): Brauchen Fernsehspiel und Hörspiel eine neue Dramaturgie?, Berlin 1985 (= Schriften der Dramaturgischen Gesellschaft, Bd. 20), S. 29–42, hier: 38; Raphael Rauch: „Die Bertinis" (Roman von Ralph Giordano, 1982, und Fernsehserie von Egon Monk, 1988), in: Wolfgang Benz: Handbuch des Antisemitismus, Bd. 8, Nachträge und Register, Berlin/Boston 2015, S. 167–172, hier S. 169.

[9] Eberhard Fechner an Heinz Ungureit, Hamburg, vom 30.7.1987 (2 Bl.), hier Bl. 1, Akademie der Künste Berlin Egon-Monk-Archiv Nr. 641. Vgl. Netenjakob: Eberhard Fechner, S. 125 f.

sierte dieser eine neue und radikal unterschiedliche Fassung. Damit offenbarte Monk mehr als nur eine abweichende Auffassung darüber, wie Giordanos Roman zu verfilmen sei. Wie sich aus dem Vergleich ihrer „Bertini"-Fassungen und Fechners Briefwechsel mit Monk[10] erschließen lässt, stellten sich anhand dieses Projekts plötzlich fundamentale Differenzen in der ästhetischen Konzeption der beiden Regisseure heraus.[11] Die Rekonstruktion des Streits um „Die Bertinis", die ich an anderer Stelle bereits vorgestellt habe,[12] kann hier also dazu verhelfen, Fechners Position in Fragen der Wirkungsästhetik deutlicher zu konturieren.

1. DIE „HAMBURGER SCHULE"

Die Namen ‚Fechner' und ‚Monk' werden in Pressebeiträgen wie Filmkritiken und Filmankündigungen gern in einem Atemzug genannt, um auf eine Tradition der populären Geschichtsdarstellung im öffentlich-rechtlichen Fernsehen der Bundesrepublik Deutschland zu verweisen.[13] Dieser Umstand lässt sich zunächst darauf zurückführen, dass sich die Lebens- und Karrierewege der Genannten vielfach überkreuzten. Fechners Regietätigkeit für das Fernsehen begann in der Hauptabteilung Fernsehspiel des NDR, als Egon Monk dort die Leitung (1960–1968) inne hatte, und ab den 1970er-Jahren realisierten beide aufwändig produzierte Literaturverfilmungen zum Thema Nationalsozialismus. Sie waren außerdem, bis der Streit um „Die Bertinis" dem ein Ende setzte, eng befreundet, und Fechner betonte auch öffentlich den Einfluss Monks auf seine Arbeit. Dessen Definition von Realismus zitierte er 1979 noch in einem Text für das Begleitbuch, das die Presseabteilung des ZDF zu den Kempowski-Verfilmungen „Tadellöser & Wolff" und „Ein Kapitel für sich" (ZDF 1979) publizierte: „Realistische Fernsehspiele bilden die Wirklichkeit ab, […] aber sie zeigen die in der Wirklichkeit verborgenen Zusammenhänge mit".[14]

In Fechners Formulierung scheint nur noch vage die hegel-marxistische Unterscheidung

---

[10] S. hierzu Eberhard Fechner an Egon Monk vom 20.3.1989 (2 Bl.), Egon Monk an Eberhard Fechner vom 7.3.1989 (7 Bl.) und Egon Monk: Entwurf für einen Brief an Fechner o.D. (4 Bl.), AdK Monk-Archiv Nr. 641.

[11] Julia Schumacher: Ringen um den Realismus. Die zeitgeschichtlichen Filmprojekte 1975–2003 (Mit einem unveröffentlichten Brief von Alexander Goehr an Ulla Monk), in: Dies./Andreas Stuhlmann (Hg.): Die „Hamburgische Dramaturgie" der Medien. Egon Monk (1927–2007) – Autor, Regisseur, Produzent. Marburg 2017, S. 243–254, besonders S. 253–258, Dies.: Realismus als Programm. Egon Monk. Modell einer Werkbiografie, Marburg 2018, S. 249–266.

[12] S. dazu die Literatur in Anmerkung 11.

[13] Vgl. Flucht und Vertreibung, in: Blickpunkt: Film vom 19.6.2006, URL: <https://www.mediabiz.de/film/news/flucht-und-vertreibung/207818> (Zugriff: 14.7.2018); Lutz Hachmeister: „Die inhaltliche Diskussion kommt zu kurz." Ein epd-Interview mit Dieter Stolte, in: epd medien 34 vom 22.8.2014; Klaudia Wick: ZDF-Dreiteiler „Tannenbach". Sorgsamer Geschichtsunterricht, in: Berliner Zeitung vom 2.1.2015.

[14] Eberhard Fechner: Familiengeschichte als Zeitgeschichte, S. 35.

zwischen dem Wesen und den Erscheinungen der Realität auf, die Monk im Anschluss an Bertolt Brecht[15] als zentrales Moment seines Konzepts für realistisches Erzählen im Fernsehen bestimmte und – mit semantischen Variationen – wiederholt öffentlich geäußert hatte. Die prägnanteste Fassung findet sich in einem Interview mit Karl Prümm über „Die Geschwister Oppermann" (ZDF 1983), die Monk für seine schließlich erst posthum veröffentlichten Erinnerungen[16] redigiert hatte: „Das ist es, was ich unter Realismus verstehe: Die in der Wirklichkeit verdeckten oder versteckten Zusammenhänge, das, was Brecht die kausale Realität nannte, im Film erkennbar und begreiflich zu machen. Pures Abbilden genügt nicht mehr, hat nie genügt, schon zu Zeiten des Naturalismus nicht und heute erst recht nicht."[17] Monk positionierte sich Zeit seines Lebens als ‚Brecht-Schüler'. Seine Karriere hatte 1948 am Berliner Ensemble, als Assistent Brechts, ihren Anfang genommen. Da ihm schnell auch eigenverantwortlich Regiearbeiten übertragen wurden, blieb er für die Frühgeschichte des Berliner Ensemble auch als Brechts „Lieblingsschüler" in Erinnerung.[18] Als Leiter der NDR-Hauptabteilung Fernsehspiel verfolgte Monk ein Programmkonzept, das der Aufklärung und Emanzipation des Publikums verschrieben war. Darüber hinaus adaptierte er auch das Ausbildungssystem des Berliner Ensembles,[19] nach dem die ‚Schüler' zunächst als Assistenten die praktische Arbeit arrivierter Kollegen begleiten, um sich dann in eigenen Projekten auszuprobieren. Diese ‚Schule' durchliefen neben Fechner beispielsweise auch Erica Runge (Regieassistenz für Monks Episode in „Augenblick des Friedens", NDR 1965), Klaus Wildenhahn (Regieassistenz für „Ein Tag – Bericht aus einem deutschen Konzentrationslager 1939", NDR 1965) und Claus Peter Witt. Letzterer gab sein Regiedebüt im Rahmen einer Studioinszenierung von „Furcht und Elend des Dritten Reiches" (NDR 1964), die vier Szenen aus Brechts sogenannter „gestentafel" enthielt, die, von Monk koordiniert, von Nachwuchsregisseuren der Abteilung realisiert wurden. In der Szene „Das Kreidekreuz" (R.: Helmut Kampf) verkörperte der ausgebildete Schauspieler Fechner den SA-Mann.

---

[15] Vgl. Jan Knopf: „Verfremdung", in: Werner Hecht (Hg.): Brechts Theorie des Theaters, Frankfurt am Main 1986, S. 93–142, hier S. 94 f.

[16] Egon Monk: Regie Egon Monk. Von Puntilla zu den Bertinis. Hg. von Rainer Nitsche, Berlin 2007.

[17] Ebd., S. 211.

[18] Werner Mittenzwei: Das Leben des Bertolt Brecht oder Der Umgang mit den Welträtseln, Bd. 2, Berlin/Weimar 1986, S. 287. Vgl. Esther Slevogt: Auf dem Platz neben Brecht. Egon Monks Jahre am Berliner Ensemble 1949–1953, in: Schumacher/Stuhlmann: Die „Hamburgische Dramaturgie", S. 15–28.

[19] Egon Monk: Gespräch mit Herrn Dr. Arnold, o.D. (2 Bl.), AdK Monk-Archiv Nr. 728. Vgl. David Barnett: A history of the Berliner Ensemble, Cambridge 2015, S. 99 ff.

Als Fechner 1964 zum NDR kam, hatte er zuvor bereits eine ähnliche ‚Schule' bei Giorgio Strehler am Piccolo Teatro in Mailand absolviert. Von 1961 bis 1963 war er als Regieassistent, u. a. während der Inszenierung von Brechts „Leben des Galilei" (1962/63), tätig.[20] Zurück in Deutschland folgten Regieaufträge an den Stadttheatern von Konstanz und Bremen, wo Fechner mit Peter Palitzsch, seinerseits ‚Brecht-Schüler', „Der aufhaltsame Aufstieg des Arturo Ui" inszenierte. Da Fechner jedoch „in der westdeutschen Theaterprovinz", wie Netenjakob zusammenfasst, nicht umsetzten konnte, „was er in Italien über das Theatermachen gelernt hatte",[21] konzentrierte er sich dann auf die Arbeit für das damals neue Medium Fernsehen.

Die Vermutung liegt nahe, dass es Fechner nach der positiven Erfahrung bei Strehler bewusst zum NDR und dem ‚Brecht-Schüler' Monk zog. Eine solche Motivation ist jedoch nicht belegt. Auch war ihr erstes Zusammentreffen offenbar durch einen Zufall initiiert: das Casting für Monks Fernsehspiel „Ein Tag", als Fechner für die Rolle des „Funktionshäftlings" Mennes aus der Gruppe der „Berufskriminellen" vorsprach.[22] 1965 wirkte er als NVA-Unteroffizier Pierott auch in Monks anschließender Regiearbeit „Preis der Freiheit" (NDR 1966, Drehbuch: Dieter Meichsner) mit. Im selben Jahr wurde Fechner in der NDR-Fernsehspielabteilung als Redaktionsassistent engagiert, 1966 war er Theodor Grädlers Regieassistent für die Artur Schnitzler-Adaption „Das Märchen". 1967 realisierte er dann seine erste eigenständige Regiearbeit, das Fernsehspiel „Selbstbedienung", für das auch das Drehbuch verfasste.

Monks Programmkonzept für das NDR-Fernsehspiel stieß seinerzeit vorwiegend auf Zustimmung. Darüber hinaus erkannten die Kritiker Ähnlichkeiten in der Ästhetik verschiedener Regiearbeiten, die sie mit Formeln wie „Hamburgische Dramaturgie"[23] oder „Hamburger Schule"[24] zu erfassen suchten. Davon ausgehend hat sich insbesondere der

---

[20] Netenjakob: Eberhard Fechner, S. 80–88, besonders S. 86. S. auch Eberhard Fechner: Giorgio Strehler inszeniert, Velber bei Hannover 1963.

[21] Netenjakob: Eberhard Fechner, S. 90.

[22] Ebd., S. 93.

[23] Vgl. Werner Kließ: Egon Monks Hamburgische Dramaturgie. Das Fernsehspiel „Zuchthaus", inszeniert von Rolf Hädrich, produziert von Egon Monk, in: Film 6 (1967), S. 39–40; Knut Hickethier: Egon Monks „Hamburgische Dramaturgie" und das Fernsehspiel der 60er Jahre, in: Jürgen Felix u. a. (Hg.): Deutsche Geschichten. Egon Monk – Autor, Dramaturg, Regisseur. Augen-Blick, Marburg 1995 (= Marburger Hefte zur Medienwissenschaft 21), S. 19–33.

[24] Vgl. Margret Trappmann: Egon Monk: ein Stil, in: FUNK-Korrespondenz 9 (1966), S. 17–18. Vgl. Michael Kaiser: Filmische Geschichts-Chroniken im Neuen Deutschen Film: Die Heimat-Reihen von Edgar Reitz und ihre Bedeutung für das deutsche Fernsehen, Dissertation Universität Osnabrück 2001, Online-Ressource, URL: <http://d-nb.info/964492962/34> (Zugriff: 14.7.2018), S. 73.

Ausdruck „Hamburger Schule" retrospektiv als branding für das Senderprofil des NDR etabliert[25] – auch zur Abgrenzung gegenüber der sogenannten „Stuttgarter Schule", womit im Kontext der Fernsehgeschichte SDR-Produktionen der Sendereihe „Zeichen der Zeit" zusammengefasst werden (z. B. „Der Polizeistaatsbesuch", 1967, Regie Roman Brodman).[26] Dies nehmen die Fernsehwissenschaftler Christian Hißnauer und Bernd Schmidt als Ausgangspunkt für ein historisches Modell der Entwicklung von dokumentarischen bzw. dokudramatischen Formen beim NDR.

Wie Hißnauer auch an anderer Stelle feststellt,[27] wird der Zusammenhang einer „Hamburger Schule" verschiedenen Akteuren beim NDR zugeschrieben. Hieran anschließend stellen sich die „Hamburger Schulen" (im Plural) in drei Generationen dar: die erste bezeichnet einen Kreis um Rüdiger Proske und die Anfänge des Fernsehdokumentarismus in den 1950er-Jahren; die zweite wird datiert auf die 1960er- und frühen 1970er-Jahre – mit Fechner und Wildenhahn im Mittelpunkt–, die Dritte steht für NDR-Produktionen ab den 1980er-Jahren von Heinrich Breloer und Horst Königstein.[28] Monk bildet hier gleichsam eine ‚Vaterfigur' der zweiten Generation, der durch seine Personalpolitik eine Innnovation des Fernsehspiels in Richtung des Dokudramas förderte.[29]

Als Gemeinsamkeit zwischen den Filmen der „Zweiten Hamburger Schule" sehen Hißnauer und Schmidt: den sozialkritischen Ansatz und die Thematisierung der NS-Vergangenheit; auf formal-ästhetischer Ebene sehen sie eine Tendenz zur Auflösung von Gattungsgrenzen

---

[25] Horst Königstein: Doku-Drama. Spiel mit Wirklichkeiten, in: Ruth Blaes/Gregor A. Heussen (Hg.): ABC des Fernsehens, Konstanz 1997 (= Reihe praktischer Journalismus, Bd. 28), S. 245–253, hier S. 247; Hans-Dieter Schütt: [Interview mit Dieter Meisner kurz vor dem 80. Geburtstag 2008], URL: <http://www.dieter-meichsner.de/seiten/interview.htm> (Zugriff: 14.07.2018). Den Ausdruck „Hamburger Schule" nutzte auch die von Nicolas Schröder kuratierte Retrospektive zu Filmen des NDR im Metropolis-Kino, Hamburg 1992, s. URL: <http://nicolausschroeder.de/hamburger-schule-die-filme-des-ndr/> (Zugriff: 14.7.2018). Vgl. auch die TV-Dokumentationen „Wir waren ja keine Traumfabrik" (NDR 1992, Regie Nicolas Schröder) und „Fakten und Fiktionen. Das Dokudrama im Fernsehen" (WDR 2001, Regie Gerhard Lampe).

[26] Vgl. Landeszentrale für politische Bildung Hamburg (Hg.): Es begann 1952 in Hamburg. Die Anfänge des Dokumentarismus im Fernsehen, Hamburg 1999.

[27] Christian Hißnauer: Hamburger Schule. Klaus Wildenhahn – Eberhard Fechner. Fernsehdokumentarismus der zweiten Generation, in: Andreas R. Becker/Doreen Hartmann/Don Cecil Lorey/ Andrea Nolte (Hg.): Medien – Diskurse – Deutungen. Dokumentation des 20. Film- und Fernsehwissenschaftlichen Kolloquiums, Marburg 2007, S. 118–126; Ders.: Das andere Wirken eines Fernsehspielchefs. Egon Monks Einfluss auf die Zweite Hamburger Schule des Fernsehdokumentarismus, in: Schumacher/Stuhlmann: Die „Hamburgische Dramaturgie", S. 201–204.

[28] Hißnauer/Schmidt: Wegmarken des Fernsehdokumentarismus, besonders S. 27–33; zu den Einflusslinien s. besonders S. 323–332. Der Nachteil des Generationen-Modells der „Hamburger Schulen" liegt allerdings darin, dass die Gemeinsamkeiten in den Produktionen ihrer Vertreter – zumindest teilweise – nur auf einem sehr hohen Abstraktionsniveau – etwa dem Produktionsstandort – zu finden sind.

[29] Ebd., S. 110; Hißnauer: Das andere Wirken eines Fernsehspielchefs, S. 216 f.

zwischen dokumentarischen und ‚spielfilmischen' – also dramatischen – Formen des Erzählens im Fernsehen. Fechners Filmen attestieren sie dieses Moment auf verschiedenen Ebenen: zum einen in der Montageform seiner „Interviewfilme", die Aussagen zu Gesprächen zusammensetzt, die vor-medial nicht stattgefunden haben,[30] zum anderen in den Stoffgrundlagen seiner Fernsehspiele und -filme, deren Drehbücher auf dokumentarischem Material – Pressenachrichten, eigene Interviews mit Beteiligten und autobiografische Texten – basieren.[31] Vordergründig ging es in der Hauptabteilung Fernsehspiel unter der Leitung von Monk jedoch weniger darum, Gattungsgrenzen aufzuweichen, als vielmehr gemeinsam an einem Programm zu arbeiten, das nach Realismus strebt.

Monks Programmkonzept für das Fernsehspiel korrespondiert mit einer mediengeschichtlich bedeutsamen Entwicklung zu Beginn der 1960er-Jahre. Wie die Historikerin Christina von Hodenberg darlegt, setzte sich hier ein Wandel im Verständnis der Aufgaben von Presse durch: die Abwendung vom „Konsensjournalismus" der Nachkriegsjahre hin zu einer kritischen Berichterstattung, die als „Zeitkritik" zusammengefasst wurde. Im Wesentlichen sieht sie diese Entwicklung in der Durchsetzung von Vertretern der sogenannten ‚Skeptischen Generation' in den Leitungsebenen begründet, die sie als „45" bezeichnet, weil das Kriegsende ihren ‚Aufbruch' begründete. Die gemeinsame „Mission" dieser „neuen Medienelite" war es, die Bevölkerung zu „demokratisieren", um so ein „neues '33" zu verhindern.[32] Dazu forcierten sie die Auseinandersetzung mit der NS-Vergangenheit und kritisierten insbesondere die bruchlosen Karrieren früherer Nazis in der Bundesrepublik Deutschland. In der Retrospektive lässt sich sogar festhalten, dass sich entlang dieses Themas die Idee einer kritischen Medienöffentlichkeit in der Bundesrepublik etablierte,[33] während das Engagement von Fernsehschaffenden entscheidend dazu beitrug, dass der Film in das Ensemble der ‚kritischen Medien' überhaupt erst aufgenommen wurde.

Neben der thematischen Ausrichtung war Monks Programmkonzept für das NDR-Fernsehspiel auch durch das taktische Medienverständnis an den zeitkritischen Diskurs anschlussfähig. Dieser Line folgend, wurden neue Formen erprobt, darunter Monks eigene

---

[30] Hißnauer/Schmidt: Wegmarken des Fernsehdokumentarismus, S. 244–254.

[31] Ebd., S. 268 ff.

[32] Christina von Hodenberg: Konsens und Krise. Eine Geschichte der westdeutschen Medienöffentlichkeit 1945–1973, Göttingen 2006, S. 283.

[33] Vgl. Axel Schildt/Detlef Siegfried: Deutsche Kulturgeschichte. Die Bundesrepublik – 1945 bis zur Gegenwart. München 2009, S. 208.

Regiearbeiten, die im Sinne Brechts Verfremdung bewirken sollten,[34] aber auch Komödien wie „Vier Stunden vor Elbe 1" (NDR 1968), Fechners zweite eigenständige Regiearbeit nach einem Drehbuch von Helga Feddersen.

Die Handlung von „Vier Stunden vor Elbe 1" spielt im Seefahrermilieu, das in mundartlichen Dialogen im Hamburger Regiolekt widergegeben wird. Bemerkenswert ist vor allem die Bildsprache, die sich durch viele Aufnahmen außerhalb des Studios (an sogenannten locations) und die dynamische Kameraführung von Rudolf Körosi auszeichnet. Das Fernsehspiel ähnelt darin Wildenhahns im selben Jahr ausgestrahlten kurzen Dokumentarfilm „Heiligabend auf St. Pauli" (1968), der im Stil des Direct Cinema umgesetzt ist. „Vier Stunden vor Elbe 1" ist jedoch ein durchkomponiertes Stück, das zum Teil die formale Ästhetik eines Dokumentarfilms adaptiert und darüber einen Eindruck von gesteigerter Realitätsnähe bewirken kann. Dieselben Verfahren hatte Monk auch für „Wilhelmsburger Freitag" (NDR 1964) angewandt und, obwohl dieser Fernsehfilm von der Kritik eher gemischt aufgenommen wurde, damit einen Impuls für das modernes Fernsehspiel geben können, der im Verlauf der 1960er- und 1970er-Jahre vielfach adaptiert wurde – bis diese Form als „journalistisches Fernsehspiel" in die Kritik geriet.[35]

Die gruppenstilistische Dimension, die sich im Vergleich der NDR-Produktionen aus den 1960er-Jahren aufdrängt, liegt sicherlich auch darin begründet, dass die Regisseure, die damals im Auftrag der Hauptabteilung tätig waren, ihren Stab aus demselben Kreis rekrutierten: es sind immer wieder dieselben Darsteller, Kameraleute, Szenenbildner, die im Abspann ausgewiesen werden – und das auch noch, als sie später Filme für andere Sendeanstalten realisierten. Es lässt sich daher auch von einem „Hamburger Ensemble" sprechen. Fechner nahm hier gleichsam eine Doppelrolle ein, weil er fortwährend auch in den Filmen seiner Kollegen als Darsteller auftrat, etwa in „Socialaristocraten" (1966, Regie Claus Peter Witt) oder in „Zuchthaus" (NDR 1967, Regie Rolf Hädrich).

Als Monk die Intendanz am Deutschen Schauspielhaus in Hamburg übernahm, folgte ihm Fechner 1968 ans Theater. Er trat als Darsteller im Eröffnungsstück der Spielzeit, „Über den Gehorsam" (Regie Egon Monk, Buch Egon Monk und Claus Hubalek), auf und war außerdem für die Regie von Gerlind Rainshagens „Doppelkopf" (1968) vorgesehen. Dieses Stück stand

---

[34] S. Schumacher: Realismus als Programm.

[35] Vgl. Knut Hickethier: Die Zugewinngemeinschaft. Zum Verhältnis von Film und Fernsehen in den sechziger und siebziger Jahren, in: Hilmar Hoffmann/Walter Schobert (Hg.): Abschied vom Gestern. Bundesdeutscher Film in den sechziger und siebziger Jahren, Frankfurt am Main 1991, S. 190–209, hier: 203 ff.

an dritter Stelle auf dem Spielplan des Schauspielhauses für das Jahr 1968. Es kam jedoch nicht zur Aufführung, weil Monk, nachdem seine Inszenierung von Friedrich Schillers „Die Räuber" bei Kritik und Publikum durchgefallen war, nach nur knapp drei Monaten im Amt von seinem Posten zurücktrat.[36] Fechner kehrte zum NDR zurück und realisierte seinen ersten Dokumentarfilm „Nachrede auf Klara Heydebreck" (1969).[37] Fortan war Fechner als freier Autor und Regisseur im Auftrag verschiedener Sendeanstalten tätig, übernahm aber auch immer wieder Engagements als Schauspieler.

Die langjährige Freundschaft von Fechner und Monk, ihre Hinwendung zu ähnlichen Themen, wie auch Fechners ‚Ausbildung' bei Strehler lassen eine Übereinkunft in Fragen der Ästhetik, zumindest ein geteiltes Streben nach Realismus vermuten. Ein von Brecht inspirierter Realismus scheint mir auch den Hintergrund zu bilden, vor dem Fechner seine Arbeiten als „Filmerzählungen" bezeichnet haben will: gemeint sind demnach zunächst ‚epische Filme', das heißt anknüpfend an Brechts Idee der „Literarisierung des Theaters" Filme, die nicht nach klassischen Dramaturgie-Prinzipien strukturiert sind. Im Vergleich zu Monk ist Fechners Bezug auch Brecht jedoch weniger eindeutig. So führt er in seinem Text für das ZDF-Pressematerial zwar auch Brechts „Fragen eines lesenden Arbeiters" an.[38] Ebenso bezieht er sich jedoch auf den französischen Filmkritiker André Bazin[39], den Theoretiker des italienischen Neorealismus. Für das Werbematerial zu „Der Prozeß" 1984 zitierte er schließlich den russischen Dramatiker Anton Tschechow mit einem Satz, der später auch auf seinen Grabstein[40] geschrieben wurde: „Der Künstler soll nicht Richter seiner Personen sein, sondern nur ein leidenschaftsloser Zeuge."[41] Diese Forderung lässt sich zwar in Einklang mit einem neorealistisch inspirierten Konzept bringen, das sich – zumindest nach Bazin – durch eine Erzählhaltung auszeichnet, die die dargestellten Zustände nicht bewer-

---

[36] Vgl. Michael Propfe: Die 76 Tage des Egon Monk. Intendant am Deutschen Schauspielhaus in Hamburg, in: Schumacher/Stuhlmann: Die „Hamburgische Dramaturgie", S. 153–168.

[37] Netenjakob: Eberhard Fechner, S. 98.

[38] Fechner: Familiengeschichte als Zeitgeschichte, S. 33 f. Vgl. Bertolt Brecht: Werke. Große kommentierte Berliner und Frankfurter Ausgabe [GBA]. Hg. von Werner Hecht, Jan Knopf, Werner Mittenzwei und Klaus-Detlef Müller, Berlin/Weimar und Frankfurt am Main 1988–2000, hier Bd. 30, S. 11.

[39] Fechner: Familiengeschichte als Zeitgeschichte, S. 35.

[40] Vgl. Hißnauer/Schmidt: Wegmarken des Fernsehdokumentarismus, S. 210.

[41] Anton Tschechow, zitiert nach Fechner bei Armgard Seegers: Blick ins Gestern. Ein Fernseh-Regisseur, der mit schwierigen Stoffen ein großes Publikum anzieht, in: Die Zeit Nr. 48 vom 23.11.1984; Eberhard Fechner: Über die Entstehung der NDR-Produktion DER PROZESS, in:
<https://www.absolutmedien.de/film/2001/Der+Prozess+%28Eberhard+Fechner%29> (Zugriff 14.7.2018).

tet: „Die Filme vergessen nicht, dass die Welt, bevor sie etwas zu verurteilendes ist, einfach ist".[42] Zugleich widerspricht sie jedoch Brechts taktischem Medienverständnis und dessen Anforderung für Realismus, gesellschaftspolitische Zustände kritisierbar zu machen. Dieser Spur lohnt es sich nachzugehen. Im nächsten Schritt werde ich deswegen prüfen, in welcher Weise sich diese Aspekte in der Ästhetik von Fechners Filmen ausdrücken.

2. EXEMPLARISCHE BEISPIELE: „TADELLÖSER & WOLFF" UND „DER PROZESS"
Die 1970er-Jahre werden zumeist als Phase der Politisierung im Fernsehen der Bundesrepublik Deutschland beschrieben, in der sich die medienkritischen Tendenzen der 1960er-Jahre intensivierten.[43] Das Stichwort ‚Siebziger Jahre' lässt an Wolfgang Menges „Das Millionenspiel" (WDR 1970) denken oder an Filme über Arbeiter wie „Liebe Mutter, mir geht es gut" (1972, Regie Christian Ziewer) und Wildenhahns Dokumentarserie „Emden geht nach USA" (NDR/WDR 1976). Gewissermaßen unterströmt wurde diese Bewegung jedoch von einer Tendenz, die Helmut Schanze und Bernhard Zimmermann treffend als „Wiederentdeckung der Vergangenheit in Hochglanzbildern" bezeichnen.[44]

Mit Beginn der 1970er-Jahre entwickelten sich mehrteilige Literaturverfilmungen zu großen Publikumserfolgen. Für die Sender waren dies hochbudgetierte Prestigeprojekte, für die ‚Autoren' eine Möglichkeit, sich gegen die Ästhetik des sogenannten „journalistischen Fernsehspiels" auf der einen, die Produktionen der ZDF-Redaktion Dokumentarspiel auf der anderen Seite zu positionieren. Dieses stand wegen seines reaktionären Geschichtsbilds fortwährend in der Kritik.[45] Als Gegenmodell etablierte sich die Idee von Literatur „als Realitätsausschnitt einer vergangenen Epoche",[46] womit sie quasi als ‚Zeitzeugenbericht' der portraitierten Epoche aufgefasst wurde. Ihre Verfilmung versprach somit eine ähnlich

---

[42] André Bazin: Der filmische Realismus und die italienische Schule nach der Befreiung, in: Was ist Film? Mit einem Vorwort von Tom Tykwer und einer Einleitung von François Truffaut. Hg. von Robert Fischer. Aus dem Französischen von Robert Fischer und Anna Düpee, Berlin 2009, S. 295–326, hier S. 302. Vgl. dazu Netenjakob: Eberhard Fechner, S. 144.

[43] Vgl. Hickethier: Die Zugewinngemeinschaft.

[44] Helmut Schanze/Bernhard Zimmermann: Fernsehen und Literatur. Fiktionale Fernsehsendungen nach literarischer Vorlage, in: Dies. (Hg.): Das Fernsehen und die Künste, München 1994 (= Geschichte des Fernsehens in der Bundesrepublik, Bd. 2), S. 19–66.

[45] Vgl. Manfred Delling: Das Dokument als Illusion, in: Peter von Rüden (Hg.): Das Fernsehspiel. Möglichkeiten und Grenzen, München 1975, S. 115–135.

[46] Vgl. Knut Hickethier: Das Fernsehspiel der Bundesrepublik. Themen, Form, Struktur, Theorie und Geschichte 1951–1977, Stuttgart 1980, S. 212.

glaubwürdige Beschreibung zu liefern, wie die leibhaftigen Zeugen in Dokumentationen.[47] Unter diesen Vorzeichen realisierte Fechner seine erfolgreiche Literaturverfilmung „Tadellöser & Wolff".

„TADELLÖSER & WOLFF"

Wie Dirk Hempel in seiner Biografie von Walter Kempowski darlegt, ging die Initiative für die Verfilmung von „Tadellöser & Wolff" von Fechner aus – bereits wenige Monate nach dem Erscheinen des Romans 1971. Im Sommer 1973 erarbeiteten beide zusammen das Drehbuch.[48] Im ZDF-Begleitbuch zu den Fernsehfilmen erläutert Fechner rückblickend seine Stoffauswahl: Er interpretiert die episodisch verfasste Familienchronik als Abfolge von „Momentaufnahmen jener Zeit".[49] Hier findet sich also eine Erzählstruktur, die an den Neorealismus erinnert – Bazin nannte diese eine Abfolge von „konkreten Augenblicken des Lebens".[50] Darüber hinaus hob Fechner jedoch eine weitere Qualität von Kempowskis Roman hervor: „ein unstillbares Heimweh nach der Kindheit, voll von Bezüglichkeiten, Anspielungen und leitmotivisch über das ganze Buch versteckten Wiederholungen von Situationen, Schlagwörtern, Redensarten, Schlagerfetzen und anderes mehr".[51]

Davon ausgehend, bleibt Fechners Adaption sehr nah an der Stoffgrundlage. Seine Inszenierung unterstreicht dieses Moment zu Beginn. Wir sehen den Schauspieler Ernst Jacobi in der Rolle des älteren Kempowski, der in – gleichwohl nachgestellten – Familienfotos blättert. Die Kamera zoomt in eine Ansicht des früheren Rostocker Wohnhauses, um fortan das vergangen situierte Geschehen wiederzugeben. Das Szenenbild des zweiteiligen Fernsehfilms ist eine perfekt anmutende Rekonstruktion, die auf der präzisen Nachstellung von historischen Fotografien beruht; Ausleuchtung und Kameraführung imitieren den Stil von Filmen des portraitierten Zeitraums. Der Schwerpunkt liegt indessen auf der Inszenierung von Sprache: der Phrasen und Redensarten, die in der Familie Kempowski den kommunikativen Austausch ersetzen. Helmut Arntzen hat dieses Verfahren als „Redemimisis" bezeichnet.[52]

---

[47] Schumacher: Realismus als Programm, S. 207–211.
[48] Dirk Hempel: Walter Kempowski. Eine bürgerliche Biographie. München 2004, S. 143 f.
[49] Fechner: Familiengeschichte als Zeitgeschichte, S. 36.
[50] André Bazin: Ein großes Werk: Umberto D [frz. 1952], in: Was ist Film, S. 375–379, hier S. 377.
[51] Fechner: Familiengeschichte als Zeitgeschichte, S. 36.
[52] Vgl. Helmut Arntzen: Satirische Redemimisis in der Deutschen Chronik von Walter Kempowski, in: Lutz Hagestedt

Die Kempowski'sche „Redemimisis" bewirkt einen „Wirklichkeitseffekt" im Sinne von Roland Barthes.[53] Während sie im Roman den traditionellen Verfahren der realistischen Literatur widerspricht, gewinnt sie in der Verfilmung eine zusätzliche Qualität, da schließlich das Sprechen im Fernsehfilm – als mithin dramatischer Form – konventioneller Weise für den handlungstragenden Dialog funktionalisiert ist. In „Tadellöser & Wolff" löst es sich jedoch auf in eine ungebrochene Folge aus ständigem Gequatsche, das allenfalls die Borniertheit der dargestellten Figuren offenbart, aber die Handlung an sich nicht vorantreibt. So wird deutlich: Die Mitglieder der Familie Kempowski tun nichts wirklich Schlechtes, sie sind direkt nicht an nationalsozialistischen Gewaltverbrechen beteiligt, sie tun aber auch niemandem etwas Gutes. Sie richten sich ein, sie bleiben bei sich – „Hauptsache wir Fünfe kommen durch", bekräftigt die Mutter Grete Kempowski immer wieder.

Die Unbeweglichkeit dieser Familie, und mithin der gesamten bürgerlichen Klasse, hebt Fechners Inszenierung wiederholt in langen, anhaltenden Kameraeinstellungen hervor. Die Folge ist zumindest eine Abwesenheit von Pathos; den Zuschauern wird kaum Raum für Mitleid, wohl aber zur Identifikation mit den Figuren gegeben. Inwieweit das Publikum seinerzeit aber auch das kritische Potential dieses Portraits einer Familie im „Dritten Reich" annahm, steht jedoch in Frage. Ausrufe wie „Tu mir die Liebe…" und „Kinder, uns geht's ja noch Gold" waren anscheinend im Familiengedächtnis vieler Zuschauer verankert und konnten einen spontanen Eindruck des Wiedererkennens, ein kollektiv erfahrenes „Genau so war es!" evozieren.[54] Darüber hinaus war dem Erfolg des Films wohl auch das „Heimweh nach der Kindheit" zuträglich, das Fechner scharfsinnig als Qualität der Buchvorlage hervorhebt.[55] Der Protagonist Walter, alter ego des Schriftstellers Kempowski, und sein Bruder Robert repräsentieren einen Typus des Heranwachsenden, den die frühe Nachkriegsprosa etablierte und der von dort aus in das Fernsehspiel wanderte. Wie Ursula Heukenkamp treffend über das literarische Portrait der „Kriegsjugend" befindet, haben diese Jungs immer dasselbe Profil: „Sie sind sanft, unwissend […]" und haben „ausdrücklich keine politische Motiva-

---

(Hg.): Walter Kempowski. Bürgerliche Repräsentanz – Erinnerungskultur – Gegenwartsbewältigung, Berlin/New York 2010, S. 1–14.

[53] Vgl. Roland Barthes: Der Wirklichkeitseffekt [frz. 1968], in: Das Rauschen der Sprache. Kritische Essays IV. Aus dem Französischen von Dieter Hornig, Frankfurt am Main 2006, S. 164–172.

[54] Vgl. Günter Alfs/Manfred Rabes: Genauso war es… Kempowskis Familiengeschichte „Tadellöser & Wolff" im Urteil des Publikums, Oldenburg 1982.

[55] Fechner: Familiengeschichte als Zeitgeschichte, S. 34.

tion".⁵⁶ Es sind, wie auch bei Kempowskis ‚unsoldatische' zukünftige Intellektuelle, die lieber lesen und Jazz hören als zu marschieren.

Ich bestreite nicht, dass Jazz die damalige Jugendkultur prägte. Von der NS-Kulturpolitik offiziell verboten, widerspricht diese Musikrichtung auch grundlegend ihren hierarchischen Strukturen. Den geordneten Bewegungsformationen von NS-Massenaufmärschen stellt Jazz das Moment der freien Improvisation oder die wilden, individuell ausgeführten Bewegungsfiguren des Swing-Tanzens gegenüber. Nicht zuletzt bot Jazz daher auch eine Alternative gegenüber dem martialischen Männlichkeitsbild der Nazis. Auf dieser Grundlage konnte sich ‚Liebe zum Jazz' als Topos für das Generationenportrait der Nachkriegsintellektuellen etablieren. Der Hinweis dient hier – wie in vielen Portraits dieser Generation – daher auch als biografische Formel, die eine frühe intuitive Abwehr vom Nationalsozialismus markiert, und in denen sich sowohl diverse Autoren von Siegfried Lenz über Oliver Storz bis Egon Monk⁵⁷ als auch die Zuschauer gern spiegelten.

Wie die Reaktionen des Publikums fiel auch das Urteil der Kritiker über „Tadellöser & Wolff" geradezu überschwänglich positiv aus.⁵⁸ In die Geschichtsschreibung des deutschen Fernsehens ging Fechners Film als Musterbeispiel für eine neue Qualität authentischer Geschichtsdarstellung ein.⁵⁹

Das Authentische bezeichnet das Beglaubigte, Verbürgte, das Echte. In einem Spielfilm ist jedoch alles gemacht – und insbesondere in diesem: Fechner achtete penibel auf jedes Detail der Nachstellung und entwirft darüber ein „Retro-Scenario", ähnlich wie der im selben Jahr international gefeierte Spielfilm „Barry Lyndon" (GB/USA 1975, Regie Stanley Kubrick) nach dem Roman aus dem Jahre 1844 von William Makepeace Thackeray.⁶⁰ Die Reaktionen der Zuschauer weisen indessen darauf hin, dass Authentizität im Spielfilm die ästhetische Erfahrung der Wiedererkennung bedeutet. Der Effekt der Authentizität erweist sich damit als das Gegenteil von Verfremdung und dem, was Brecht intendierte: statt der Einsicht „das

---

[56] Ursula Heukenkamp: Der Zweite Weltkrieg in der Prosa der Nachkriegsjahre (1945–1969), in: Dies. (Hg.): Deutsche Erinnerung. Berliner Beiträge zur Prosa der Nachkriegsjahre (1945–1960), Berlin 2000, S. 295–372, hier S. 310.

[57] Das Motiv findet sich in „Berlin 65", Monks Episode für „Augenblick des Friedens" (NDR 1965), sowie in „Café Leon", dem Fragment eines nicht realisierten Films. S. dazu Schumacher: Realismus als Programm, S. 284–291.

[58] Ausführlich dargelegt in Alfs/Rabes: Genau so war es…

[59] Vgl. Joan Kristin Bleicher: Egon Monk und das Fernsehspiel der 1970er-Jahre, in: Schumacher/Stuhlmann: Die „Hamburgische Dramaturgie", S. 185–200, hier S. 198.

[60] Vgl. Jean Baudrillard: Geschichte: ein Retro-Scenario, in: Kool Killer oder Der Aufstand der Zeichen. Aus dem Französischen von Hans-Joachim Metzger, Berlin 1978, S. 49–58.

habe ich noch nie so gesehen" bewirkt es ein „Ja, das habe ich auch schon mal gefühlt".[61] Eine der wenigen kritischen Stimmen nach der Ausstrahlung war Walter Jens, der seit 1963 als Momos für die Wochenzeitung „Die Zeit" Fernsehkritiken verfasste. Ihm zufolge liegt der kollektive „Jubelschrei" auch nicht allein in der unzweifelhaften Qualität der Verfilmung, sondern ebenso in der Begrenztheit der Erzählperspektive begründet. Er beschließt seine Rezension mit einem Vorwurf an den Regisseur: „[E]s hätte […] – durchblicksartig […] – gezeigt werden müssen, dass der Regelfall der Familie Kempowski eben doch […] ein Regelfall ist, der Millionen von Ausnahmen kennt. Und wenn die ins Bild rücken und sich hinter der kleinen und intimen die große und schreckliche Welt präsentiert, dann hört der Jubel plötzlich auf. Dann nämlich kommt heraus, wohin die Allianz zwischen den Tadellosen und den Wölfen führt. Ins Massengrab."[62]

Eine Verharmlosung von NS-Gewaltverbrechen war sicherlich nicht Fechners Ziel. Dennoch ist es nicht abwegig, dem Film eine nostalgische Qualität abzugewinnen. Schon Kempowskis Roman war diesem Vorwurf ausgesetzt.[63] Seine Grundlage ist somit in der Stoffgrundlage – in der „inszenierten Naivität" des Ich-Erzählers, wie es André Fischer bezeichnet[64] – und in Fechners Adaptionskonzept zu suchen, das die konstatierende Erzählhaltung der Vorlage reproduziert, anstatt sie durch Bearbeitung in eine zur Kritik Einladende zu transformieren, wie es ein Brecht'sches Adaptionskonzept vorgesehen hätte.

„DER PROZESS"

„Der Prozeß" ist ein einzigartiges Dokument über den Ablauf und die Schwierigkeiten der großen Verfahren gegen NS-Gewaltverbrechen am Beispiel des sogenannten Düsseldorfer Majdanek-Prozesses vom 30. November 1975 bis zum 30. Juni 1981. Fechner und sein Team begleiteten das Gerichtsverfahren und führten im Anschluss noch Interviews mit Beteiligten, die sich vor der Urteilsverkündung nicht vor der Kamera äußern konnten oder wollten.[65] 1984 wurde der dreiteilige Film – zu Fechners Enttäuschung – im dritten Programm der ARD gesendet.

---

[61] GBA Bd. 22.1, S. 210. Vgl. dazu Alfs/Rabes: Genauso war es…, S. 93.

[62] Momos (= Walter Jens): Von Folter und Verbrennung keine Rede, in: Die Zeit Nr. 20 vom 9.5.1975.

[63] Vgl. Rolf Becker: „Tadellöser & Wolff". Herr Hitler müsste es wissen, in: Der Spiegel Nr. 18 (1971), S. 179.

[64] S. André Fischer: Inszenierte Naivität. Zur ästhetischen Simulation von Geschichte bei Günter Grass, Albert Drach und Walter Kempowski, München 1992.

[65] Thiele: Publizistische Kontroversen über den Holocaust, S. 339.

Der Ablauf der Interviews lässt sich allein aus dem Film nicht rekonstruieren, weil Aufnahmen und Aussagen in kleine ‚Bausteine' zerlegt und nach Themen geordnet neu zusammengefügt wurden. Dafür wurden die Interviews gezielt aus denselben Perspektiven und die Befragten dabei mal von der rechten, mal von der linken Seite aufgenommen, um mithilfe der Montage den Eindruck wecken zu können, sie säßen sich gegenüber. Es sprechen Angeklagte und Zeugen, Vertreter des Gerichts, Sachverständige und Prozessbeobachter. In der Bildunterschrift werden sie nur durch diese Funktionen benannt. Für Knut Hickethier repräsentiert der Film daher ein „kollektives Sprechen einer in zwei unterschiedlichen Rollen auftretenden Generation": Täter und Opfer nationalsozialistischer Gewaltverbrechen.[66] Auch Judith Keilbach diagnostiziert in Fechners Montage-Verfahren eine Tendenz zur De-Individualisierung der Befragten, was sie durch ein Gegenbeispiel unterstreicht: „Mendel Schainfelds zweite Reise nach Deutschland" (ZDF 1972).[67] Hans-Dieter Grabes Inszenierung lässt hier den Protagonisten während einer Zugfahrt berichten. In seinem ausführlich wiedergegebenen Sprechen wird die Fassungslosigkeit über das Erlebte ebenso deutlich, wie das anhaltende Trauma. In Fechners „Prozeß" hingegen sind die Abschnitte zu kurz, um das individuelle Leid erfahrbar zu machen. Mehr noch: jene Passagen der Interviews, in denen das Trauma der früheren KZ-Häftlinge zum Ausdruck kam – Weinen, Wut, Verzweiflung – sind im Film nicht präsent.[68]

Im Vergleich zur visuellen Opulenz von „Tadellöser & Wolff" erscheint „Der Prozeß" in der Bildsprache extrem reduziert: es dominieren halbnahe und nahe Einstellungen von Gesichtern; stellenweise werden Fotografien aus dem Lager Lublin-Majdanek zur Veranschaulichung der Berichte eingesetzt, was den Aussagen eine schlagende Evidenz verleiht. Da Fechner dafür verantwortlich zeichnet, agiert er hier auch nicht als der „leidenschaftslose" Zeuge, als den er sich durch seinen Verweis auf das eingangs erwähnte Tschechow-Zitat ausweist. Eher nimmt er die Rolle des kühl argumentierenden Staatsanwalts ein, der Beweise vorlegt, die den Ausflüchten der Angeklagten widersprechen.[69] Damit macht er sie kritisierbar. Das Konzept dieses Films liegt damit auch näher an Brechts Modell des Realismus als Fechners Literaturadaption.

---

[66] Knut Hickethier: Ermittlungen gegen die Unmenschlichkeit. „Der Prozeß" von Eberhard Fechner, in: Waltraut Wende (Hg.): Der Holocaust im Film. Mediale Inszenierung und kulturelles Gedächtnis, Heidelberg 2007, S. 127–142, hier S. 128.

[67] Vgl. Judith Keilbach: Geschichtsbilder und Zeitzeugen. Zur Darstellung des Nationalsozialismus im bundesdeutschen Fernsehen, Münster 2008, S. 201 ff.

[68] S. Netenjakob: Eberhard Fechner, S. 175.

[69] Vgl. Keilbach: Geschichtsbilder und Zeitzeugen, S. 214f.

In gewisser Weise ähnlich zu Brechts Szenenfolge „Furcht und Elend des III. Reiches" entfaltet „Der Prozeß" ein Panorama an Reaktionen und Verhaltensmustern gegenüber den NS-Gewaltverbrechen und ihrer strafrechtlichen Verfolgung. Brecht bezeichnete seine montierte Folge autonomer Szenen allerdings deswegen als „gestentafel", weil er, wie er in seinem „Arbeitsjournal" festhielt, „eben die Gesten des Verstummens, Sich-Umblickens, Erschreckens usw."[70] unter den Bedingungen der NS-Diktatur sichtbar machen wollte. In Fechners Inszenierung sind die Bildausschnitte jedoch so eng komponiert, dass der gestische Ausdruck aller Aussagenden eingeschränkt ist. Auch durch die Wahl der visuellen Mittel der Repräsentation wird somit auf eine emotionalisierende Vermittlung der Erfahrungen im Lager Lublin-Majdanek oder während des Gerichtsverfahrens verzichtet. Diese Verfahrensweise lässt sich unterschiedlich bewerten: auf der einen Seite wird keiner der Aussagenden durch die Inszenierung „traumafiziert", wie es Keilbach insbesondere für spätere Repräsentationen von Zeitzeugen im Fernsehen als typisch herausgearbeitet hat,[71] und somit wird auch das Leid der Überlebenden nicht zum Zwecke einer emotionalen Überwältigungsstrategie funktionalisiert. Auf der anderen Seite wird durch die Bildkomposition jenen, die in „Der Prozeß" zum Sprechen aufgefordert sind, eine entscheidende Möglichkeit des individuellen Ausdrucks entzogen.

Die Gemeinsamkeit zwischen Dokumentation und Spielfilmen liegt indessen in der Betonung von gesprochener Sprache. In „Tadellöser & Wolff" werden durch die Übernahme der Kempowski'schen „Redemimisis" die Figuren in ihrem Sprachgebrauch ausgestellt – wohl in der Annahme, dass sie sich dabei ebenso verraten wie die Interviewten in den Dokumentationen, die er zuvor realisiert hatte (z. B. „Klassenphoto – Erinnerungen deutscher Bürger", NDR 1972). Fechners Adaption zeugt somit von einem großen Vertrauen in die Aussagekraft seiner Vorlage. Offenbar sah er sich nicht in der Position, die Arbeit des Schriftstellers Kempowski zuspitzend zu korrigieren. Dies ist ein zentraler Aspekt, der sein Adaptionskonzept vom dem seines früheren Mentors Egon Monk unterscheidet.

3. Der Formstreit um „Die Bertinis"

Die Verfilmung von Ralph Giordanos „Die Bertinis" versprach dem ZDF einen vergleichbaren Erfolg zu bescheren, wie die der Kempowski-Bücher. Wie diese provoziert auch Giordanos

---

[70] Große kommentierte Brecht-Ausgabe Bd. 26, S. 318.
[71] Vgl. Keilbach: Geschichtsbilder und Zeitzeugen, S. 162–166.

Roman eine ambivalente Rezeption, weil die Handlung zwar deutlich als fiktional ausgewiesen ist, aber leicht erkennbare Parallelen zur Biografie des Verfassers aufweist. Aus diesem Grund durften „Die Bertinis" auch als ‚authentisches Augenzeugnis' gelten. Im Unterschied zu Kempowski erzählt Giordano jedoch von der Verfolgungserfahrung einer von den Nazis zu Juden erklärten Familie, die – gerade so – in einem Kellerversteck überlebte. Er füllte damit seinerzeit, wie Heinrich Böll in seiner Rezension im „Spiegel" feststellte, eine Lücke in der Reihe autobiografisch konturierter Romane über die NS-Zeit aus.[72] Da die Geschichte zudem die erleichternde Rezeptionserfahrung des Überlebens der Portraitierten versprechen konnte, passte sie in doppelter Hinsicht in das Fernsehangebot zur Shoah, das das Programm der 1980er-Jahre dominierte.[73]

Fechners „Bertinis" waren als vierteilige Mini-Serie konzipiert. Wie sich anhand der überlieferten Drehbücher[74] erschließen lässt, reduzierte er dabei zunächst den Umfang der 800-Seiten-Erzählung; er tilgte die breit ausgeführte Vorgeschichte der Familie und lässt die Handlung im Jahr 1942 einsetzen, als die Bertinis bereits zu den systematisch durch den NS-Staat Verfolgten zählen. Ähnlich wie in „Tadellöser & Wolff" ist dieses in der Vergangenheit situierte Geschehen durch eine gegenwärtige Handlung gerahmt, in der ein Student auf dem Sperrmüll die Tagebücher von Roman Bertini findet und diese an Historiker weiter gibt. Passagen aus diesen fiktiven Dokumenten sollten stellenweise im Voice-Over eingesprochen werden. In diesem Vorhaben lässt sich eine Parallele zu Fechners zuvor umgesetzten Literaturadaptionen „Ein Kapitel für sich" (ZDF 1979) und „Winterspelt 1944" (1978) feststellen: der eingesprochene Text verdoppelt die Aussage, die bereits aus dem Bild hervorgeht.[75] Die Figurenreden weisen wieder viele Nuancen in Soziolekt und Dialekt auf. Fechner hebt damit entsprechende Anlagen des Romans hervor und verleiht ihnen mehr Gewicht: Während die Sprache des Vaters Alf Bertini von italienischen Idiomen durchzogen ist, drückt sich die Großmutter Recha Lehmberg nach Fechners Drehbüchern ausschließlich ‚jiddelnd' aus. Zudem lässt seine Auswahl von Situationen aus der Romanvorlage eine Be-

---

[72] Heinrich Böll: Warnung vor Deutschblütlern, in: Der Spiegel Nr. 18 vom 3.5.1982, S. 219–224.

[73] Vgl. Wulf Kansteiner: Ein Völkermord ohne Täter? Die Darstellung der „Endlösung" in den Sendungen des Zweiten Deutschen Fernsehens", in: Mosche Zuckermann (Hg.): Medien – Politik – Geschichte, Göttingen 2003 (= Tel Aviver Jahrbuch für deutsche Geschichte, Bd. 31), S. 253–286, hier S. 270 ff.

[74] Da Monk die Drehbücher Fechners zur Bearbeitung vorlagen, befinden sich diese heute noch in seinem Nachlass in der Akademie der Künste, s. Monk-Archiv Nr. 843 Teil 1, Nr. 844 Teil 2, Nr. 845 Teil 3 und Nr. 846 Teil 4.

[75] Zu seinen realisierten Filmen erläuterte Fechner, dass er damit „ironische Distanz" provozieren wollte. S. Fechner: Familiengeschichte als Zeitgeschichte, S. 43.

tonung ihrer spektakulärer angelegten Passagen erkennen: eher drastische Szenen von Folterungen, erotische Begegnungen in Bombennächten und eine Darstellung des sogenannten Hamburger Feuersturms, die ein hohes Maß an Aufwand während der Dreharbeiten bedeutet hätten. Der letzte Teil der Mini-Serie spielt, ebenso wie der Roman, in der unmittelbaren Nachkriegszeit und thematisiert u.a., wie die Familie Bertini weiterhin mit Antisemitismus konfrontiert ist.

Nachdem Fechner 1986 die Arbeit an seinen Drehbüchern abgeschlossen und bereits auch einen Teil seines kreativen Produktionsstabs bestimmt hatte, stellte sich heraus, dass er in Folge einer früheren Erkrankung nicht für den Zeitraum der Dreharbeiten versichert werden konnte. Daraufhin übernahm Monk auf Bitten seines Freundes sowie des ZDF-Fernsehspielleiters Heinz Ungureit das Projekt im September desselben Jahres.[76] Statt jedoch nur die vorliegenden Drehbücher an seine Vorstellungen anzupassen, wie es Fechner erwartet hatte, verfasste Monk fünf neue Drehbücher, mit denen er eine vollkommen andere Konzeption verfolgte. Monks 1988 im ZDF gesendeter Mehrteiler gewährt der Vorgeschichte der Familie Bertini breiten Raum und zeichnet detailliert ihre zunehmende Diskriminierung im Alltag bis zur Verfolgung und Deportationsdrohung nach. Die sich im Tempo suggestiv verlangsamende Erzählung endet schließlich mit dem Moment der Befreiung aus dem Kellerversteck. Auf diese Weise betont Monks Fassung den Aspekt der Verfolgung, während Fechner letztlich die Geschichte von Überlebenden erzählt hätte. Der weitere entscheidende Unterschied zwischen ihren Fassungen liegt darin, dass Fechner mit den „Bertinis" eine jüdische Familie portraitiert, von der einige Mitglieder im letzten Teil auf Grund der Verfolgungserfahrung ihre Bindung zum Judentum neu in ihr Selbstbild integrieren können. Monk hingegen entwirft den Modellfall einer Familie, die von den Nazis zu Juden erklärt werden, ohne den Zuschauern ein solches, versöhnlich auslegbares Angebot zu machen.

Als Fechner von Monks neuen Drehbüchern erfuhr, reagierte er gekränkt. Möglicherweise sah er sich von seinem Freund auch in ökonomischer Hinsicht ausgebootet oder gezielt in seinem Wirken gehindert, wie zuvor in der Kontroverse um den Sendetermin von „Der Prozeß", als er dem NDR „Zensur" vorwarf.[77] Da Monk wie Fechner als freier Autor und Regisseur

---

[76] Vgl. Egon Monk an Ralph Giordano vom 15.10.1986, 1 Bl., AdK Monk-Archiv Nr. 572, sowie Monk an Fechner 1989, 7 Bl., hier Bl. 2, AdK Monk-Archiv Nr. 641.

[77] Vgl. Thiele: Publizistische Kontroversen über den Holocaust, S. 360 ff. Vgl. auch Hißnauer/Schmidt: Wegmarken des Fernsehdokumentarismus, S. 259.

tätig war und seit der Ausstrahlung seiner Adaption von Lion Feuchtwangers „Die Geschwister Oppermann" (ZDF 1983) keinen weiteren Film realisiert hatte, liegt diese Vermutung gar nicht so fern. Monk saß bereits seit drei Jahren an dem Projekt „Die Ernennung", womit er die Vorgeschichte der nationalsozialistischen Machtübernahme erzählen wollte, tat sich aber schwer damit, diesen Stoff in ein realisierbares Drehbuch zu übersetzen.[78] Der Auftrag, die „Bertinis" zu verfilmen, war zumindest finanziell lukrativ. Gegen die Vermutung, dass Monk vorwiegend aus ökonomischen Erwägungen veranlasst war, neue Drehbücher zu verfassen, spricht jedoch, dass er Giordanos Roman als ungeeignet für die Verfilmung einschätzte[79] und laut seiner Tagebucheinträge Mühe hatte, aus dem „Endlos-Ragout"[80] jene klare Linie zu formen, die er an Fechners Fassung vermisste.[81] Nach meinem Dafürhalten ist die Auseinandersetzung um „Die Bertinis" daher in erster Line als Formstreit zu werten. Der Streit um das Projekt spitzte sich weiter zu, als Monk – der eine Aussöhnung für möglich hielt – Fechner im Juni 1987 seine Drehbücher zuschickte, mit der Bitte, die Rolle des deutschnationalen Untermieters Eitel-Fritz Hackenroth zu übernehmen.[82] Hier müssen Fechner die fundamentalen Unterschiede zwischen ihren Versionen klar geworden sein. Er antworte nicht mehr Monk, sondern der Presse: „An den ‚Bertinis' zerbrach eine Freundschaft", titelte daraufhin im August 1987 ein Beitrag in der Programmzeitschrift „Gong".[83] Nach der Ausstrahlung der „Bertinis" im Frühjahr 1989 bekräftigte Fechner diese Aussage in einem Interview gegenüber dem „Stern TV Magazin" und gab zu erkennen, dass er sich von Monk persönlich verraten fühlte.[84] Nun seinerseits gekränkt, antwortete Monk darauf am 7. März 1989 mit einem siebenseitigen Brief.[85] Hierin versicherte er, dass er nicht mit der Voraussetzung an die Arbeit gegangen sei, die Drehbücher grundlegend zu ändern. Es sei ihm jedoch nicht möglich gewesen, für ihre „verschiedenen Konzeptionen wenigstens partienweise einen gemeinsamen Nenner zu finden."[86] Konkret warf Monk seinem Freund

---

[78] Vgl. Schumacher: Realismus als Programm, S. 273 ff.
[79] Egon Monk: Tagebuch vom 10.9.1986, AdK Monk-Archiv Nr. 1898.
[80] Ebd., 28.11.1986.
[81] Ebd., 3.9.1986.
[82] Monk an Fechner 1987, AdK Monk-Archiv Nr. 641.
[83] Dieter Feder: An den „Bertinis" zerbrach eine Freundschaft, in: Gong vom 8.8. bis 14.8.1987, S. 15.
[84] Sven Michaelsen: Die Besessenheit eines Spurensuchers, in: Stern TV Magazin Nr. 5 vom 26.1.1989, S. 6–8, hier S. 8.
[85] S. Monk an Fechner 1989, Bl. 2 und 6.
[86] Ebd., Bl. 5.

vor, für die Adaption der „Bertinis" eine naturalistische Form gewählt zu haben: „Anders als im Fall Deiner Filme nach Kempowskis Romanen, [...] ließen sich ‚Die Bertinis', Chronik des Alltags einer verfolgten Familie in Hitlers Drittem Reich [!], nicht mit der Technik Hauptmanns, Halbes oder Sudermanns erzählen", erläuterte er in seinem Brief. Das „Funktionieren des SS-Staates" könne aber auf diese Weise „weder erfasst noch wiedergegeben werden".[87] Von einem bekennenden ‚Brecht-Schüler' ist das als ein ziemlich schwerer Schlag zu werten, der Fechner entsprechend getroffen haben muss, zumal er sich konzeptionell mit Monk auf einer Line wähnte. In seinem Text für das ZDF-Begleitbuch zitierte er nicht nur Monks Definition von Realismus, er unterstrich auch: „Der in diesen Zitaten bezeichnete und meinen künstlerischen Absichten entsprechende Realismusanspruch war für mich die Klammer, die die Arbeit an ‚Tadellöser & Wolff' mit der meiner bisherigen Filme verband."[88]

Monk hat sich zu Fechners Arbeit nie öffentlich geäußert. Die Notizen, die seinen Bearbeitungsprozess dokumentieren, geben jedoch zu erkennen, dass er Fechners Spielfilmdrehbüchern generell kritisch gegenüberstand. In seinem Tagebuch bezeichnete er sie als „[…] kuddelig. Ein ausgeschütteter Eimer voll Wirklichkeit".[89] Auch hier knüpft Monks Kritik an Brechts Ablehnung naturalistischer Darstellungsverfahren an, wobei Fechners Figurenzeichnung eine zentrale Rolle spielt. Während Monk diese in Giordanos Vorlage bereits „bis ins Denunziatorische" überspitzt schien[90], fand er dieses Moment in Fechners Drehbüchern noch weiter gesteigert. Ähnliches hat auch Kempowski zur Verfilmung seiner Bücher angemerkt.

Die Zusammenarbeit zwischen Kempowski und Fechner wird in der Literatur als besonders glücklich beschrieben. Bernd Kiefer charakterisiert ihre Beziehung gar als „Wahlverwandtschaft".[91] Im Interview mit Manfred Durzak berichtete Kempowski allerdings auch von Unstimmigkeiten, die sich vor allem darauf bezogen, dass Fechner nach Ansicht des Schriftstellers dazu neigte, einzelne Figuren und Situationen plakativ zu inszenieren.[92] So

---

[87] Ebd.
[88] Fechner: Familiengeschichte als Zeitgeschichte, S. 35 f.
[89] S. hierzu Egon Monk: Tagebuch vom 3.9.1986, AdK Monk-Archiv Nr. 1898.
[90] Ebd., 1.10.1986.
[91] S. Bernd Kiefer: Ein Kapitel bürgerlicher (Fernseh-)Geschichte. Zur Wahlverwandtschaft von Walter Kempowski und Eberhard Fechner, in: Hagestedt (Hg.): Walter Kempowski, S. 261–274.
[92] Manfred Durzak: Die Ergänzung der Literatur durch die Fernsehadaption. Gespräch mit Walter Kempowski, in: Literatur auf dem Bildschirm. Analysen und Gespräche mit Leopold Ahlsen, Rainer Erler, Dieter Forte, Walter Kempowski, Heiner Kipphardt, Wolfdietrich Schnurre und Dieter Wellershoff, Tübingen 1989, S. 197–210, hier S. 205.

ließ der Regisseur beispielsweise in einer Szene von „Tadellöser & Wolff", in der die Jugendlichen segeln gehen, das Boot mit einer Hakenkreuzfahne ausstatten. Kempowski monierte, dass in der Realität niemand an einem Feriennachmittag eine solche Fahne gehisst haben würde, woraufhin Fechner darauf bestanden haben soll, dass man (im Film) „unbedingt auch einmal eine Hakenkreuzfahne zeigen" müsste.[93]

In dieser Anekdote deutet sich ein bemerkenswertes Merkmal von Fechners ästhetischem Konzept an, das Monk übersieht und für das auch Fechner nicht öffentlich einstand: eine Anknüpfung an Strategien des populären Erzählens im Spielfilm, die sich auch als ‚Mainstream-Realismus' fassen lassen. So sind seine „Bertini"-Drehbücher auch nicht wie ein naturalistisches Drama, sondern nach dem Fünf-Akt-Schema strukturiert. Anstatt die für realistisches Erzählen typischen „funktionslosen Details" zu integrieren, die den „Wirklichkeitseffekt" evozieren, hat hier jedes erzählte Ereignis eine Funktion.[94] Darüber hinaus sind Fechners Drehbücher spannungsorientiert, mit *Cliffhangern* zwischen den Folgen und aufwändig zu inszenierenden Katastrophenszenen, und zugleich auf eine ‚einfache Lesbarkeit', also die schnelle Erfassung von Situationen angelegt.[95] Da gewisse Merkmale des Naturalismus wie z.B. mundartliche Dialogkompositionen und eine Tendenz zur Psychologisierung von Figuren jedoch in den filmischen Mainstream-Realismus übergegangen sind, schlägt Monks Diagnose hier nicht gänzlich fehl.

4. FECHNERS ÄSTHETISCHES KONZEPT

In der Anknüpfung an populäres Erzählen liegt nicht nur ein Unterschied zwischen den Konzepten von Fechner und Monk, sondern auch zwischen Fechners Spielfilmen und Dokumentationen. Es ist nicht dasselbe Konzept. Die „verbindende Klammer" zwischen Fechners Dokumentar- und Spielfilmkonzept sehe ich in der Sprache, die ihm offenbar geeignet schien, die Mentalität der Portraitierten zu entlarven – seien sie nun lebendige Menschen oder fiktive Figuren, während er als vermittelnde Instanz scheinbar selbst in den Hintergrund tritt. Dieses Moment, das in vielen Analysen zu Fechners Werk hervorgehoben wird,[96]

---

[93] Ebd.

[94] Barthes: Der Wirklichkeitseffekt, S. 170 f. Vgl. Guido Kirsten: Die Liebe zum Detail. Bazin und der „Wirklichkeitseffekt" im Film, in: montage/AV 18,1 (2009), S. 141–162, hier S. 148.

[95] Jens Eder: Dramaturgie des populären Films. Drehbuchpraxis und Filmtheorie, Münster u.a. 1999.

[96] Emmelius: Fechners Methode, S. 267; Thiele: Publizistische Kontroversen über den Holocaust, S. 366 f. Kritisch hierzu Hißnauer/Schmidt: Wegmarken des Fernsehdokumentarismus, S. 250 f.

sehe ich in der Literaturadaption „Tadellöser & Wolff" stärker vertreten als in der Dokumentation. In „Der Prozeß" spricht Fechner zwar nicht im buchstäblichen Sinne. Durch die Montage der Aussagen schreibt sich jedoch deutlich – im Einklang mit Brecht – die Haltung des Bearbeiters zu dem Gesagten ein. In der Literaturadaption hingegen verfolgt Fechner letztlich ein werktreues Adaptionskonzept – bis zu jenem Punkt, an dem er Ergänzungen vornimmt, die seines Erachtens den Zuschauern das Verständnis erleichtern. Er stellt dem Autor aber keine kritische Stimme im Sinne der didaktischen Lenkung der Zuschauer entgegen. Auf diese, an die konstatierende Erzählhaltung des Neorealismus anschlussfähige Verfahrensweise bezieht sich, was Monk von ihm forderte. In einem weiteren Brief von Monk aus dem Jahre 1989, den er allerdings nicht mehr versandte, formulierte er: „Ich habe doch kein Original beiseitegelegt bzw. auf den Müll geworfen, sondern eine Meinung über den einzuschlagenden Weg bei der Umwandlung eines vorgegebenen Stoffs in einen Film".[97] Seine Kritik wurde damit jedoch kaum abgeschwächt, denn im Prinzip tadelte er Fechner dafür, der Aufgabe als Bearbeiter nicht nachgekommen zu sein: nämlich die Vorlage im Zuge der Adaption zu korrigieren, wie er es bei Brecht gelernt hatte und Fechner offenbar bei ihm selbst gelernt haben sollte. Nach Fechners Intentionen fragte er auch in diesem Briefentwurf nicht.

---

[97] Monk: Briefentwurf, Bl. 1, AdK Monk-Archiv Nr. 641.

Portrait Eberhard Fechner 1991.

Die Comedian Harmonists, 1976.

SIMONE EMMELIUS

„Morgen muss ich fort von hier"
Die Comedian-Harmonists

Es sind großartige Filme, die Eberhard Fechner uns hinterlassen hat, aber es sind nicht nur angenehme Filme. Sie muten uns Themen und Sichtweisen zu, denen wir vielleicht gerne aus dem Weg gehen würden. Sie verlangen uns etwas ab – nicht zuletzt eine Haltung, einen eigenen Standpunkt. Und so folgen wir Zuschauer diesem Filmemacher willig bis zum Ende des Films! Wie er das schafft, den Zuschauer zu packen und ihn nicht mehr loszulassen, möchte ich am Beispiel des Films „Die Comedian Harmonists"[1] zeigen. Ich habe diese Produktion aus zwei Gründen ausgewählt. Erstens: Sie ist prototypisch für „Fechners Methode", seinen künstlichen Dialog über Zeit und Raum. Und zweitens: Die „Comedian Harmonists" sind einzigartig im Hinblick auf den Einsatz von Musik. Dabei ist die Verwendung von Musik in dem Film nicht einfach ein Reflex auf das gewählte Sujet einer Gruppe von Musikern, sondern sie erhält durch die dramaturgische Setzung und die poetische Durchformung eine konstitutive Bedeutung für Rezeptionsbereitschaft wie Rezeptionsweise.

FECHNERS METHODE

Es ist seine ganz besondere dramaturgische Herangehensweise, die Fechners Dokumentarfilme einzigartig macht: der konstruierten Dialog, das Gespräch über Zeit und Raum. Hierfür löst Fechner die Aussagen seines Interviewpartners aus dem ursprünglichen Verlauf des Interviews und gruppiert sie kontextbezogen mit den Aussagen weiterer Befragter zu einem vermeintlichen Gespräch, zu einer gestalteten Geschichte mit wechselnden Stimmen. Fechners inhaltliches Ziel war es, individuelle Schicksale zu einem Generationserlebnis zu verdichten und mit jedem weiteren Film einen neuen Baustein der von ihm angestrebten „Chronik des 20. Jahrhunderts" zu schaffen. Er selbst befindet sich mit der Montage seiner Gesprächsfilme in einer ähnlichen Situation wie später der Zuschauer: Er muss Bezüge er-

---

[1] Comedian Harmonists. 2-teiliger Dokumentarfilm im Auftrag des NDR. Erstsendung: 29. und 31. Mai 1977. Buch und Regie: Eberhard Fechner, Kamera: Rainer Schäfer, Schnitt: Brigitte Kirsche. Die Aussagen der Mitwirkenden im Film werden zitiert nach Filmprotokollen der Verfasserin.

kennen, Widersprüche aufdecken, Urteile fällen, sich entscheiden. Aber er muss – im Gegensatz zum Zuschauer – das Ergebnis seiner Arbeit in einem neuen Aggregatzustand dramaturgisch gestaltet, offen für die Eigenleistung des Zuschauers und dennoch nicht beliebig in der Richtung des Rezeptionsergebnisses. Eine wichtige Voraussetzung für das Gelingen dieser Absicht ist der Bau, die Konstruktion des Films. Bei den „Comedian Harmonists" – einem Zweiteiler von jeweils 95 Minuten Spieldauer – sind drei ineinander verwobene Montagelinien erkennbar, nämlich ein historisch-chronologischer, ein konzentrischer sowie ein spiegelbildlicher Aufbau:

(1) Die Geschichte der Gruppe wird in ihrer *historisch-chronologisch „richtigen" Reihenfolge* erzählt. Die zeitliche Abfolge und die historischen Hintergründe sind quasi der rote Faden, auf dem die individuellen Erlebnisse aufgereiht sind. Allerdings treten die historischen Geschehnisse in der Mitte des gesamten Films immer wieder in den Vordergrund. Gerade mit dieser Schwerpunktverschiebung von individueller auf die vom Einzelnen scheinbar nicht steuerbare Zeitgeschichte gelingt es Fechner, den Unterschied zwischen Grund und Ursache herauszukristallisieren. Das Scheitern der Comedian Harmonists hatte seinen Grund im Berufsverbot der Reichskulturkammer, seine Ursache allerdings darin, dass Einzelne ihren persönlichen Vorteil vor die gemeinsame Sache stellten.

(2) Entlang der chronologischen Linie fasst Fechner Ereignisse in einem *konzentrischen Aufbau* in größeren Kapiteln zusammen und gruppiert sie zu Lebens-Abschnitten. Dabei wird ein Thema von verschiedenen Seiten beleuchtet, die eigentlich unterschiedlichen Schicksale der jeweiligen Gruppenmitglieder werden also quasi als „Variation des gleichen" auf einen gemeinsamen Bezugspunkt hingeführt wie die Kindheit oder die Einberufung zum Militär. Fechner schafft gerade mit dem konzentrischen Aufbau die Voraussetzung beim Zuschauer, unterschiedliche Haltungen oder Aussagen bereits in Kleinigkeiten zu registrieren und darüber zu einer Reflexion über den „Wahrheitsgehalt" des Gehörten zu gelangen.

(3) In einer dritten Form, einem *spiegelbildlichen Aufbau* hat Fechner seinen Stoff ferner über zwei Sendungs-Folgen so strukturiert, dass der Zuschauer den biografischen Prozess der Musiker vom Individuum zum Gruppenmitglied und wieder zurück zum Individuum mitvollziehen kann. Während zu Beginn beispielsweise jeder relativ ausführlich und monologisch sein eigenes „Vorleben" erzählen kann, verdichtet sich gegen Ende der ersten Folge zunehmend die Kontroverse zu ein und demselben

Thema: der Zuschauer erlebt die Multiperspektivität eines Ereignisses als Ergebnis mehrerer individueller Wahrnehmungen. Der zweite Teil, der zu Beginn noch einmal auf die gemeinsamen Zeiten rekurriert, zeigt das Auseinanderdriften der Gruppe bis zur völligen Separierung der einzelnen Gruppenmitglieder am Schluss. Und so, wie am Beginn des ersten Teils jeder seine individuelle Einschätzung der Comedian Harmonists formulieren durfte, klingt der Film nach einer dialogisch verdichteten Kontroverse über gemeinsame Erlebnisse der Gruppe aus mit einer individuellen, monologischen Bilanz.

Die Verflechtung der drei verschiedenen, sich aber ergänzenden Montageprinzipien von chronologischem, konzentrischem und spiegelbildlichem Aufbau in den „Comedian Harmonists" ist eine zentrale Ursache für die Intensität des Filmerlebnisses beim Zuschauer.

DER EINSATZ VON MUSIK

Nun ist Struktur allein noch lange kein Garant für Rezeptionsbereitschaft des Zuschauers. Deshalb zurück zur Erzeugung einer Bereitschaft, sich mit unbekannten, abseitigen, vielleicht auch unangenehmen Themen zu beschäftigen. Aus der Rezeptionsforschung wissen wir, dass Menschen unbewusst Informationen aussortieren, die nicht in ihr Weltbild und Wertgefüge passen und nur das wahrnehmen, was ihre Meinung bestätigt. Erreichbar für Neues, auch für Unbequemes, sind wir vor allem über unsere Emotionen. Eberhard Fechner war sich dieser Wechselwirkung und der Bedeutung für seine Arbeit sehr bewusst. Er selbst hat seine Zeit als Regieassistent bei Giorgio Strehler (1921-1997) am Piccolo Teatro in Mailand als künstlerisches Schlüsselerlebnis empfunden: „Diese Mischung aus Didaktik und Ästhetik, alles, was ich ununterbrochen probiere, alles, was ich tue, was ich für mein Berufsleben gelernt habe, habe ich von Strehler gelernt."[2]

Das Zusammenwirken von Didaktik und Ästhetik, Ratio und Emotion – eine gute Ausgangsbasis, um sich dem zuzuwenden, was die „Comedian Harmonists" zu einem einzigartigen Dokumentarfilm im Schaffen Eberhard Fechners macht: die Musik! Natürlich ist die Musik für das gewählte Sujet ein zwangsläufiges und unverzichtbares Gestaltungselement. Im Verbund mit Bildern und verbalen Aussagen wirkt die Musik jedoch weit darüber hinaus vor allem als stimmungsbildendes, poetisches Element des Films. Sie transportiert und evoziert Emotionen und öffnet den Zuschauer in seiner Rezeptionsbereitschaft. Sie macht den

---

[2] Egon Netenjakob: Eberhard Fechner. Lebensläufe dieses Jahrhunderts im Film. Weinheim und Berlin 1989, S. 204.

abstrakten Begriff „Kultur" sinnlich erfahrbar, der für die Geschichte der Comedian Harmonists konstitutiv ist.

In welchem Maß allerdings die Musik nicht nur zur akustischen Atmosphäre des Films beiträgt, sondern weit darüber hinaus eine tragende inhaltliche und dramaturgische Funktion hat, zeigt bereits die Exposition des Films. Die ersten Bilder der „Comedian Harmonists" zeigen eine Frau im Profil, die einer Musik zuhört, Männerstimmen, vom Klavier begleitet singen „Wo ist mein Baby, [...]", die Frau wendet sich frontal der Kamera zu, breitet die Arme aus – sie öffnet sich der Kamera, der Titel des Films erscheint:

Comedian Harmonists.

Sechs Lebensläufe

Ein Film von

Eberhard Fechner

Der Titel verschwindet, die Frau lauscht weiter der Musik, die Kamera fährt aus der halbnahen in die Naheinstellung: die Frau weint.

Am Schluss der ersten Folge dieser zweiteiligen Produktion – im Kontext des Berufsverbots für die Gruppe – wird wieder Musik zu hören sein, und es ist der Zuschauer, der dann mit den Tränen kämpft. Und zentral in die Film-Mitte platziert Fechner einen weiteren, hochemotionalen, mit Musik verschränkten Moment: Ari Leschnikoff beschreibt den ersten Erfolg der Comedian Harmonists – ein klatschendes, tobendes Publikum, der Zuschauer hört den Einsatz von Klaviermusik – er selbst in Tränen aufgelöst vor Glück über den Erfolg – und dann setzt der Gesang ein „In einem kühlen Grunde...". Wie zu Beginn und am Schluss lässt Fechner nach der Einordnung der Situation die Musik offen stehen und so ungehemmt auf den Zuschauer wirken.

Fechner besetzt also die dramaturgischen Angelpunkte der ersten Folge – Anfang, Mitte und Ende – in dieser Weise emotional. Er erreicht damit nicht nur eine punktuelle „Poesie des Augenblicks", sondern etabliert eine atmosphärische Stimmung, die als Grundton über dem gesamten Film liegt. Fechner verstärkt diesen Effekt noch. „In einem kühlen Grunde [...]" markiert nicht nur den Beginn einer musikalischen Karriere, sondern nimmt ihr Ende bereits vorweg. Denn aufgrund der großen Popularität dieses Liedes kann zumindest bei einem Teil der Zuschauer der volksliedhafte Text Joseph von Eichendorffs als bekannt vorausgesetzt werden: „Sie hat mir Treu versprochen [...] Sie hat die Treu gebrochen [...] ich möcht am liebsten sterben, da wär's auf einmal still.", endet der Film folgerichtig mit den letzten beiden Strophen des Liedes.

Zurück zur Exposition: Mit einer einzigen Einstellung am Anfang des Films – der beim Hören einer Schallplatte der Comedian Harmonists weinenden Marion Kiss – hat Fechner den Plot skizziert: Es geht um Musik, um eine Gruppe Männer, es sind Erinnerungen, und es ist eine traurige Geschichte. Harter Schnitt: vier Männer, in Groß- bis Nahaufnahme fotografiert, äußern sich über die Comedian Harmonists. Der erste hebt die großen Erfolge hervor, der zweite das menschliche und berufliche Harmonieren der Gruppe, der dritte die musikalische Präzision und Perfektion, der letzte sagt, er habe die Menschen glücklich gemacht. Aber nicht nur die Inhalte unterscheiden sich, auch die Stimmlagen, ferner die Diktion – vom berlinernden Bass über ein jiddisch eingefärbtes Deutsch mit amerikanischen Versatzstücken, vom norddeutschen Akzent bis hin zum radebrechenden Deutsch mit einem starken slawischen Einschlag. Vier alte Männer benennen das Phänomen „Comedian Harmonists" – und jeder sieht anders aus, bei jedem hört es sich anders an.

Im Folgenden werden die Mitglieder des Ensembles optisch und akustisch vorgestellt. Parallel zur optischen Vorstellung der einzelnen Mitglieder hat Fechner ihre akustische Vorstellung montiert. Während der ganzen Zeit ist ein Lied zu hören. Die Mitglieder der Gruppe wechseln als Solisten in der Reihenfolge ihrer optischen Präsenz für den Zuschauer. Im Fall der noch lebenden Mitglieder sieht man sie, ihrem eigenen Gesang lauschend, zum Teil mitsingend, ihn kommentierend.

Im letzten Teil der Exposition erfährt der Zuschauer, wie die einzelnen Mitglieder zu den Comedian Harmonists kamen. Die Montage der Exposition schafft in einer ungeheuren Vielfalt und Komplexität eine Einstimmung auf das, was den Zuschauer im Folgenden erwartet. Er weiß, wie die Protagonisten der Geschichte aussahen, wie sie heute aussehen, ob sie bereits gestorben sind, welche Funktion sie innerhalb des Ensembles hatten, er hat einen Eindruck von ihrer Sicht auf die Dinge. Das Konfliktpotential und die Rollen der Einzelnen sind bereits angelegt. Die Montage bereitet auf der inhaltlichen Ebene vor, sie macht aber auch schon die formale Gestaltung mit ihren zahllosen Verschränkungen und Verflechtungen von Bildern, Überblendungen, Tonüberlappungen usw. erkennbar. Und sie etabliert die dritte Säule des Films: die Atmosphäre – eine Stimmung zwischen Nostalgie, Erinnerung und nüchterner Bilanz. Darüber hinaus gibt sie dem Zuschauer eine Vorstellung vom Stellenwert der zu erzählenden Geschichte. „Die Gruppe, die alte Gruppe, wir hätten die Welt erobert, wir hätten die ganze Welt erobert, größer noch wie die Beatles waren [....]", sagt Roman Cycowski im Film.

Der Einsatz von Musik in diesem ersten Kapitel hat vornehmlich illustrierenden Charakter. So sind im Zusammenhang mit dem amerikanischen Vorbild, den „Revellers", Aufnahmen eingespielt, die dem Zuschauer einen Eindruck vermitteln sollen. Gleichzeitig – und durch die verbale Information gestützt – sollen sowohl der Vorbildcharakter für die Comedian Harmonists wie die Diskrepanz zum bis dato üblichen Liedvortrag deutlich werden. Bemerkenswert ist, wie Fechner die Wirkung der Musik entwickelt. Mit Ari Leschnikoffs Hinweis auf das amerikanische Gesangsquartett setzt die Musik ein, sie ist allerdings dem gesprochenen Wort als „Atmo" unterlegt. Erst als Roman Cycowski kurz darauf die Verbindung zu den Comedian Harmonists herstellt und den Namen der Revellers nennt, lässt Fechner die Musik offen stehen und unterstützt dies optisch durch den Umschnitt auf ein Foto der Musiker. Danach erneuter Umschnitt auf Cycowski. Erwin Bootz' anschließender Hinweis auf typische deutsche Quartette ist immer leiser werdend untermalt vom amerikanischen Gesang. Schließlich wird die Musik ganz ausgeblendet, bevor Robert Biberti auf die spätere Wirkung der Comedian Harmonists zu sprechen kommt.

Nur noch an zwei weiteren Stellen setzt Fechner im ersten Kapitel Musik ein. Einmal, um Erwin Bootz' für den Laien etwas abstrakte Beschreibung von Erich Collins stimmlichen Qualitäten zu verdeutlichen. Und ein zweites Mal, wenn Marion Kiss über Ari Leschnikoff sagt, dass er „eine wunderbare, zarte kleine, aber wunderbare Stimme gehabt hat" und das „D über dem hohen C" singen konnte. Wie bereits bei dem Beispiel mit den Revellers lässt Fechner die Musik zunächst als Hintergrund-Atmo laufen, bevor er sie am entscheidenden Punkt offen stehen lässt und sie danach wieder langsam ausblendet.

DIE FUNKTION DER MUSIK

Musik hat in den „Comedian Harmonists" vor allem die Funktion, einen auf der optischen und verbalen Ebene hervorgerufenen, „rationalen" Erkenntnisprozess über die emotionale Schiene überhaupt erst zu initiieren. Mehr noch: Emotionen sollen das rationale Erkennen absichern, ergänzen und damit vervollständigen. Aufzeigen lässt sich dies beispielsweise an der umfangreichen Musikmontage im letzten Drittel der ersten Folge des Films, als die Comedian Harmonists den Höhepunkt ihrer Karriere erreicht haben. Anhand von Fotos und Liedern kann der Zuschauer die Stationen der Laufbahn der Comedian Harmonists nachvollziehen. Den Durchbruch markiert ein akustisches Signal „Ratatata – Einmal schafft's jeder [...]". Die Rolle der Frauen im Leben der Comedian Harmonists wird über einer Montage ihrer Fotos mit dem Lied „Die Liebe kommt, die Liebe geht [...]" vorweggenommen.

Die Lieder der glücklichen Zeit heißen „Wochenend und Sonnenschein" oder „Ein Freund, ein guter Freund", dazu sind Bilder der vielen Konzertreisen zu besichtigen. Das Ende des gemeinsamen Auftretens wird musikalisch bereits angedeutet durch die Auswahl des Abend-Liedes „Guter Mond, du gehst so stille[...]". Und mit „Das ist die Liebe der Matrosen" schließt Fechner den Kreis, führt an den Ausgangspunkt zurück, denn die Geschichte der Comedian Harmonists soll ja noch ausführlich erzählt werden.

Die aufgezeigten Beispiele machen deutlich, dass Fechners Filmmusik funktionalen Charakter hat. Mehr noch: Film und Musik werden methodisch verklammert, die Musik wird als zur Handlung gehörendes Element einem „musikalischen Drehbuch" folgend eingesetzt. So finden sich beispielsweise auch im zweiten Teil des Films Musikmontagen im Zusammenhang mit der Darstellung der Nachfolgetruppen, die nach dem gleichen „Bauplan" strukturiert sind und auch die gleiche inhaltliche Funktion erfüllen.

Fechner bestätigt dies in einem Gespräch mit dem Musikwissenschaftler Norbert Jürgen Schneider: „Der Film hat mir einen Heidenspaß gemacht, denn wir haben richtige Bildsequenzen erfunden, um die Musik in den Film zu bringen. Wir haben Fotomontagen, Plakate, Karikaturen usw. zu kleinen Komplexen komponiert und dazu die Musik unterlegt. Musik war hier sozusagen auch der Auslöser des ganzen Films. [...] – die Bilder waren natürlich auf die Musik geschnitten. Ein bißchen greift allerdings auch das eine in das andere: Bild/Ton sind gleichberechtigt nebeneinander und führen in jeweils unterschiedlichem Maße."[3]

Ein anderer Musikwissenschaftler, Hansjörg Pauli, hat drei Kategorien ermittelt, auf die die unterschiedlichen Beziehungen zwischen Bild und Musik zurückzuführen sind:

1. Bei einer paraphrasierenden Verwendung von Musik leitet sich der Charakter der eingesetzten Musik unmittelbar aus den Bildinhalten ab, zumeist eine Begleitmusik, die mittels imitativer Symbolik die akustische Ebene musikalisch-rhythmisch verdoppelt (z.B. eine Kirche von außen und dazu Orgelmusik).
2. Polarisierend wirkt eine Musik, die durch ihren eindeutigen Charakter mehrdeutige Bilder in eine bestimmte Ausdrucksrichtung drängt (ambivalente Landschaftsbilder erscheinen z.B. durch den Einsatz einer heiteren Musik in ihrer Grundstimmung ebenfalls heiter).

---

[3] Norbert Jürgen Schneider: Handbuch Filmmusik II. Musik im dokumentarischen Film, München 1989, S. 265-266.

3. Eine kontrapunktierend eingesetzte Musik ist ihrem Ausdruck nach eindeutig und widerspricht den ebenfalls eindeutigen Bildinhalten. Es entsteht ein Spannungsverhältnis zwischen beiden Wahrnehmungsebenen (z.B. Bilder einer Hochzeit und dazu Händels „Largo").[4]

Für alle drei Einsatzmöglichkeiten finden sich in den „Comedian Harmonists" zahlreiche Belege. Gute Bespiele für eine paraphrasierende Verwendung sind z.B. der Musikeinsatz im Rahmen der Exposition zur optischen und akustischen Vorstellung der Gruppemitglieder oder aber das musikalische Zitat aus „Mein kleiner grüner Kaktus", mit dem Bootz' Beschreibung der stimmlichen Qualitäten Erich Collins illustriert wird.

Kommentierend wirkt Musik hingegen, wenn Fechner die Fotos der künftigen Ehefrauen mit dem Titel „Die Liebe kommt, die Liebe geht" unterschneidet oder Bilder von Konzertauftritten je nach Kontext mit Liedern wie „Einmal schafft's jeder" oder „Gib mir den letzten Abschiedskuss" kombiniert. Hier weist die Musik die Richtung für die künftige Entwicklung, sie nimmt zum Teil bereits vorweg, was kommen wird oder sie untermauert den verbalen Kontext, indem sie die optische Ebene akustisch konkretisiert und auf eine Aussage hin präzisiert.

Ein weiteres herausragendes Beispiel für einen derart kommentierenden Musikeinsatz ist die bereits erwähnte Bild- und Musikcollage, die den Höhepunkt des Erfolgs der Gruppe markiert in ihrer Gesamtheit, weil sie anhand von Fotos und Liedern den Bogen über die Erfolgsgeschichte der Comedian Harmonists bis zum Ende der Gruppe spannt. Dabei ist es die Musik, die den Bildern hauptsächlich den chronologischen Verlaufscharakter zuweist. Dies geschieht einmal inhaltlich, indem Fechner zu Beginn der Collage das Lied „Einmal schafft's jeder [...]" ausgewählt hat, das den Durchbruch der Gruppe markiert, während er im Mittelteil neben heiteren Stücken wie „Veronika, der Lenz ist da" oder „Wochenend und Sonnenschein" bereits erste „Fußangeln" platziert. „Ein Freund, ein guter Freund [...]" ist da zu hören und eben „Die Liebe kommt, die Liebe geht". Beide Lieder bezeichnen den Lebensabschnitt der Gruppe auf dem Höhepunkt des Erfolges, sie markieren aber im übertragenen Sinne bereits die Ursache des Zerfalls. Auch das Hintereinanderschneiden von „Guter Mond, du gehst so stille [...]" und dem schmissigen „Das ist die Liebe der Matrosen" weist den Bildern innerhalb dieser Chronologie den Ausdruck jener zwiespältige Stimmung

---

[4] Hansjörg Pauli: Filmmusik: Geschichte, Funktion und Ästhetik. Fünfteiliges Rundfunkmanuskript WDR III, 1975, zitiert nach: Hans-Christian Schmidt: Musik in den Massenmedien Rundfunk und Fernsehen. Perspektiven und Materialien, Mainz 1976, S. 126-169.

zu, in der sich die Gruppe mit Beginn der internen und später auch von außen an sie herangetragenen Differenzen bis hin zur Trennung befunden hat.

Für den Zuschauer ist diese Vorschau auf die erst noch zu erzählende Geschichte nicht in Gänze entschlüsselbar. Sie erschließt sich in ihrem vorwegnehmenden, die Ereignisse zusammenfassenden und interpretierenden Charakter erst im Verlauf des Films. Insofern ist diese Montage ein gutes Beispiel dafür, wie Fechner in seinen Filmen immer wieder die Wahrnehmung des Rezipienten schärft (und lenkt), indem er optische und akustische Akzente setzt, Angelpunkte gezielt emotional besetzt und die Voraussetzung schafft für das Erarbeiten von Einsichten.

In diesem Zusammenhang ist von Bedeutung, dass die Musik gerade in einer solchen Collage den Fluss der Handlung überhaupt erst herstellt, weil sie durch ihren kontinuierlichen, linearen Verlauf in der Lage ist, Sprünge auf der optischen Ebene zu mildern oder zu verdecken. Vice versa kann eine durchlaufende Filmeinstellung einen Schnitt auf der akustischen Ebene für den Rezipienten weniger wahrnehmbar werden lassen. Die bereits angeführte Collage zeigt also anhand der Schnittfolge auf der filmischen ebenso wie auf der akustischen Ebene, wie Fechner sich dieser Möglichkeit bedient hat.

Herausragendes Beispiel für eine kontrastive Verwendung von Musik ist der Schluss der ersten Folge des Films. Zeile für Zeile läuft dort der Brief der Reichsmusikkamer vor dem Auge des Zuschauers ab, der das amtliche Verbot der „Comedian Harmonists" zum Inhalt hat. Mit einem optischen Trick gibt Fechner diesem Schreiben noch eine gewisse zeitliche Dimension, indem er die gerade zu lesende Briefzeile deutlich lesbar hervorhebt, die jeweils vorangegangene (= Perfekt) und die folgende (= Futur) Zeile hingegen etwas abgedeckt, aber immer noch lesbar mit im Bild hat. Im Prozess des Lesens kann sich so der Zuschauer immer wieder des sich in seiner Auswirkung und in seinen Formulierungen eskalierenden Charakters des Briefes versichern. Bereits auf der optischen Ebene hat Fechner damit durch die filmische Aufbereitung ein spannungssteigerndes Moment eingebaut, das den Zuschauer beim Lesen des Briefes vorantreibt bis zum Ende und zum gleichzeitigen Höhepunkt.

„Verbot, Im Auftrag: gez. Thalert, Amtssiegel,
Beglaubigt: Bieler."

Kontrastiv zu diesem visualisierten „formalistischen" Akt von Rassismus setzt Fechner eine hochemotionale, romantische Kulturverklärung symbolisierende Musik ein: „Morgen muss ich fort von hier" aus „Des Knaben Wunderhorn". Mit diesem Wechselspiel auf optischer und akustischer Ebene löst Fechner eine emotionale Beteiligung beim Zuschauer aus und ruft damit eine größere Affinität des Zuschauers zum filmischen Gegenstand hervor – wie der Musikwissenschaftler Hans-Christian Schmidt festgestellt hat. Die Konzentration des Zuschauers wird erhöht, indem mehrere Wahrnehmungsorgane im Rezeptionsvorgang gleichzeitig angesprochen werden und er damit aufgefordert ist, den Zusammenhang zwischen den Wahrnehmungsebenen herzustellen, also aus den mehrsinnlichen Eindrücken eine Synthese herzustellen, die die wesentlichen Eindrücke zu einem Gesamteindruck ordnet und Ungenauigkeiten in den Nebeneindrücken „korrigiert".[5]

Der Kontrast zwischen Bild und akustischer Ebene, zwischen „hartem Bürokratendeutsch" und der Poesie des Liedtextes in Verbindung mit einer getragenen Melodieführung und dem betont schlichten, volksliedhaften Satz Friedrich Silchers, also der kontrastive Einsatz der Musik erzeugt eine starke emotionale Spannung beim Rezipienten, die durch den beschriebenen Spannungsaufbau auf der optischen Ebene durch das Moment der Verzögerung noch verstärkt wird. Eine Auflösung dieses Spannungszustands ist für den Rezipienten nur auf emotionalem Weg möglich: die intellektuelle „Verarbeitung" ist durch die Erfassung des Briefinhalts geleistet.

Durch die Fechnersche, die Aufnahme des Inhalts verlangsamende, optische Aufbereitung ist zudem eine Distanz des Zuschauers zum gezeigten Gegenstand aufgebaut, die die Voraussetzung für Reflexion ist und damit die Einordnung des Erfahrenen in den Gesamtkontext erst ermöglicht. Weder das Verstehen des Textes noch die Distanz vermögen es allerdings, die mit dem kontrastiven Einsatz der Musik angesprochenen Emotionen zu „rationalisieren", die Spannung auf diese Weise aufzulösen. Der Briefsequenz hat Fechner übrigens eine Äußerung Roman Cycowskis vorangestellt, die den deutschen Widerspruch zwischen Nazi-Barbarei und kulturellem Idealismus in seiner Bedeutung für den unmittelbar Betroffenen bereits thematisiert: „Ich habe, ich liebte Deutschland sehr, ich mein, ich liebte alles, was Deutschland war, nichwahr, liebt ich. [...]." Und auch Ari Leschnikoffs Bemerkung vom Beginn des Films kommt wieder in Erinnerung: „Ich hab, ja, in Deutschland Kultur gelernt!".

Transfer aus der Musik- in die Filmdramaturgie: „Der Trugschluss"
Fechner geht mit dem Einsatz von Musik in den „Comedian Harmonists" noch einen Schritt

---

[5] Schmidt: Musik in den Massenmedien Rundfunk und Fernsehen, S. 155.

weiter. Er transferiert den sogenannten Trugschluss, ein dramaturgisches Gestaltungsmerkmal aus der Musik, in die filmische Dramaturgie – meiner Kenntnis nach zum einzigen Mal in seinem Dokumentarfilmschaffen so explizit. In der Musik versteht man unter einem „Trugschluss", dass in der Akkordfolge innerhalb einer Kadenz die Subdominante nicht wieder zur Tonika hinführt, sondern den Wechsel in eine andere Tonart verursacht, in der „das Spiel" von neuem beginnt – so lange, bis dieses labile Gleichgewicht mit der Schluss-Tonika in der Ausgangs-Tonart zu einem stabilen Ende findet.[6]

An diesem Transfers lässt sich erkennen, mit welcher Kreativität und Souveränität Fechner ein Stilmittel von einer Kunstform in eine andere überträgt und damit sein eigenes Stilprinzip, den künstlichen Dialog über Zeit und Raum gleichsam in eine erweiterte Dimension eines vielstimmigen Chores transponiert. Fechner setzt den ersten Anker für sein Spiel mit dem „Trugschluss" bereits am Ende der ersten Folge und treibt den Zuschauer in ständig wechselnder Perspektive von einem vermeintlichen Schlusspunkt zum nächsten und weiter zum nächsten.

Als erster spricht Robert Biberti vom sich abzeichnende Ende der Comedian Harmonists, das er registriert haben will: „Dann kam im Januar 1933 die Machtübernahme durch die Nationalsozialisten. Nach 33 erfolgte sehr schnell eh ein Verbot, nicht offen ausgesprochen, aber überall wirksam, engagiert nicht die Comedian Harmonists, nicht die Judenbande." Doch hier erntet er noch den Widerspruch Roman Cycowskis: „Also, wenn ich ehrlich sein soll, ich hab sehr wenig gemerkt, ich persönlich hab sehr wenig darunter gelitten, fast gar nicht." Wenig später erfolgt ein erneuter Hinweis Bibertis, diesmal von anderen Gruppenmitgliedern bestätigt, die Spannung des Zuschauers auf das bevorstehende Ende steigt: „Es war uns klar, dass das nicht weiter geht. Wir ham dann aufjehört in Deutschland zu konzertieren und sind nur noch ins Ausland gegangen." Und dann, wie es scheint, das Ende: Biberti: „Aber das, was wir wollten, eh wir wollten uns nämlich ein neues Feld, eine neue Betätjung verschaffen, eventuell auch nach Amerika überzusiedeln, das klappte nicht. […]." Bootz: „Und damit war die Sache eigentlich gelaufen."

Aber es geht weiter, bis zum nächsten vermeintlichen Ende: Leschnikoff: „Dann war Schluss mit die Juden. Der letzte Konzert war in München." Biberti: „[…] Die Comedian Harmonists treten heute in München zum allerletzten Mal auf. Durch eine Sondererlaubnis usw. [...] weil diese Musik usw. nicht mehr im Sinne der heutigen Auffassung eh eh der nationalsozialis-

---

[6] Friedrich Blume (Hg.): Musik in Geschichte und Gegenwart, Bd. 7, Kassel/Basel/London/New York 1958, S. 413.

tischen eh akzeptiert werden kann eh usw." […] Leschnikoff: „Und wo wir fertig war der Konzert, alle schrein ‚Auf Wiedersehn, auf Wiedersehn'. Wir ham ein Lied ‚Auf Wiedersehn' gesungen mit paar Worte, hm, ‚Auf Wiedersehn wieder hier, in München'". (Einsatz Musik-Klavier) Marion Kiss: „Und dann war Schluss, dann konnten wir nicht mehr arbeiten."
Doch wieder lässt Fechner den Zuschauer in die Irre laufen, es folgt der nächste Schluss, geschildert von Robert Biberti: „Das letzte Konzert der Comedian Harmonists fand in einer norwegischen Stadt eh statt, die Stadt eh hieß Frederiksstaad, in Südnorwegen und wie wir da so zum letzten Mal so sangen und uns anguckten und wussten, wussten, das geht nun, das ist nun wohl unwiderruflich vorbei, das heißt im innersten Herzen glaubten wir, ja noch zwei Monate und so – aber es war ein Auseinandergehen für immer, nicht – für immer." Einsatz Klaviermusik/Einsatz Lied: „Morgen muss ich fort von hier und muss Abschied nehmen. […]". Damit endet die gemeinsame Geschichte der sechs Comedian Harmonists – und mit dieser durch die Musik in Verbindung mit dem Schreiben der Reichsmusikkamer hochemotional besetzten Schlusssequenz endet auch der erste Teil des Films von Eberhard Fechner.
Die Mitglieder der Comedian Harmonists haben sich nach diesem letzten Konzert getrennt, aber ihre Geschichte wird weitererzählt. Ist sie erst zu Ende, nachdem die Nazis das nachfolgende Meistersextett verboten haben? Oder als sich Roman Cycowski jenseits des Ozeans von der amerikanischen Gruppe nach der Ermordung seines Vaters durch die Nazis trennt und damit die Auflösung auch dieser Nachfolgetruppe auslöst? Auch das Schlusswort von Marion Kiss könnte ein gutes „absolutes" Ende des Films hergegeben: „Jetzt kommt alles wieder zurück. Man soll eigentlich nicht wieder […] an die Vergangenheit denken, an die Fehler, die man gemacht hat, denn man kann es nicht mehr ändern. Man macht sich nur sehr unglücklich." Aber es wechselt nur die Tonart – ganz wie in der Musik, so lange, bis auch die formale Gestaltung vollendet ist, dann, wenn nach den individuellen Lebens-Bilanzen aller Zeitzeugen noch einmal das Foto der „Comedian Harmonists" aus glücklichen Jahren erscheint und der Abspann läuft.
Eberhard Fechner selbst fasst das Ergebnis seines Film im Gespräch mit Egon Netenjakob zusammen: „Es waren sechs Leute, drei Juden, drei Nichtjuden. Die drei Nichtjuden hatten die Chance, mit den drei jüdischen Mitgliedern ins Ausland zu gehen […] und dort die Gruppe weiterzuführen, denn sie war wunderbar. […] Als die sich 1935 trennten, weil die nichtjüdischen Mitglieder des Verdienstes wegen in Deutschland bleiben wollten, hatten die sich korrumpiert. Damit begann […] deutlich der moralische, der sittliche Niedergang

Gesprächsaufzeichnungen zu Die Comedian Harmonists.

dieser drei Mitglieder. [...] Typischerweise haben sie sich auf die mieseste Art im Nazireich verhalten. [...] Während die Emigranten zusammenblieben, [...] in einem menschlich-moralischen Sinne haben sie sich immer höchst anständig benommen. [...] Sie haben sich auch persönlich weiterentwickelt. [...] Das hab ich dargestellt, aber nicht gesagt. Wer es sehen wollte und konnte, der hat es getan."[7]

Und Egon Netenjakob stellt fest: „‚Comedian Harmonists' ist ein Lehrstück für jeden, der sich dafür interessiert, wie Menschen sich verhalten. [...] ‚Comedian Harmonists' ist aber auch ein Lehrstück für jeden, der sich dafür interessiert, wie man Lehren spannend und überzeugend präsentieren kann, wie man Erkenntnisse evoziert."[8]

---

[7] Netenjakob: Eberhard Fechner, S. 121-122.

[8] Ebd., S. 121.

Eberhard Fechner am Schneidetisch.

ANGELA HAARDT

Eine Erzählung
Eberhard Fechners Film „Der Prozeß.
Eine Darstellung des Majdanek-Verfahrens
in Düsseldorf"

Über den Film von Eberhard Fechner „Der Prozeß. Eine Darstellung des Majdanek-Verfahrens gegen Angehörige des Konzentrationslagers Lublin/Majdanek in Düsseldorf von 1975 bis 1981" ist bereits mehrfach geschrieben worden. Simone Emmelius hat in ihrer Dissertation „Fechners Methode. Studien zu seinen Gesprächsfilmen"[1] präzise die Methode und den Schnitt dieses Films untersucht (neben „Nachrede auf Klara Heydebreck" und „Comedian Harmonists").[1] Ich gehe deshalb auf Einzelheiten in der Schnitttechnik nur ein, wenn ich dies für meine Argumentation benötige, und verweise im Übrigen auf die Untersuchung von Emmelius und auf das wichtige biografische Buch von Egon Netenjakob, der im Gespräch mit Eberhard Fechner dieses Werk ausführlich behandelt.[2]

Wie schon Fechners erster dokumentarisch geprägter essayistischer Film, „Nachrede auf Klara Heydebreck" geht auch der Film „Der Prozeß" auf eine Idee von Hans Brecht zurück, damals stellvertretender Leiter der Abteilung Fernsehspiel im NDR. Der Prozess in Düsseldorf gegen Angehörige des Wachpersonals im deutschen Lager Lublin/Majdanek hatte am 26. November 1975 begonnen. Brecht fragte bei Fechner im Februar 1976 an und dieser nahm die Anregung auf – nicht ahnend, wie lange er mit diesem Filmprojekt beschäftigt sein würde. Der Film beanspruchte acht Jahre Arbeit: die ersten sechs Jahre für den Prozess selbst und weitere zwei Jahre für zusätzliche Interviews und den Schnitt, an dem in weit mehr als dienender Funktion Fechners langjährige Cutterin im NDR, Brigitte Kirsche, beteiligt war (im Abspann heißt es: Schnitt und künstlerische Mitarbeit).[3]

---

[1] Simone Emmelius: Fechners Methode. Studien zu seinen Gesprächsfilmen, Mainz 1996 (= Filmstudien, Bd. 1), S. 161-264.

[2] Egon Netenjakob: Eberhard Fechner. Lebensläufe dieses Jahrhunderts im Film, Weinheim/Berlin 1989.

[3] Zu Brigitte Kirsche und ihrer Arbeit gibt es einen schönen und informativen Film von Sara Fruchtmann und Kon-

Der Sender NDR und die Abteilung Fernsehspiel unterstützten diese enorm lange Arbeit und trugen die damit verbundenen Kosten. Denn es wurde immens viel Material gedreht: 150.000 m von 16mm Film, wovon im fertiggestellten (viereinhalb Stunden dauernden) Film 3.000 Meter verwendet wurden. Darin enthalten sind 250 Stunden Interviews, was zu einem damals unüblichen, außerordentlich hohen Drehverhältnis von 1:50 führte. Es waren Reisen in die verschiedensten Länder (u.a. Australien, Israel, Polen) notwendig – was Kosten zur Folge hatte, die heutzutage kaum noch im Nachhinein gebilligt würden. Und Eberhard Fechner war nicht wie Klaus Wildenhahn beim NDR fest angestellt; er legte Wert auf seine Unabhängigkeit und hatte jeweils nur Stückverträge.

Anfang 1984 konnte Fechner den Film beenden. Die Uraufführung verzögerte sich, weil die Urteile erst bestätigt sein sollten. Sie fand schließlich auf den Mainzer Tagen der Fernsehkritik im Oktober 1984 statt. Ausgestrahlt wurde „Der Prozeß" zwischen dem 21. und 26. November 1984, sehr zum Ärger von Eberhard Fechner nur in den Dritten Fernsehprogrammen und nicht – wie ursprünglich vorgesehen und von ihm dann in Beschwerdebriefen an Vorgesetzte verlangt – im ARD-Programm zu guter Sendezeit am frühen Abend. Wahrscheinlich lagen die Gründe dafür in der veränderten gesellschaftlichen Situation. Ende 1982 und nach bestätigenden Neuwahlen im März 1983 hatte die CDU die Regierung wieder übernommen. Das Klima war konservativer, der politische Druck auf die Sender, vor allem den NDR, hatte zugenommen.

DAS UMFELD IN DER BUNDESREPUBLIK DEUTSCHLAND

Zum besseren Verständnis seien Hinweise auf die gesellschaftliche Situation in der Bundesrepublik Deutschland in der zweiten Hälfte der 1970er Jahre vorangestellt. Sie war in vielerlei Hinsicht durch die verdrängte nationalsozialistische Vergangenheit geprägt. Eine junge Generation forderte Analysen und Aufarbeitung. Andere verlangten „nach vorwärts zu schauen" und die Vergangenheit endlich ruhen zu lassen. Manche gingen so weit, die Aufarbeitung des Nationalsozialismus als „Nestbeschmutzung" zu verunglimpfen.

---

stanze Radziwill: Schnitt – Der Regisseur und die Cutterin, 2004. Brigitte Kirsche beschreibt darin, wie sie bei der Sichtung des Materials zu „Nachrede auf Klara Heydebreck" auf die Idee kam, ähnliche Aussagen verschiedener Personen direkt aufeinander folgen zu lassen. Eberhard Fechner vermerkt eine andere Schlüsselszene als Durchbruch zur „Methode": das voneinander unabhängige Lesen desselben Briefes durch zwei verschiedene Personen – aneinandergeschnitten. S. dazu auch Egon Netenjakob: Eberhard Fechner, S. 102 f.

Um nur Einiges zu nennen, was die Atmosphäre dieser Jahre bestimmte:

1. Nach der in den Ulmer Prozessen gegen deutsche Polizeieinheiten gewonnenen Erkenntnis, dass weder nationalsozialistische Verbrechen an ausländischen Personen noch deutsche Verbrechen im Ausland in der Bundesrepublik Deutschland juristisch verfolgt werden konnten, war am 1. Dezember 1958 die „Zentrale Stelle der Landesjustizverwaltungen zur Verfolgung nationalsozialistischer Gewaltverbrechen" in Ludwigsburg (kurz: Zentralstelle Ludwigsburg) gegründet und ein Gesetz geschaffen worden, das deutsche Verbrechen auch im Ausland zu verfolgen gestattete. Der erste Prozess, der geführt wurde, war der Auschwitz-Prozess 1963 in Frankfurt am Main. Die Recherchen zum Lager in Lublin/Majdanek konnten 1960 beginnen.

Welchen Behinderungen die Arbeit an der Zentralstelle ausgesetzt war, wie dann im weiteren die Verfolgung der Täter auch an den Landgerichten verschleppt wurde, ist noch gar nicht in Gänze untersucht worden. Aber eine Ahnung davon erhält man etwa durch den Film „Im Labyrinth des Schweigens" (Regie Giulio Ricciarelli. 2014), durch die aktuellen Filme über den Generalstaatsanwalt in Hessen Fritz Bauer (1903-1968) oder durch spezielle Berichte zur Arbeit in Ludwigsburg (etwa Texten des Filmkritikers Dietrich Kuhlbrodt, der einige Jahre als Staatsanwalt in der Zentralstelle Ludwigsburg arbeitete). Das Lager Lublin/Majdanek war in den 1960er Jahren nahezu in Vergessenheit geraten. Kurz vor der Befreiung durch sowjetische und polnische Truppen im Juli 1944 (also noch vor dem Warschauer Aufstand) hatte die SS bei der Auflösung des Lagers die meisten Unterlagen vernichtet. Erst später tauchten noch umfangreiche Verzeichnisse der geraubten Wertsachen auf. Die Recherchen zum Lager und seiner Bedeutung sowie zu Überlebenden waren deshalb mühsam. Sie dauerten bis in die 1970er Jahre, so dass der Prozess erst 1975 im November eröffnet werden konnte.

2. 1975 bis 1977/78 waren die Jahre der schwersten RAF-Morde, die zum „Deutschen Herbst" führten. Damals wurden Forderungen nach einer Veränderung der gesellschaftlichen Verhältnisse in der Bundesrepublik breit diskutiert. Die RAF allerdings blieb isoliert. Die Morde lösten vereinzelt eine „klammheimliche Freude" aus,[4] erfuhren aber keine ge-

---

[4] In einer Göttinger Studentenzeitschrift vom 25.4.1977 war ein Artikel nach dem Mord an Generalbundesanwalt Siegfried Buback (1920-1977) veröffentlicht und mit Mescalero unterzeichnet worden. Darin sprach der Autor von einer möglichen „klammheimlichen Freude"; in späteren Abschnitten allerdings spricht er sich gegen Gewalt aus. Die Presse zitierte nur den Ausdruck, der schnell sprichwörtlich wurde. Vgl. den Wikipedia-Artikel „Göttinger Mesca-

sellschaftliche Akzeptanz. Zugleich war eine fordernde Generation herangewachsen, die nach den großen Demonstrationen in den 1960er Jahren (gegen den Vietnamkrieg und die Notstandsgesetze, fur eine Reform der Hochschulen) nun gegen die Atomkraft protestierte. Der Widerstand richtete sich sowohl gegen die friedliche Nutzung der Kernenergie als auch gegen die Stationierung nuklearer Waffen (NATO-Doppelbeschluss). Das Land war in Bewegung – unter Beteiligung aller Generationen.

Ab 1969 regierte – erstmals nach dem Zweiten Weltkrieg – die SPD in einer Koalition mit der FDP. Das Bündnis hielt bis 1982, als nach dem von Bundeskanzler Helmut Schmidt propagierten NATO-Doppelbeschluss die Zweifel in seiner eigenen Partei wuchsen, die FDP aber am Beschluss festhalten wollte und deshalb zur CDU wechselte. So zwang ein Misstrauensvotum Helmut Schmidt zum Rücktritt, und die CDU/FDP kam an die Regierung. Die Neuwahlen im März 1983 bestätigten diesen Wechsel. Kanzler Helmut Kohl ernannte Friedrich Zimmermann (CSU) zum Innenminister, der als erste Maßnahme für richtig hielt, die staatlichen Fördermittel für einen Film von Herbert Achternbusch einzubehalten. Mit dieser neuen Weichenstellung waren die Jahre des Aufbruchs und der Liberalisierung erst einmal beendet, wenngleich die von Kanzler Helmut Kohl beschworene „geistig-moralische Wende" nicht wirklich zustande kam.

3. Im Januar des Jahres 1979 wurde in vier Folgen die US-amerikanische Serie „Holocaust" im Fernsehen ausgestrahlt, ein kitschiges Produkt, das gleichwohl enorme Wirkung erzielte. Im Mittelpunkt des Films stehen zwei Familien: die jüdische Familie Weiss und die nationalsozialistische Familie Dorf. Alle Möglichkeiten für das damalige Handeln wurden thematisiert: Bleiben (mit der Konsequenz der Deportation); Flucht und Widerstand auf der jüdischen Seite; Verrat und Hilfsversuche (oder wenigstens Hinweise auf drohende Gefahr) auf nationalsozialistischer Seite. Wenngleich die Kritik diesen Film ausführlich (zumeist in Verrissen) besprach, so war doch das Erstaunen groß, mit welcher Wucht der Film in die Gemüter der westdeutschen Bevölkerung hineinfuhr. Es war, als hätte es gerade diesen Film gebraucht, den Deutschen ein Trauern um die Verbrechen aus der Zeit der nationalsozialistischen Herrschaft zu erlauben. Sie schienen zu begreifen, dass diese blonde Jüdin und ihre Familie „eine von uns" hätte sein können. Zum ersten Mal entwickelte sich ein Bewusstsein dafür, welche Verbrechen die Deutschen begangen und welche Tragödien sie verursacht hatten.

---

lero" im Internet https://de.wikipedia.org/wiki/G%C3%B6ttinger_Mescalero .

Der Titel des Films „Holocaust" stand von da an für die Tatsache des Massenmords – vor allem an den Juden. „Holocaust" war ein der deutschen Sprache fremder Begriff, der leer bleibt, mit dem jedoch vermieden wird, was geschehen war, als Vernichtung der Juden zu benennen. Es dauerte noch einige Jahre, bis der Titel eines anderen Filmes, nämlich „Shoah" von Claude Lanzmann, eine Anlehnung an den hebräischen Begriff Yom Hashoah, übernommen wurde – in der Hoffnung, der Assoziation mit dem amerikanischen Film zu entkommen, aber ebenso leer für deutsche Ohren. Die Ausstrahlung von „Holocaust" fiel in eine Zeit, in der über die drohende Verjährung nationalsozialistischer Mordverbrechen diskutiert wurde. Nach der Ausstrahlung dieses Films und aufgrund seiner Wirkung wurde die Verjährung aufgehoben. Das machte es und macht es bis heute möglich – ich erinnere an die Prozesse aus den letzten Jahren gegen Demjanjuk oder zuletzt Gröning –, Morde oder auch die Beihilfe zum Mord in nationalsozialistischer Zeit bis heute gerichtlich zu verfolgen.

4. Als Stefan Aust 1978 in der NDR-Sendung „Panorama" aufdeckte, dass Hans Filbinger, seit 1976 Ministerpräsident in Baden-Württemberg, während der letzten Kriegsmonate in Norwegen noch Todesurteile gegen Deserteure ausgesprochen hatte, musste dieser immerhin von seinem Amt zurücktreten. Der Bericht und überhaupt die Sendungen der „Panorama"-Redaktion hatten immer wieder – vor allem bei Mitgliedern der CDU – Anstoß erregt. Zu einem Eklat kam es schließlich 1978 nach einem Bericht über die Demonstrationen gegen das geplante Kernkraftwerk in Brokdorf und die martialischen Polizeieinsätze dort. Gerhard Stoltenberg, CDU-Ministerpräsident von Schleswig-Holstein, zu dem Brokdorf gehörte, kündigte daraufhin den Staatsvertrag, der die drei Länder Hamburg, Niedersachsen und Schleswig-Holstein im NDR vereinigte. Niedersachsen, ebenfalls CDU-regiert, schloss sich der Entscheidung an. Der Konflikt endete mit einem Kompromiss, der das Rundfunkmonopol bis 1983 begrenzte, um danach private Sender einführen zu können. Die Landesrundfunkhäuser erhielten mehr Selbständigkeit.

5. Auf ästhetischer Seite wäre darauf hinzuweisen, dass die 1970er Jahre die Hoch-Zeit der *Oral History* waren. Man begann, sich für die Arbeiter und die „einfachen Leute" zu interessieren, die in den Medien allgemein und auch im Fernsehen kaum vorkamen. Klaus Wildenhahn etwa, angestellt in der NDR-Fernsehspiel-Redaktion, widmete sich in seinen Dokumentarfilmen oft der Arbeiterklasse und den Gewerkschaften. Er setzte auch durch, dass bei der Duisburger Filmwoche ab 1977 Vertrauensleute und Betriebsräte als Beobach-

ter eingeladen wurden. Überall im Land entstanden Geschichtswerkstätten, die sich mit der Vergangenheit – speziell mit dem Alltagsleben – beschäftigten und den Protagonisten beim Erzählen ihrer Lebenserfahrungen zugehört wurde. Dafür stehen beispielsweise die wissenschaftlichen Arbeiten von Lutz Niethammer zur Lebensgeschichte und Sozialkultur im Ruhrgebiet von 1930 bis 1960, die Projekte von Margarethe Goldmann als Referentin für Stadtteilkulturarbeit in Recklinghausen an der dortigen VHS oder die Filmarbeit des Ehepaars Hübner-Voss, das aus der Großstadt ins Ruhrgebiet zog und die Bergarbeiter und ihre Familien in Bottrop-Ebel in mehreren Filmen vor die Kamera brachte.

Am Rande sei noch vermerkt, dass in diesen Jahren in der Philosophie der Strukturalismus an Bedeutung gewann – gegen die Onthologie, gegen das Sein, das Individuum, das Ereignis. Vorherrschend war, die Beziehungen zwischen den Entitäten zu betrachten, nicht die Entität selbst. Auf der Ebene der Studentenbewegung: das kleinbürgerliche Individuum sollte verschwinden in der Gruppe, der Klasse. Das revolutionäre Subjekt wurde nicht als Individuum gedacht. Die Filme Eberhard Fechners entstanden also in einer Zeit, in der sie gut in den gesellschaftlichen Kontext passten.

DIE PRODUKTIVSTE PERIODE IN FECHNERS SCHAFFEN

Als Fechner mit der Arbeit am „Prozeß" begann, hatte er gerade das zweiteilige Fernsehspiel „Tadellöser & Wolff" nach dem gleichnamigen Roman von Walter Kempowski beendet, eine Produktion unter den nicht eben zahlreichen Filmen in der Bundesrepublik, mit denen sich große Teile der fernsehenden Bevölkerung zu identifizieren vermochten. Schon der 1971 veröffentlichte Roman war ein großer Erfolg gewesen. Das ZDF diskutierte lange und kontrovers, ob eine Verfilmung erfolgreich sein könnte, bis entschieden wurde, Eberhard Fechner mit dieser Aufgabe zu betrauen. Fechner erarbeitete zusammen mit Kempowski das Drehbuch und recherchierte penibel. Er bestand – gegen die Wünsche seiner Vorgesetzten – auf schwarz-weißem Filmmaterial und einer Kameraführung, die an den „Look" der UFA-Filme der 1930er und 1940er Jahre angepasst war. Der Film beschreibt das Leben der gutmütigen und etwas skurrilen Familie Kempowski vor und während des Nationalsozialismus. Im Wesentlichen war die Familie mit sich selbst beschäftigt. Sie begrüßte nicht gerade die Politik der Nationalsozialisten, arrangierte sich jedoch mit ihr – wie auch später mit dem Krieg. Die Verschränkung und gegenseitige Beeinflussung des Privaten und des Gesellschaftlichen sind wichtige Merkmale in Fechners Arbeiten.

Fechner vollendete in diesen Jahren auch den Film „Comedian Harmonists – Sechs Lebensläufe", der 1976 erstmals gesendet wurde, danach den Spielfilm (seinen einzigen Kinofilm) „Winterspelt 1944", ebenfalls eine Romanverfilmung (diesmal von Alfred Andersch), und schließlich den Mehrteiler „Ein Kapitel für sich", die Fortsetzung der Kempowski-Geschichte. Diese Jahre sind für Fechner die produktivsten, die Jahre seiner Meisterschaft, in denen er sowohl in den Gesprächs-Filmen als auch in den Spielfilmen die gewonnene Erfahrung jeweils in Thematik und Zielsetzung mit leichter Hand umsetzt. Man erkennt die Gewandtheit und Sicherheit, mit der er und Brigitte Kirsche die Entscheidungen für Schnitt und Aussage treffen.

DER FILM „DER PROZESS"

„Der Prozeß" besteht aus drei Teilen von je neunzig Minuten. Jeder Teil trägt eine eigene Überschrift, die aus der Chronologie des Prozesses folgt:

Teil 1 Die Anklage

Teil 2 Die Beweisaufnahme

Teil 3 Die Urteile

Jeder Teil wird eingeleitet mit dem gleichen Vorspann. Er zeigt Luftaufnahmen vom Lager Majdanek aus der Kriegszeit, anschließend Aufnahmen vom leeren Gerichtssaal.

Dazu hört man folgenden Text: „Vom Herbst 1941 bis zum 23. Juli 1944 existierte in Lublin/Majdanek ein Konzentrationslager, in dem mindestens 250000 Menschen ermordet worden sind. Vom 26. November 1975 bis zum 30. Juni 1981 wurde in Düsseldorf ein Prozess gegen 15 ehemalige Mitglieder der mehr als 1500 SS-Bewacher des Lagers geführt. Man klagte sie an, an dem hunderttausendfachen Mord beteiligt gewesen zu sein. Es war der längste Prozess in der deutschen Justizgeschichte."

Gesprochen wird der Text von Heiner Lichtenstein (1932-2010), Prozessbeobachter und Journalist, der regelmäßig für den WDR berichtete, später auch Bücher über diesen und weitere Prozesse zu nationalsozialistischen Verbrechen schrieb. Er übernimmt hier die Rolle, die Fechner in früheren Filmen eingenommen hatte, wenn zusätzliche Informationen nötig waren. Der Text benennt exakt die beiden Themen von „Der Prozeß", die in den drei Teilen in gleicher Weise strukturiert werden. An den Anfang stellt Fechner jeweils die Beobachtung des Prozesses und dessen Einschätzung aus verschiedenen Blickwinkeln. Nach dieser Erörterung folgt im zweiten Abschnitt die Annäherung an die Geschehnisse im Lager selbst. Die Reihenfolge ist chronologisch. Auch die „Geschichte" des Lagers schält sich allmählich aus den Zeugenaussagen heraus. Anfangs ein Kriegsgefangenenlager sollte es ausgebaut werden zu einem Konzentrations- und Arbeitslager mit industrieller Produktion. Lublin, so fantasierten die Nationalsozialisten, lag an der neuen Schnittstelle zwischen Ost und West. Die Produktion an diesem Ort sollte den Osten versorgen. Aus kriegstechnischen Gründen (Materialmangel, fehlende Transportkapazitäten) konnte dieser Plan nicht realisiert werden. Im Gegenteil: je mehr Pläne gefasst wurden, je mehr Menschen aus den europäischen Ländern dorthin verschleppt wurden, desto mehr degenerierte das Lager zu einem chaotischen Stückwerk. Es verwandelte sich – auch wegen der Überfüllung – in ein Vernichtungslager.

Überwiegend sind die Gesprächspartner bei feststehender Kamera im Bild zu sehen, meist Brustbilder (amerikanische Einstellung) vor einem Hintergrund, der auf den Ort des Gesprächs verweist (Büro, Gericht, Wohnung), zuweilen auch Großaufnahmen der Gesichter. Zusätzliches Bildmaterial stammt aus Fernsehnachrichten, aus Zeitungen und anderem mehr. Für die Auswahl der Zeugen und Zeuginnen war entscheidend, dass sie sich in deutscher Sprache verständigen konnten. Ihren Berichten sind, um die Aussagen zu illustrieren oder sie zu bestätigen, Fotos zu den geschilderten Szenen beigegeben.

Dass die Zeugen fast ausschließlich zu den Opfern gehören und überwiegend Polen sind, hat drei Gründe:

1. Die Angeklagten redeten nicht, auf Befragen antworteten sie nicht. Entweder hatten ihnen die Anwälte davon abgeraten, sich zu äußern, oder sie behaupteten, sich nicht zu erinnern und wichen aus: sie seien gar nicht im Lager gewesen, hätten dort nur Häftlinge hingebracht oder sie abgeholt beziehungsweise sie seien zu einem bestimmten Zeitpunkt schon wieder versetzt worden in ein anderes Lager. Nun ist im Film nicht die Prozesssituation verarbeitet, sondern sie wird rekonstruiert durch Aussagen aus den Interviews. Diese Interviews kann man jetzt nachlesen im Nachlass Fechners im Archiv der Akademie der Künste Berlin. Die mit Nummern für die Tonspur und die Filmrolle versehenen Stichpunktprotokolle von Jannet Gefken und die Transkriptionen der Interviews liegen dort vor. In der Literatur wird oft wiederholt, dass es Fechner gelungen sei, die Angeklagten zum Sprechen zu bringen. Das mag stimmen. Er befragt sie zu ihrer Biografie, sie geben bereitwillig Auskunft. Fechner – das erstaunt – gibt sich manchmal fast unterwürfig, bestätigt seine Gesprächspartner. Aber: Wenn es darauf ankommt, sind die Angeklagten auch ihm gegenüber nicht fähig, etwas wirklich Substantielles zu ihren Taten zu sagen. Einzig der ehemalige SS-Hauptsturmführer und Lagerführer Hermann Hackmann (1913-1994) kann sich artikulieren, aber auch er bleibt völlig vage, wenn es um Taten geht. Es steht in diesen Interviews nichts,

was nützlich sein könnte zur Wahrheitsfindung. Das zu lesen, war für mich eine Überraschung.

2. Zeugen auf der Täterseite, etwa solche, die bereits vorher verurteilt worden waren und nicht ein zweites Mal für die gleiche Tat vor Gericht gezogen werden konnten, oder solche, die nur besuchsweise das Lager gesehen hatten: sie sprachen ebenfalls nicht, wollten sich möglicherweise selbst nicht in Gefahr bringen oder den Angeklagten nicht schaden. Es gab zwei Ausnahmen: Eine Aufseherin äußerte sich freimütig; ihren geleisteten Eid zu schweigen, hielt sie nach Ende des Zweiten Weltkriegs für nicht mehr bindend. Ein Mann bereute und ließ sich anonym interviewen. Er erscheint als Schattenriss vor einem Kreuz im Bild. Ihm erschien die Aussage im Prozess als erlösende Beichte.

3. Es gab nur noch wenige jüdische Zeugen. Sie waren den Schikanen des Lagerpersonals ganz besonders ausgesetzt gewesen. Ihnen war der Tod von vorneherein bestimmt. Spätestens im November 1943 wurden die letzten von ihnen ermordet. Überleben konnten sie nur, wenn sie in andere Lager weitergeleitet wurden. Selbst in Auschwitz war ihre Überlebenschance größer.

DIE THEMEN IN DEN DREI TEILEN

Teil 1

Er beginnt mit der Rückschau auf den beendeten Prozess; die Urteile waren gesprochen. Der Regisseur fächert die unterschiedlichen Einstellungen auf und schlägt einen Bogen von der Enttäuschung über zu milde Urteile bis hin zum Beharren auf der Sinnhaftigkeit, ja Notwendigkeit von Rechtsprechung auch über lange vergangene, aber ungesühnte Verbrechen. Fechner setzt das Resümee des Prozesses an den Anfang und formuliert dadurch eine Art Inhaltsangabe für das Kommende. Damit bereitet er auf die Einzelaussagen vor und weist ihnen einen Platz zu innerhalb eines Spektrums von Haltungen. Nach diesem Rückblick auf den Prozess geht es zurück zu seinem Beginn, zu den Vorbereitungen auf den Prozess, die von Ludwigsburg aus betrieben worden waren, bis die Unterlagen an das zuständige Gericht abgegeben werden konnten. Darauf folgt – logisch konsequent – die Vorstellung der Angeklagten. Sie wird ausführlich und nacheinander in immer gleicher Anordnung absolviert: Man sieht die Gesichter der Angeklagten, erfährt ihren Lebenslauf, die Anklageschrift wird verlesen und im Bild gezeigt, dazu Aussagen der Angeklagten im On. Es sieht so aus, als stammten diese Szenen aus dem Prozess, was nicht zutrifft. In deutschen Gerichten darf nicht gefilmt werden.

Chronologisch geht es einen Schritt weiter. Die Prozesseröffnung wird zu einem unwürdigen Kampf der Verteidiger gegen das Verfahren. Mit einer Flut von Ablehnungs- und Befangenheitsanträgen suchen sie gleich zu Beginn, aber auch im weiteren Verlauf, den Prozess aufzuhalten. Ihre teilweise rechtsextremen, rassistischen, nationalsozialistisch geprägten Eingaben lösen in den Medien ein Erschrecken über den Zustand der Nation aus. Auch hier wieder wird das gesamte Spektrum möglicher Reaktionen auf diese Machenschaften offenbar. Mehrmals wird gezeigt, wie Richter und Staatsanwälte im Gespräch am Ende einer solchen Sequenz Gesichtspunkte der Angeklagten oder Kritiker des Prozesses aufnehmen und – die Argumente relativierend – einen Schlusspunkt setzen.

Den Übergang zum zweiten Abschnitt – dem Lager Majdanek – bilden die dokumentarischen Aufnahmen von der Ortsbesichtigung durch das Gerichtspersonal im März 1976, bei der Fechner schon anwesend war. Man sieht Personen im Lager Abstände vermessen und durch die Gaskammer gehen (nach Auskunft von Simon Wiesenthal[5] ist Majdanek das einzige Konzentrationslager, in dem die Gaskammer erhalten geblieben ist). In diesem zweiten Abschnitt berichten die früheren Gefangenen von ihrer Deportation bis zur Einweisung ins Lager, vom Transport in den Zügen, von der Ankunft, der Selektion, der Einkleidung. Die polnischen Häftlinge waren aus ganz unterschiedlichen Gründen gefangen genommen worden: wegen ihrer Kurierdienste für den polnischen Widerstand, wegen der Verweigerung der Lebensmittelabgabe (Bauern), der Flucht eines Familienmitglieds – als Geisel u.a.m.

Teil 2

Er zeigt den Verlauf des Prozesses, beginnend mit dem bereits 102. Verhandlungstag. Reflektiert wird seine Bedeutung (so viele angeklagte Frauen und ein hoher Funktionär, Hermann Hackmann), begründet wird die Länge des Prozesses (die Verzögerungen durch Ablehnungs- und Befangenheitsanträge der Verteidiger). Es werden die verschiedenen Typen von Verteidigern beschrieben und es wird auf die Gefühlssituation der Zeuginnen und Zeugen eingegangen. Von besonderem Interesse ist die Betreuung der Zeugen durch Mitarbeiter des Roten Kreuzes und der Deutsch-Israelischen Gesellschaft sowie die Rücksichtnahme der Staatsanwälte auf die psychische Befindlichkeit der Zeuginnen: Sie geben

---

[5] Simon Wiesenthal (1908-2005) überlebte mehrere Konzentrationslager und machte sich die Verfolgung der Verbrecher an der jüdischen Bevölkerung zum Lebensthema. Er war es, der den Aufenthalt Adolf Eichmanns aufgespürt und – als Unterstützung auch von jüdischer Seite in Deutschland verweigert wurde – die Kontaktdaten an Israel weitergegeben hat.

ihnen die notwendige Zeit, die geforderten Details aus ihren Erinnerungen herauszusuchen.[6] Es folgt eine Beschreibung der Angeklagten vonseiten ihrer Opfer und wechselt dann – nach ca. 40 Minuten – zum Thema Alltag im Lager. Man erfährt, wie die Baracken angeordnet sind, von ihrer Überfüllung, wie die Appelle und die Tage ablaufen und vor allem Wesentliches über das Verhalten des Wachpersonals und der Angeklagten gegenüber den Häftlingen.

Ein deutlicher, bei jedem Sehen des Films auffallender Stimmungswechsel ergibt sich, wenn die damaligen Opfer zu sprechen beginnen. Drei Ebenen ihres Sprechens sind wahrnehmbar: die Mühsal, das, was zu vergessen versucht worden ist, aus den Erinnerungen wieder hervorzuholen; die Schwierigkeit, das damalige Erleben mit den darin eingebundenen Emotionen in Worte zu fassen; die Reflexion der Geschehnisse aus heutiger Sicht. Obwohl an einer Stelle des Films von einem Verteidiger darauf hingewiesen wird, dass den Zeugenaussagen im Unterschied zu schriftlichen Urkunden weniger zu trauen sei, können Zuschauer gar nicht anders, als diesen Aussagen zu vertrauen und sie – obgleich es subjektive Einlassungen sind – für wahr zu halten. Das wird unterstützt durch weitere Aussagen zu den gleichen Sachverhalten von anderen Personen. Während Männer tendenziell sachlich zu Zuständen und Ereignissen berichten, sind es die Frauen, die die mit dem jeweiligen Sachverhalt verbundenen Gefühle zu erkennen geben.

Auch in diesem Prozessabschnitt ergänzen Fernsehberichterstattung und Zeitungsausschnitte die Aussagen. Bezüglich des Lagers verwendet Fechner erneut Fotos, die er in zahlreichen Archiven und europäischen Institutionen gefunden hatte.

Teil 3
Das Nachdenken über den Prozess beginnt mit dem Interesse, das er in der Öffentlichkeit findet oder auch nicht findet.[7] Hier teilt sich die Bevölkerung in klar unterschiedene Grup-

---

[6] Sabine Horn hat herausgefunden, dass beim Auschwitz-Prozess das mediale Interesse den Tätern galt, nicht den Zeugen, während in späteren Jahren beim Majdanek-Prozess die Zeugen und Zeuginnen erstmals größere Aufmerksamkeit erhielten. S. Horn: Erinnerungsbilder. Auschwitz-Prozess und Majdanek-Prozess im westdeutschen Fernsehen, Essen 2009 (Dissertation, Universität Bremen 2007), S. 121 ff. Wie wichtig, fast avantgardistisch der Umgang mit den Zeugen und Zeuginnen und ihre Betreuung in Düsseldorf waren, bestätigt der Tagungsbericht „Das KZ Lublin-Majdanek und die Justiz. Polnische, deutsche und österreichische Prozesse im Vergleich – eine Bilanz", veranstaltet von der Zentrale österreichische Forschungsstelle Nachkriegsjustiz (FStN) in Kooperation mit dem Wissenschaftlichen Zentrum der Polnischen Akademie der Wissenschaften in Wien sowie der Staatlichen Gedenkstätte Majdanek, am 29.10.2010 in Wien. S. http://hsozkult.geschichte.hu-berlin.de/tagungsberichte/id=3523 , vom 7.9.2014, zuletzt abgerufen im Mai 2018.

[7] Sabine Horn berichtet, dass die RAF-Prozesse weit mehr im Fokus der Aufmerksamkeit der Medien standen. Erst

pen: in diejenigen, die eine Aufarbeitung ablehnen, und in diejenigen, die Anteil nehmen. „Die Einen können nicht vergessen, die Anderen wollen nicht erinnert werden", so fasst Simon Wiesenthal die disparaten Haltungen in Worte.[7] Ein weiteres Mal wird über Prozessbehinderungen durch Provokationen der Verteidiger berichtet, die verantwortlich sind für die Länge des Prozesses (außer den Krankheiten von Prozessbeteiligten und den Reisen). Darauf folgt das Kapitel Anklagepunkte. Für jede Angeklagte, jeden Angeklagten werden die wenigen übrig gebliebenen, nämlich mit genügend Beweisen unterlegten Mordverbrechen aufgelistet.

Nach dem Ende dieser Aufzählung wechselt der Blick noch einmal vom Verlauf des Prozesses hin zum Geschehen im Lager, jetzt zu der speziellen, von der SS unter dem zynischen Namen „Erntefest" durchgeführten Mordaktion vom 3. November 1943. Nach mehreren jüdischen Aufständen in Ghettos und Lagern (Warschau, Treblinka, Sobibor u.a.) und den zunehmenden Widerständen bei der Räumung von Ghettos wurde die SS nervös. Himmler verlangte in seiner berüchtigten Posener Rede vom 4. Oktober 1943, die als Tonaufnahme erhalten geblieben ist, die sofortige Ermordung aller noch lebenden Juden. Im Distrikt Lublin tötete die SS an drei verschiedenen Orten etwa 40000 Juden; das Lager Majdanek war einer der Mordorte. Dort wurden an diesem einen Tag mindestens 17000 Menschen erschossen. Alle im Lager waren Zeuge, denn alle mussten zum Appell antreten, bevor die jüdischen Häftlinge ausgesondert wurden, ungefähr 4600 Menschen. Dazu kamen die Juden aus der Umgebung, die durch das gesamte Lager hindurchgetrieben wurden bis zur Erschießungsstelle. Mit den Berichten deckte der Prozess Mordtaten auf und veröffentlichte der Film eine weitere ungeheure Grausamkeit, die ohne diese Zeugenschaft nicht bekannt und nie rekonstruierbar geworden wäre. Auch wenn es keine einzelne Mordtat war – geschah es doch ohne Zeugen hundertfach in den Dörfern und Städtchen der Sowjetunion –, so ist doch die Kenntnis jeder einzelnen Untat von Bedeutung.

Wie in den anderen Teilen auch arbeitet Fechner mit zusätzlich illustrierendem und die Geschehnisse belegendem Fotomaterial, das zu seiner Zeit weitgehend nicht allgemein bekannt war. Sie stammten meist nicht aus Majdanek, wohl aber aus Konzentrationslagern auf polnischem Staatsgebiet. Am Ende dieser Passage schaltet Fechner eine Bemerkung Simon Wiesenthals ein, der seinerseits aus Eichmanns Tagebuch zitiert. Der hatte, gegen

---

nach der Ausstrahlung der Serie „Holocaust" wurden die Medien erneut aufmerksam auf den Majdanek-Prozess und berichteten häufiger. S. Horn: Erinnerungsbilder, S. 77 und S. 126 ff.

Kriegsende in Ungarn gefragt, wie die Nationalsozialisten wohl die Mordverbrechen vor der Weltöffentlichkeit rechtfertigen würden, geantwortet: 100 Tote sind ein Verbrechen, eine Million ist Statistik. Mit Jerzy Bossaks Bericht über die Befreiung des Lagers, an der er beteiligt war, und mit Ausschnitten aus dem dort gedrehten Film „Majdanek – Friedhof Europas" (1944) endet die Untersuchung zum Lager.[8]

Die letzte halbe Stunde des Films ist erneut der Problematik des Prozesses gewidmet. In Vorbereitung auf die Urteilsverkündung wendet sich Fechner zurück zu den Freisprüchen aus dem Jahr 1979 und den bereits abgeleisteten Gefängnisstrafen der Angeklagten aus früheren Prozessen. Darauf folgen metatheoretische Überlegungen, die in den Verhandlungen des Prozesses selbst nicht Gegenstand der Erörterung waren (zumindest nicht in Fechners Film):

1. Es geht um die Problematik des Strafgesetzes, das nicht gemacht sei für eine solche Quantität von Morden. Zur Zeit seiner Formulierung in den frühen 1920er Jahren, sagt Heiner Lichtenstein, war Fritz Haarmann mit sechs getöteten Menschen ein Massenmörder (es waren 24, siehe https://de.wikipedia.org/wiki/Fritz_Haarmann).

2. Es geht um das häufige Argument der Täter, sie hätten die Befehle ihrer Vorgesetzten auszuführen gehabt. Dem wird widersprochen mit der Versicherung, eine Verweigerung des Dienstes im Konzentrationslager oder bei den Massenerschießungen sei sehr wohl möglich gewesen. Es sei kein einziger Fall bekannt von schwerwiegenden Folgen nach einer Verweigerung und es gebe zahlreiche Beispiele für eine solche Verweigerung ohne Folgen. Das hätte für Fechners Film ein schlüssiges Ende sein können. So aber fungiert diese Stelle nur als Vorbereitung auf die Verkündung der Urteile und als vorgezogene Kritik daran.

3. Es geht um das zumindest allen männlichen Tätern fehlende Schuldbewusstsein, einhellig begründet damit, niemand könne auf Dauer als Schuldiger leben. Simon Wiesenthal fasst zusammen: Mit dem Anziehen der Uniform haben die Täter ihr Gewissen in der Garderobe abgelegt. Nach diesem Einschub kommt es zur Urteilsverkündung, unterlegt mit Berichten aus der Tagesschau des Fernsehens und Zeitungsausschnitten. Wie bei Gericht

---

[8] Jerzy Bossak (1910-1989): polnischer Dokumentarfilmregisseur und Hochschullehrer an der Filmhochschule in Łódź – seit Eröffnung der Schule bis 1968, als die antisemitischen Anwürfe das jüdische Personal auch der Filmhochschule vertrieb. Er spielte eine wichtige Rolle als Berater für das Internationale Kurzfilmfestival Oberhausen, wo er seit 1956 die polnische Filmauswahl präsentierte. Klaus Wildenhahn drehte im Jahr 1983 einen Film über Bossak: „Ein Film für Bossack und Leacock", die beiden für ihn initial wichtigen Dokumentarfilmregisseure. Bossak nahm teil an der Befreiung Majdaneks als Mitglied der polnischen Einheiten in der sowjetischen Armee und als Mitglied der Filmabteilung. Zusammen mit Aleksander Ford schuf er 1944 den Film „Majdanek – Cmentarzisko Europy".

üblich, erteilt auch Fechner im Film den Verurteilten noch einmal das Wort. Damit aber nicht sie am Ende zu großes Gewicht erhalten, folgen darauf noch Aussagen zweier Zeuginnen zu ihrer Erfahrung in der Begegnung mit heutigen Deutschen.

Der Film schließt mit einer Warnung Heiner Lichtensteins: Es sei den Anfängen zu wehren, wolle man verhindern, dass in Zukunft wieder Unschuldige ermordet werden. Schon zur Zeit von Fechners Film war das „Wehret den Anfängen!" ein Gemeinplatz. Damit den Film enden zu lassen, ist etwas bedauerlich. Es ist kein gelungener Schluss.

DIE NUTZUNG FOTOGRAFISCHER BILDER AUS DEN KONZENTRATIONSLAGERN

Zu diskutieren ist der Gebrauch fotografischen Materials. Als Fechner den Film drehte, verwendete man Fotos aus Konzentrationslagern weitgehend ohne kritisches Bedenken hinsichtlich ihrer Herkunft und der mit den Aufnahmen verbundenen Absichten. Sie waren nicht hinterfragte Dokumente, die allein durch ihre Verwendung in einem konträren Absichtszusammenhang eine andere Deutung als die bewusst oder unbewusst intendierte erhielten. Zwar hatte Gerhard Schoenberner in seinem schon 1960 erschienen Buch „Der gelbe Stern" auf die Problematik der Bilder von den Mordtaten an Juden hingewiesen. Doch begann – wie alle Forschung zum Nationalsozialismus – erst die Generation danach diese Arbeit zu beachten und mit eigenen Untersuchungen fortzuführen. Dazu beigetragen hat sicherlich Claude Lanzmanns Film „Shoah", der 1985 veröffentlicht wurde. Lanzmann lehnte historische Aufnahmen grundsätzlich ab, da sie keine Wahrheit erzählen könnten. Es ist vielleicht kein Zufall, dass Fechners Film 1984 und Lanzmanns Film 1985 erschien – eine Art Wasserscheide zwischen altem, unbedachtem und neuem, reflektiertem Verfahren zum Gebrauch von Fotos von deutschen Verbrechen an den Juden.

Heute ist die Literatur zur bildlichen Darstellung umfangreich und die Forschung noch nicht abgeschlossen. Allmählich hat sich ein Bewusstsein für die Herkunft der Bilder entwickelt. Staatlicherseits wurde zur Dokumentation und Propagierung der eigenen Taten fotografiert. Auch privat wurde, obwohl streng verboten, das eigene Handeln fotografisch festgehalten. Den Fotos ist der Blick der Täter auf die herabgewürdigten Menschen eingeschrieben. Wie Fechner die Fotos einsetzt, müsste für die einzelnen Bilder und die jeweilige Filmsequenz analysiert werden. Sie stammen aus unterschiedlichsten Quellen, die meisten hatte er aus vier Archiven.[9] Allein das Bild der nackten Frauen vor der Erschießung

---

[9] S. Netenjakob: Eberhard Fechner, S. 180: „im Warschauer ‚Archiv der Hauptkommission für die Untersuchung na-

kann man heute kaum mehr ansehen – aus Scham vor der hemmungslosen Entwürdigung. Fechner setzt die Fotos ein als Beleg, als Illustration, schließlich auch zur Emotionalisierung. Allerdings sind die Fotos immer nur kurz sichtbar, so dass ein Versinken in Mitleid vermieden wird.

DIE ENTPERSONALISIERUNG, DIE *REALITÄT*

Von keiner Person im Film wird der Name genannt. Bei jedem Auftritt einer Person wird die Funktion, die sie im Prozess hat, als Insert eingefügt. Fechner beharrte auf diesem Verfahren trotz der Einwände von Hans Brecht und Egon Monk, denen er die erste Schnittfassung zu sehen gab. Diese plädierten für Namensnennungen. Wir lesen also: Zeugin, Verteidiger, Staatsanwalt, Betreuerin, Prozessbeobachter, Sachverständiger usw. Fechner begründete dieses Verfahren. In Briefen an mögliche Gesprächspartner erklärte er seine Absicht, späteren Generationen diesen wichtigen Abschnitt deutscher Geschichte – er meinte sowohl die nationalsozialistischen Verbrechen als auch den Prozess – so getreu wie möglich durch die zum Zeitpunkt des Prozesses noch lebenden Menschen zu schildern. Kein anderer Prozess sei filmisch dokumentiert und könne in Zukunft über die damalige Beschaffenheit der Republik informieren. Im Gespräch mit Egon Netenjakob sagte Fechner auch: „Es ist in fünfzig Jahren, und eigentlich auch schon heute, vollkommen uninteressant, ob die Frau oder der Mann, die dort sprechen, Silberstein oder Laurich geheißen haben. Es gibt nur zwei Leute, bei denen der Name heute interessant gewesen wäre, Bossac (sic!) und Wiesenthal. Wobei Bossac auch schon nur Insidern bekannt ist."[10]

Diese Beiden sind mit Heiner Lichtenstein, dem kommentierenden Journalisten, die einzigen außerhalb des Prozesses stehenden Persönlichkeiten: Jerzy Bossak (1910-1989), der Zeuge und Dokumentarist der Befreiung des Lagers, und Simon Wiesenthal (1908-2005), der hervorragende Kenner der Verbrechen der Nationalsozialisten und ihres Personals. Sie haben keine Funktion, sie treten hier als Individuen auf – aber dennoch ohne Namen. Andere Gespräche mit Außenstehenden, z.B. mit Beate Klarsfeld, wurden nicht in den Film aufgenommen. Das hat Folgen für unsere Wahrnehmung. Die in allen Aussagen sich offenbarende Haltung der jeweils Sprechenden wird ihrer Funktion zugeordnet; nur bei

---

tionalsozialistischer Verbrechen in Polen', im Museum Majdanek, im Museum der Stadt Lublin, im Jüdischhistorischen Institut in Warschau".

[10] Netenjakob: Eberhard Fechner, S. 182.

den Verteidigern gibt es unterschiedliche Haltungen (bei gleicher Funktion): so die rechtsradikale des Verteidigers Bock oder – am anderen Ende der Skala – eine streng juristisch argumentierende, die gleichwohl eine persönlichen Distanz zum Mandanten oder zur Mandantin einhielt. Gerade die Gleichbehandlung aller Interviewpartner und -partnerinnen verhindert – in gewissem Maße – eine Identifikation; sie entpersonalisiert geradezu. Es geht nur darum, die Geschehnisse im Lager besser kennenzulernen und diese mit den Problemen, die im Prozess zu bewältigen waren, und mit den Urteilssprüchen am Ende zu verknüpfen.

Jede Aussage dient den beiden Aspekten: (1) Was war das Lager, was geschah dort, wie genau kann das – nach 35 Jahren – noch erinnert und geschildert werden? Wie war seine Chronologie in den Jahren seiner Existenz von 1941 bis 1944? Diese Fragen zu klären, war auch deshalb notwendig, weil sehr wenig über dieses Lager – wie überhaupt über die meisten Lager – bekannt war, speziell im deutschen kollektiven Gedächtnis (1980). (2) Mit welchen Problemen ist der Prozess konfrontiert? Wie ist es möglich, nach 35 Jahren und auf Grund ungenauer Erinnerungen Urteile zu fällen? Welche Zusammenhänge sollen sich erschließen zwischen der Existenz des Lagers und dem Geschehen dort einerseits und dem Prozessverlauf und den Urteilen andererseits?

Die Verweigerung des Namens wird zu einer fundamentalen Entscheidung für Fechners Zielsetzung. Während in anderen Gesprächsfilmen die interviewten Personen, wenn nicht als Individuen (wie in „Comedian Harmonists"), so doch als Gruppe, als Angehörige einer Generation (wie in „Klassenphoto") oder eines Berufes (wie in „La Paloma"), einer gesellschaftlichen Klasse (wie „Im Damenstift") ihre Individualität zumindest in reduzierter Form behalten, so spielt in „Der Prozeß" die Persönlichkeit der Interviewpartner keine Rolle mehr. Die Aussagen lösen sich ab von der Persönlichkeit. Es geht um berufsbedingte Standpunkte (im Prozess), um Funktionen und (subjektiv erlebte) Tatsachen (im Lager). So sehr wir auch die Individuen wahrnehmen, sie im Lauf der immerhin viereinhalb Stunden des Films als Persönlichkeiten kennenlernen, für den Film dürfen sie nur wenig Eigenleben und Bedeutung über das Zeugnis hinaus gewinnen, selbst wenn ihre Aussagen unabdingbar die Basis bilden. Die Menschen, die die Lager erlitten haben, und diejenigen, die jetzt am Prozess beteiligt sind, werden zu zufälligen (im Hinblick auf eine Geschichtsschreibung für die Zukunft) Akzidenzien. Bestand hat in diesem Sinne das Ereignis, der geschichtliche Moment in diesem Land, das, was Eberhard Fechner im Gespräch mit Egon Netenjakob „die Realität" nennt.

Es geht um Institution und Bürokratie – damals wie heute (die Gegenwart des Prozesses) – und damit um eine gesellschaftliche Realität, an deren Wahrheit sich anzunähern dieser Film unternimmt. Fechner unterscheidet zwischen *individuell subjektiv empfundener Wirklichkeit,* wie sie in den Interviews zum Vorschein kommt, und der gesellschaftlichen Realität, dem tatsächlich Gegebenen, das wir nie ganz durchschauen können, das der Künstler jedoch durch die Wirklichkeitswahrnehmung der Individuen hindurch zu ergründen sucht (Realismus als Kunstrichtung). Dazu Fechner im Interview mit Netenjakob: „Es sind vier Begriffe, die für meine Arbeit eine große Rolle spielen. Der erste ist der Begriff der *Wirklichkeit*. Ich meine, dass Wirklichkeit etwas ist, das durch das Individuum selbst bestimmt wird, das also immer nur subjektiv empfunden bleibt. Und wenn diese Leute in meinen Filmen reden, dann sind sie Wirklichkeit, aber durch Auswahl und Zusammenhang subjektiv empfunden. Im Gegensatz dazu ist die *Realität* etwas, das unabhängig von uns existiert und im Unterschied zur Wirklichkeit das tatsächlich Gegebene darstellt, den Zusammenhang aller Dinge.

Die Realität werden wir nie durchschauen können. [...] Und da sind wir schließlich beim vierten Begriff, bei der *Wahrheit*, die, wie ich meine, in der Erkenntnis besteht, dass die Realität nie als solche verifiziert werden kann, aber eben der nie aufgegebene Versuch ist, sich ihr auf verschiedene Weise anzunähern, und den Realismus in meiner Arbeit entstehen ließ."[11]
Hier geht es Fechner also nicht mehr um Menschengruppen (Klasse, Beruf oder Stand), sondern um einen Ausschnitt aus der deutschen Realität, der deutschen Geschichte, wie sie durch diejenigen, die sie erlebt und erlitten haben, erinnert wird, und die er durch Konfiguration, Wahrnehmen und Prüfen an eigener Erfahrung dem Objektiven anzunähern sucht. Enthalten ist auch die Annahme oder die Hoffnung, dass durch kluge Strukturierung zahlreicher Einzelerfahrungen, zahlreicher subjektiver Wirklichkeiten eine der Objektivität angenäherte Realität sichtbar wird. Das Ergebnis ist ein Substrat an gesellschaftlicher Realität, das von den individuellen Menschen, ihren Erfahrungen abstrahiert. Nur ihre (beruflichen oder historischen) Funktionen binden das Gesellschaftliche, eine historische Phase, noch an den Menschen als Handelnden. Ein in diesem Sinne besonders beachtenswertes Merkmal des Films sind die beiden aufeinander bezogenen historischen Perioden, wobei die Zeit der Vernichtung der Juden allein in der Gegenwart der gerichtlichen Untersuchung gespiegelt wird. Und umgekehrt: die Gegenwart scheint allein in der Auseinandersetzung mit der Judenvernichtung auf.
Fechners Herangehensweise überzeugt. Sein Film „Der Prozeß" ist die Krönung seines Werks: nicht wegen des Umfangs, sondern weil er hier am weitesten geht hinsichtlich der Wechselwirkung von individueller Wirklichkeit und objektiver Realität. Dennoch: Mir scheint, dass heute – nach bald 35 Jahren – die Gesichter der Zeuginnen, ihre Art zu sprechen und ihre Gestik beim Sprechen den tiefsten Eindruck hinterlassen, während das Verständnis der Realität auf zahlreichen Wegen gefunden werden kann. Das Unverwechselbare bleibt die hier sichtbar werdende Individualität jedes einzelnen Menschen.

FECHNERS METHODE – FECHNER, DER ERZÄHLER

Fechners Methode wird von ihm selbst und von Filmsachverständigen übereinstimmend als fiktiver Dialog oder vielstimmiges fiktives Gespräch beschrieben. Es erlaube den Zuschauerinnen und Zuschauern weniger, sich mit einzelnen Personen zu identifizieren, sondern ermuntere sie vielmehr durch Diversität der Meinungen zu Auseinandersetzung und

---

[11] Netenjakob: Eberhard Fechner, S. 133-139, hier S. 138 f.

eigener Meinungsbildung. Das ist eine mögliche Lesart. Eine andere Lesart – zumindest für diesen Film – wäre, die Aussagen der Interviewpartner nicht miteinander zu verbinden, sondern sie als direkt an uns gerichtet zu verstehen, als Erläuterungen zu einem Sachverhalt, der erst durch mehrere Aussagen kenntlich werden kann. Alle Interviewpartner sprechen in die Kamera beziehungsweise zu einer Person, dem Autor, also zu uns. Fechner legte Wert darauf – wahrscheinlich in späterer Zeit –, dass seine Filme nicht am Schneidetisch, sondern am Schreibtisch entstanden seien (wenngleich er beim Schnitt täglich dabei war). Den Blickwinkel auf Fechners Arbeit verschiebend, rückt er als Erzähler in den Mittelpunkt, der sich für seine Erzählung verschiedene Stimmen leiht (wie ein Schauspieler, der er ja war). Er ist der Autor, der seine Interviewerfahrung nutzt, um ein gesellschaftliches Panorama zu entfalten – mit entschiedener Haltung; jedoch werden andere Haltungen und Erfahrungen zugelassen, was den Realitätsgehalt erhöht.

Auch sollte seine Arbeit nicht als dokumentarisch verstanden werden, wie er sie oft bezeichnet fand im Gegensatz zu seinen Spielfilmen und aus Mangel an angemessenen Benennungen. 1984 fand er in einem Aufsatz „Erlebte Geschichte" zu folgender Formulierung: „Die Filme sind vielmehr als eine spezielle Form des Fernsehspiels anzusehen und bedienen sich lediglich dokumentarischer Stilmittel, ähnlich der Arbeitsweise eines Autors einer Erzählung oder eines Romans, der auch Teile der Realität benutzt und mit ihnen spielt, um sie schließlich zu einer neuen künstlichen Ordnung zusammenzusetzen. [...] Schon die Art, mit der dabei mit dem auf Film und Tonband gewonnenen Material umgegangen wird, ist in hohem Maße artifiziell, und sie macht deutlich, dass die ‚Gesetze', die für den sogenannten dokumentarischen Film gelten, hier nur sehr bedingt anwendbar sind."[12]

Fechner verstand sich als Erzähler, der mit den Stimmen der Anderen seine Version der Geschichte vorstellt. Möglicherweise verbarg er sich in den Worten der Anderen. Er sagte auch: Ich bin nicht im Bild, ich bin nicht im Ton, ich bin im Schnitt. So gesehen werden Einwände überflüssig, Fechner lenke die Gespräche oder zeige seine Meinung durch Positionierung der Interviewten. Ein Autor ist zu allem berechtigt. Auch der Vorwurf, Fechner manipuliere, erübrigt sich. Den Begriff der Manipulation wendete Fechner übrigens für sich ins Positive und eignete sich ihn als Definition seines „Handwerks" an, was sein Selbstverständnis, „Erzähler" zu sein, noch einmal bestätigt.[13]

---

[12] Eberhard Fechner: Erlebte Geschichte. ARD Fernsehspielbroschüre Juli/August/September 1984; Pressestelle Westdeutscher Rundfunk, S. 2.
[13] Netenjakob: Eberhard Fechner, S. 136 f.

DIE PROBLEMATIK DER ORAL HISTORY

Die mit wenigen Ausnahmen strikte Begrenzung auf die Aussagen seiner Interviewpartner hat zur Folge, dass der Erkenntniswert von deren Denk- und Sprachfähigkeit abhängig ist. Das ist ein grundsätzliches Problem der Oral History. Nach einer Phase der Begeisterung für diesen neuartigen Zugang zur Geschichte in den 1970er Jahren realisierte man, dass es jedenfalls eines Korrektivs durch wissenschaftliches Denken bedurfte, um die Aussagen angemessen kontextualisieren zu können. Dies fehlt bei Fechner weitgehend. So äußert er z.B.: „Ich habe fünf Angeklagte interviewt und die anderen habe ich erlebt: Einen überzeugten Nationalsozialisten – heute oder damals – habe ich unter denen nicht gefunden. Ich bin also der Meinung, dass diese Leute, die damals diese wahnsinnigen Verbrechen begangen haben, es aus ganz niederen, miesen, persönlichen Gründen und persönlicher Vorteile wegen taten."[14] Speziell zur angeklagten Aufseherin, Hildegard Lächert, urteilte Fechner: „Die Lächert war dann noch ein besonderer Fall. Die war tatsächlich dieser Aufgabe überhaupt nicht gewachsen. Und viele Verbrechen, die sie begangen hat, hat sie auch begangen, weil ihre Nerven ihr einen Streich gespielt haben. Glaube ich."

Die Angeklagte, Hildegard Lächert, lässt jedoch an keiner Stelle in den langen, als Transkripte vorliegenden Interviews erkennen, „dass diese biedere Person bei den Europa-Wahlen 1979 für die rechtsradikale Aktion Nationales Europa kandidierte und enge Verbindung zu der Gruppe um Erwin Schönborn hielt", wie Ingrid Müller-Münch in ihrem erhellenden Buch über den Prozess belegt.[15] Im Film wird auch nicht diskutiert, ob die Suche nach der individuellen Schuld der Täter ein angemessenes gerichtliches Verfahren sei, wenn gleichzeitig, in denselben Jahren!, worauf ebenfalls Ingrid Müller-Münch hinweist,[16] einem Mitglied der RAF, Holger Meins, ohne Nachweis einer individuellen Schuld allein die Zugehörigkeit zur Gruppe als Billigung ihrer Taten zugerechnet wird und ihn deshalb ein hohes Strafmaß als Terrorist erwartet. War die SS nicht in viel höherem Maße eine kriminelle Vereinigung? Hätte die Mitgliedschaft dort nicht genügen können, ihre Mitglieder verurteilen zu lassen? Es gab sogar im Prozess selbst eine diese Ansicht vertretende Stimme, nämlich das Plädoyer des berühmten Strafverteidigers aus der DDR, Friedrich Kaul (1906-

---

[14] Ebd., S. 182. Das nachfolgende Zitat ebd., S. 183. Die Transkripte der Interviews mit Hildegard Lächert sind im Fechner-Archiv der Akademie der Künste zu finden: Nr. 9, 54, 82, 128 und 129.

[15] Ingrid Müller-Münch: Die Frauen von Majdanek. Vom zerstörten Leben der Opfer und der Mörderinnen. Rowohlt 1982, S. 75 (noch vor dem Film Fechners veröffentlicht).

[16] Ebd., S. 57 f.

1981), der als Nebenkläger im Prozess (wie in vielen derartigen Prozessen vorher schon) auftrat, von Fechner jedoch ignoriert wurde. Interessanterweise findet sich Kauls Rede im Nachlass Fechners.[17] Dieses Problem hätte also sogar im Prozesszusammenhang diskutiert werden können![18]

Die Zuschauer bleiben also auf der Denkhöhe des Films stehen, wenn sie keine weitere Lektüre zu Rate ziehen. Und so vermittelt der Film „Der Prozess" nicht die Erkenntnisse, die um das Jahr 1980 herum durchaus möglich gewesen wären.

Ein Rätsel bleibt für mich: Eberhard Fechner betont in einer Stellungnahme zu seinem Schauspielerdasein, er selbst könne und wolle sich in der Rolle verbergen. In seinen Filmen als Regisseur und Autor sorgt er für das Verschwinden seiner Person in den Interviews, in den Worten von Anderen. Warum ist Verbergen, Verschwinden für jemanden erstrebenswert, der die Freiheit nach dem Entweichen aus der Kriegsgefangenschaft als das ihn und seine Generation prägende Erlebnis bezeichnet hat? Liegt dem Wunsch, unsichtbar zu sein, die unbewusste Angst zugrunde, als „Halbjude" entdeckt zu werden? Vielleicht eine unzulässige Spekulation? Aber hat diese mögliche Disposition nicht hervorragende Filme ermöglicht, die auch heute noch für das gesellschaftliche Bewusstsein historische Quelle sein können?!

---

[17] AdK Fechner-Archiv Nr. 173: Schlussvortrag von Prof. Dr. Friedrich Karl Kaul, Prozessvertreter des Nebenklägers Max Oppenheimer im Strafverfahren gegen Hackmann u.a., vorgetragen am 5. März 1981 vor dem Schwurgericht beim Landgericht Düsseldorf.

[18] Ein Staatsanwalt der Zentralstelle in Ludwigsburg erklärt im Jahr 2017, dass es sich um einen unveränderten Paragraphen handele, der verschieden ausgelegt werde. So sei zuletzt Oskar Gröning (1921-2018) 2015 verurteilt worden als Mitglied der SS und wegen seiner Anwesenheit bei den Selektionen, ohne dass ihm eine Mitwirkung an einem Mord nachgewiesen wurde. Die Auskunft verdanke ich Gerburg Rohde-Dahl, die zusammen mit Władysław Jurkow am Film „Die Aufseherin" (Johanna Langefeld) arbeitet.

Dreharbeiten zu Winterspelt, 1977: Eberhard Fechner mit Hans Christian Blech.

JAN-PIETER BARBIAN

Kino oder Fernsehen?
Die Kontroverse um die Verfilmung des Romans „Winterspelt" von Alfred Andersch (1978)

Für Erhard Schütz

ZUR VORGESCHICHTE

Im Spätherbst 1943 befand sich der damals 29-jährige Alfred Andersch in der Eifel. In dem Dorf Rommersheim in der Nähe von Prüm, in dem Andersch mit der Malerin Gisela Groneuer zusammenlebte, notierte er in sein Tagebuch: „Das Land ruht in Spätjahrs-Schweigen. Zwar bringt der Briefträger fast jeden Tag schlechte Nachrichten in die Höfe, doch liegt das Dorf noch behütet zwischen den weithin schwingenden Höhen des Nimstals."[1] Allerdings war auch in die „Abseitigkeit" dieser ländlichen Region „eine fremde Bedrohung eingebrochen", die jeder im Dorf spürte: „Wird der drohende Sturm über die Eifel kommen? Noch sind die Linien der Zukunft nicht erkennbar genug gezogen. Aber in mir lebt eine starke Hoffnung, dass nach allem Lärm und aller Zerstörung die Einsamkeit sich wieder über der Eifel schließen wird wie ein behütendes Tuch." Andersch war zuversichtlich, dass der Bauer des Dorfes überleben und dass ihm seine Religion dabei helfen wird, „den Sinn der Heimsuchung, ihre Geburt aus der Schuld zu erkennen. So werden in seinem Herzen nicht die inneren Ruinen stehen, die so viel schrecklicher sind als die äußeren."

Das „Tagebuchblatt" markiert einen Wendepunkt im Leben Anderschs. Nachdem er 1940 zunächst als Bausoldat, ab Juni dann als Besatzungssoldat der Wehrmacht im besetzten Frankreich eingesetzt worden war, wurde er wegen seiner politischen Vergangenheit als Jugendfunktionär der KPD, der er 1930 beigetreten war, und seiner im Frühjahr 1933 erfolgten dreimonatigen Inhaftierung im Konzentrationslager Dachau 1941 aus der Wehr-

---

[1] Tagebuchblatt aus der Eifel, in: Alfred Andersch: Erzählungen 2. Autobiographische Berichte, Zürich 2004, Alfred Andersch Gesammelte Werke in zehn Bänden. Kommentierte Ausgabe. Hg. von Dieter Lamping, Band 5, S. 323-325, hier S. 323. Die beiden folgenden Zitate ebd., S. 324.

macht entlassen.[2] In diesem Jahr trennte sich Andersch auch von seiner ersten Frau Angelika Albert, die nach den Nürnberger Rassengesetzen als „Halbjüdin" galt und mit der er eine Tochter hatte. Die Ehe wurde Anfang März 1943 geschieden, sodass Mutter und Tochter den Schutz einer „privilegierten Mischehe" verloren. Die Mutter von Angelika Albert, Ida Hamburger, war im Juni 1942 von München nach Theresienstadt verschleppt worden, wo sie im August 1944 starb. Bereits 1940 hatte sich Andersch in die vier Monate ältere Kunststudentin Gisela Groneuer verliebt, die damals noch zusammen mit ihrem 13 Jahre älteren Mann, dem Studienrat Paul Groneuer, und den drei Kindern in Köln-Delbrück wohnte. Nach der Trennung zog sich Gisela Groneuer in die Eifel zurück, wo sie auf dem Bauernhof des Bauern Bischof lebte, ab 1942 als Lehrerin für Kunsterziehung und Sport ihren Lebensunterhalt verdiente, gleichzeitig aber auch mit ersten Ausstellungen ihre Künstlerkarriere einleitete.

Im Oktober 1943 wurde Andersch erneut zur Wehrmacht eingezogen und als Infanterist in Butzbach und Siegen ausgebildet.[3] Anfang April 1944 war er als Obergrenadier im besetzten Dänemark stationiert und wurde im Mai zur 20. Luftwaffen-Feld-Division nach Italien verlegt. Dort geriet Andersch als Mitglied einer Radfahrerkompanie am 6. Juni 1944 bei Oriolo nördlich von Rom in amerikanische Kriegsgefangenschaft. Sie brachte ihn in Camps des US-amerikanischen Südens und der Ostküste und prägte ihn politisch-geistig in nachhaltiger Weise. Ob Andersch tatsächlich desertiert ist, wie es der Schriftsteller in der von ihm selbst als autobiografischer „Bericht" bezeichneten Erzählung „Die Kirschen der Freiheit" dargestellt hat, lässt sich bis heute nicht zweifelsfrei klären. Für ihre 2015 veröffentlichte Untersuchung „Alfred Andersch desertiert" haben Jörg Döring, Felix Römer und Rolf Seubert sowohl deutsche und amerikanische Archivquellen als auch den Nachlass von Andersch im Deutschen Literaturarchiv Marbach ausgewertet. Dort befinden sich die

---

[2] Vgl. hierzu und zum Folgenden Stephan Reinhardt: Alfred Andersch. Eine Biographie. Zürich 1990, S. 30-104; Bernd Jendricke: Alfred Andersch mit Selbstzeugnissen und Bilddokumenten, Reinbek bei Hamburg 1988, S. 23-39; Johannes Tuchel: Alfred Andersch im Nationalsozialismus, in: Sansibar ist überall. Alfred Andersch. Seine Welt – in Texten, Bildern, Dokumenten. Hg. von Marcel Korolnik und Annette Korolnik-Andersch, München 2008, S. 31-41; Norman Ächtler und Peter Erismann: „Sie macht etwas im Raum, ich in der Zeit." Zum Künstlerehepaar Gisela und Alfred Andersch, in: Alfred Andersch. Engagierte Autorschaft im Literatursystem der Bundesrepublik. Hg. von Norman Ächtler, Stuttgart 2016, S. 289-312.

[3] Zum Folgenden s. neben Reinhardt: Alfred Andersch, S. 70-126, auch Volker Wehdeking: Alfred Anderschs Leben und Werk aus der Sicht der neunziger Jahre: Eine Problemskizze, in: Alfred Andersch. Perspektiven zu Leben und Werk. Kolloquium zum achtzigsten Geburtstag des Autors. Hg. von Irene Heidelberger-Leonhard und Volker Wehdeking, Opladen 1994, S. 13-31, und vor allem Jörg Döring, Felix Römer und Rolf Seubert: Alfred Andersch desertiert. Fahnenflucht und Literatur (1944-1952), Berlin 2015.

erzählerischen Kontexte „Amerikaner – Erster Eindruck" aus dem Jahr 1945 und „Flucht aus Etrurien" aus dem Jahr 1950.[4] Die Autoren vermuten, dass es sich um die „kollektive Fahnenflucht"[5] einer Gruppe von deutschen Soldaten gehandelt hat, die sich allerdings im Kriegsgefangenenlager nicht offen zu ihrer Desertion bekennen konnten. Denn nicht nur die Hitler-treuen Mitgefangenen, sondern „selbst manche US-Offiziere" hegten eine „Abneigung gegen die ‚Anti-Nazis' und Deserteure unter den deutschen Kriegsgefangenen – aus ähnlichen militärischen Wertvorstellungen heraus wie sie auch zum Ehrenkodex der Wehrmacht gehörten."[6] Entscheidend war jedoch, dass Andersch 1952 mit seinem literarischen Bekenntnis zur Desertion sehr bewusst einen politischen und gesellschaftlichen Tabubruch beging: zu einer Zeit, als die Attentäter des 20. Juli 1944 und Deserteure aus der Wehrmacht noch als Vaterlandsverräter galten und die Regierung Konrad Adenauers gerade die Remilitarisierung der Bundesrepublik Deutschland vorantrieb.

RÜCKKEHR IN DIE VERGANGENHEIT

An dem Roman „Winterspelt", der ursprünglich den Titel „Major Dincklages Verrat" trug, arbeitete Alfred Andersch seit dem Spätsommer 1971.[7] Das 687 Seiten umfassende Manuskript schloss er Ende Juni 1974 ab. Das Buch erschien mit einer Startauflage von 40.000 Exemplaren zur Frankfurter Buchmesse im Oktober 1974 im Diogenes Verlag. Es sind zwei Mottos US-amerikanischer Schriftsteller, die Andersch besonders schätzte, vorangestellt.[8] Das erste Motto von Ernest Hemingway, der im Herbst/Winter 1944/45 die amerikanischen Truppen auf ihrem Vormarsch nach Deutschland begleitet hatte, wird zitiert aus den „49 Depeschen", die posthum 1967 in den USA erschienen sind: „Es war kalt, es goss, ein halber Sturm wehte, und vor uns lagen wie eine Mauer die schwarzen Forsten der Schnee-Eifel, wo die Drachen hausten." Das zweite Motto von William Faulkner wird als Zitat „aus einem Zeitungsbericht" angegeben, findet sich aber in dessen „Requiem für eine Nonne" aus dem Jahr 1956: „Das

---

[4] S. dazu Schreibanlassforschung oder Stationen der Autofiktion I, in: Alfred Andersch desertiert, S. 145-176, und Stationen der Autofiktion II, ebd., S. 177-188.

[5] Werk – Autor – Diskurs, in: Alfred Andersch desertiert, S. 233-239, hier S. 236.

[6] Stationen der Autofiktion I, S. 172.

[7] Zum Folgenden s. Reinhardt: Alfred Andersch, S. 502-525; Jendricke: Alfred Andersch, S. 103-108.

[8] Diese und alle weiteren Zitate aus dem Roman „Winterspelt" stammen aus der Ausgabe der Gesammelten Werke von Alfred Andersch, hier Band 3, Zürich 2004. Zur Bewertung der beiden Mottos s. Irene Heidelberger-Leonhard: Alfred Andersch: Die ästhetische Position des politischen Gewissens. Zu den Wechselbeziehungen zwischen Kunst und Wirklichkeit in den Romanen, Frankfurt am Main 1986, S. 202-206.

Vergangene ist nie tot; es ist nicht einmal vergangen." Damit wies Andersch auf den Kontext seiner eigenen Biografie und deren konkreter Verortung während des Zweiten Weltkriegs hin, in die er mit seinem vierten und letzten Roman zurückkehrte. Allerdings ging es ihm nicht um die Aufarbeitung der eigenen Lebensgeschichte, so viele Elemente aus der Biografie Anderschs der Roman auch enthält. Vielmehr geht es in „Winterspelt" zum einen um die Kernaufgabe allen literarischen Schaffens. Dazu schreibt Andersch im Dezember 1978 in der tagebuchartigen Aufzeichnung „Böse Träume": „Die Literatur, diese Archäologie der Seele, besteht natürlich auf der Gegenwart der Vergangenheit. Romane und Gedichte entstehen aus Erinnerungen, der schöngeistige Schriftsteller fühlt sich als der Hüter des Gedächtnisses, doch eines ganz anderen, als es der Historiker im Sinne hat."[9]

Zum anderen gestaltet der Roman „Winterspelt" noch einmal und wie in einer Summe das zentrale Leitmotiv im Werk Anderschs: den Ausbruch aus aufgezwungenen politischen oder gesellschaftlichen Bindungen und die Entscheidung für die Freiheit.[10] Gleichzeitig spielt der Schriftsteller die Möglichkeit durch, wie sich die Geschichte des Zweiten Weltkriegs anders hätte entwickeln können, wenn einzelne Menschen nicht den Befehlen der Machthaber, sondern der persönlichen Verantwortung für das Leben ihrer Mitmenschen gefolgt wären.[11] Es geht, so hat es der Literaturwissenschaftler Peter Bekes auf den Punkt gebracht, „um die persönliche Revolte gegen ein in die Katastrophe treibendes unmenschliches militärisches Programm. […] Geschichte wird auch, so korrigiert Andersch diejenigen, die nur noch Phänomene und nicht mehr deren Ursachen, geschweige denn deren Täter sehen wollen, von dem je einzelnen getragen. Sie fällt auch oder gerade in dessen Entscheidungskompetenz und Verantwortungsbereich."[12] Dem folgt konsequent auch die spezifische Form des Romans, wie Bekes analysiert: „Dadurch, dass der Erzähler nicht mehr an der Chronologie der Handlung festhält, sondern Punktuelles – der zerrissene Satzspiegel des Ro-

---

[9] Alfred Andersch: Böse Träume, in: Erzählungen 2 Autobiographische Berichte, Gesammelte Werke 5, S. 441-466, hier S. 453.

[10] S. dazu Dietrich Harth: Literatur trotz Geschichte. Eine Alfred Andersch Lektüre, in: Die Gruppe 47 in der Geschichte der Bundesrepublik. Hg. von Justus Fetscher, Eberhard Lämmert und Jürgen Schutte, Würzburg 1991, S. 85-94; Hanjo Kesting: Die Flucht vor dem Schicksal. Über den Schriftsteller Alfred Andersch, in: Alfred Andersch Text + Kritik 61/62, München 1979, S. 3-22.

[11] Vgl. Klaus R. Scherpe: Alfred Anderschs Roman „Winterspelt" – deutscher Militarismus und ästhetische Militanz, in: Alfred Andersch. Perspektiven zu Leben und Werk, S. 131-141; Ders.: Literarische Militanz gegen den Militarismus. Nachbemerkungen zu Winterspelt, in: Sansibar ist überall, S. 193-198; Ders.: Alfred Andersch – Literatur, das Politische betreffend, in: Anfred Andersch. Engagierte Autorschaft im Literatursystem der Bundesrepublik, S. 60-72.

[12] Peter Bekes: Wie man sich verweigert. Gedanken zum Verhältnis von Ideologie, Geschichte und Ästhetik in Anderschs „Winterspelt", in: Alfred Andersch Text + Kritik 61/62, S. 54-62, hier S. 57. Das folgende Zitat ebd., S. 59.

Winterspelt, Hans Christian Blech mit Katharina Thalbach.

mans verdeutlicht dieses auch optisch – präsentiert, Wirklichkeitsbruchstücke, Szenenfragmente, Aphorismen, Gedankensplitter locker aneinanderreiht, verleiht er seinem Denkspiel jene Offenheit, die es befähigt, als multipler utopischer Gegenentwurf gegen einen nachträglich zum geschlossenen System verdinglichten Geschichtsablauf aufzutreten."

Der Roman besteht aus drei Schichten. Zu Beginn und am Ende sind historische Dokumente zusammengestellt, die den äußeren Rahmen für das abgeben, was sich im Innern des Romans ereignet: Kriegstagebücher, Wehrmachtsberichte, militärhistorische Darstellungen, Briefe von amerikanischen und deutschen Generälen, persönliche Erinnerungen von amerikanischen, britischen und deutschen Führungsoffizieren, eine Zusammenstellung der „Verlustziffern" (mehr als 75.000 Tote, Vermisste und Verwundete) der Ardennenschlacht vom 16. Dezember 1944 bis zum 20. Januar 1945. Das ausgewählte Material hatte Andersch, der als Journalist im Nachkriegsdeutschland begonnen hatte, sorgfältig recherchiert. Der fiktive

Teil spielt sich im Grunde nur an einem einzigen Tag, dem 12. Oktober 1944, ab. An diesem einen Tag wird die von dem Major Joseph Dincklage erwogene Möglichkeit, ein in der Eifel stationiertes deutsches Bataillon mit 1200 Soldaten kampflos der US Armee zu übergeben, durchgespielt. Wobei der Wehrmachtsoffizier erst durch die Liebesbeziehung zu Käthe Lenk, einer aus Berlin geflüchteten jungen Lehrerin, zur Realisierung seines Gedankenspiels gebracht wird, und durch den mit Käthe befreundeten Kommunisten Wenzel Hainstock, der in seinem eigenen Steinbruch arbeitet und lebt, bei der Ausführung unterstützt wird. Der Plan wird durch eine „unerhörte Begebenheit", die die Novelle im Kleistschen Sinne innerhalb des fiktiven Romanteils erzählt, zunichte gemacht: der Kunstgelehrte Dr. Bruno Schefold, der 1937 aus Frankfurt am Main nach Belgien emigriert ist und als „Grenzgänger" zwischen der von der US Army besetzten belgischen und der von der Wehrmacht noch gehaltenen deutschen Landschaft den entscheidenden Kontakt herstellen soll, wird von dem Obergefreiten Hubert Reidel erschossen. Ein sinnloser Tod, denn auf amerikanischer Seite war zwar Captain John Kimbrough bereit, auf das Angebot Dincklages einzugehen, nicht aber sein Vorgesetzter Major Robert Wheeler, der genau wie der amerikanische Generalstab sein deutsches Gegenüber als „Verräter" einstuft. Auf nicht weniger als 600 Seiten zeichnet Andersch die Geschichte dieses einen Tages in der Eifel, wo sich deutsche und amerikanische Truppen in der „Ruhe vor dem Sturm" gegenüberstehen, vom frühen Morgen bis zum Einbruch der Nacht aus unterschiedlichen Perspektiven nach.

Den „Pointillismus", den der Schriftsteller in seinem Roman von der Kunst in seine Literatur überträgt und an dem auch der Leser vom Autor eingeladen wird, gestaltend mitzuwirken, hat der Literaturkritiker Wolfram Schütte in seiner Besprechung des Buches für die „Frankfurter Rundschau" vom 12. Oktober 1974 am besten beschrieben: „Wie das entsteht, wie sich aus Dokument-Zitaten langsam Fiktion, Erzählung, Phantasie entwickelt und am Ende wieder (in Dokumenten über die Toten der Ardennen-Offensive) ins Wirklichkeitsmaterial, in Geschichte (,wie es gewesen') eingeht, verschwindet; wie da Namen, Orte, Zeitabschnitte auftauchen, Sätze entstehen, die erst schemenhaft sind, dann Konturen gewinnen, Farben erhalten, Fleisch ansetzen; wie durch Wiederholung, wechselnde Beleuchtung, Umkehrung kubistische Aspekte eröffnet werden; wie sich in grammatischen Kreuz- und Querzügen, durch Haupt- und Nebensätze (in plötzlich eingesprengten Klammern) Voraus- und Zurückdeutungen einstellen; wie ein Erzählstrang auf einen Höhepunkt geführt, dann abbricht, durch einen anderen ersetzt wird, um später wieder aufgegriffen zu werden; wie da durch Zeit- und Ortswechsel, durch verschiedene Erzählhaltungen, Kommentare, Abschweifungen und Ergänzungen ein luftiger, schlanker, komplizierter Erzählbau errichtet wird und eine geistige Gelenkigkeit entsteht: das ist einfach mitreißend, meisterhaft."[13]

Die Kunst – hier des Pointillismus – war für Andersch jedoch viel mehr als nur ein Stilmittel. Bei ihm stehen die Kunstwerke, worauf der Literaturwissenschaftler Hans Höller hingewiesen hat, „als utopischer Gegenentwurf zur epochalen Vernichtung. Sie haben nicht teil an der Zerstörung, es geht vielmehr darum, sie unversehrt in Sicherheit zu bringen. Als könnte man sie unbeschädigt aufbewahren für einen Neubeginn nach der Katastrophe, nehmen sich die Menschen ihrer an. Die Kunstgegenstände werden ins Exil gebracht, um einmal wieder nach Deutschland zurückkehren zu können."[14] War es in „Sansibar oder der letzte Grund", dem ersten, 1957 veröffentlichten Roman, Ernst Barlachs 1930 entstandene Holzplastik „Der lesende Klosterschüler", die 1937 vor dem Zugriff der NS-Machthaber nach Schweden in Sicherheit gebracht wurde, so rettet in „Winterspelt" der am Städelschen Kunstinstitut in Frankfurt am Main beschäftigte Bruno Schefold das Aquarell „Polyphon gefasstes Weiß" von Paul Klee, ebenfalls aus dem Jahre 1930, durch seine Flucht vor der Vernichtung der nun als „entartet" geltenden Kunst.

In „Winterspelt" hat Andersch nicht nur den Titel des Kleeschen Bildes in „Polyphon umgrenztes Weiß" geändert, sondern auch dessen Größenformat. Entscheidend ist allerdings, dass der Autor das Aquarell mit seinen sechs Farbfeldern, die streng geometrisch um ein weißes Feld im Zentrum angeordnet sind, als Grundmuster oder „Plan" für seinen Roman benutzt.[15] Es sind sechs Hauptfiguren, die zueinander in wechselvoller Beziehung und die auf unterschiedliche Weise zum Weiß im Zentrum stehen. Dazu liefert Andersch eine präzise Bildbeschreibung durch Käthe Lenk im Dialog mit Wenzel Hainstock, bei dem das Aquarell untergestellt ist: „Diese Bewegung von einem dunklen Rand in ein helles Innere wirkte tatsächlich mehrstimmig, polyphon, weil der Maler es verstanden hatte, die Tonwerte der Aquarellfarben einander durchdringen zu lassen. Die Transparenz, das durchfallende Licht, nahm nach der Mitte hin zu, bis es in einem weißen Rechteck aufgehoben wurde, das viel-

---

[13] Wolfram Schütte: Sachbuch über Denkweisen im Möglichkeitsfall, in: Frankfurter Rundschau vom 12.10.1974, zitiert nach dem Nachdruck in: Über Alfred Andersch. Hg. von Gerd Haffmans, Zürich, Dritte, vermehrte Neuausgabe 1987, S. 147-154, hier S. 152-153.

[14] Hans Höller: Der „Widerstand der Ästhetik" und Die Fabel von der Rettung der Kunstwerke, in: Alfred Andersch. Perspektiven zu Leben und Werk, S. 142-151, hier S. 149. Vgl. auch Heidelberger-Leonhard: Alfred Anders: Die ästhetische Position des politischen Gewissens.

[15] S. dazu neben Höller vor allem auch Sven Hanuschek: „Winterspelt" als „polyphon gefasstes Weiss"?, in: Kürbiskern 4 (1987), S. 93-108, und Heidelberger-Leonhard: Alfred Andersch, S. 220-230 und S. 244-250.

Winterspelt, Henning Schlüter mit Bild von Paul Klee.

leicht eine höchste Lichtquelle war, vielleicht aber auch bloß etwas Weißes, ein Nichts."[16] Klee selbst hat sein Aquarell als „'des Menschen Leben' bzw. das des Betrachters, der seine Linien (die ‚Funktion') verfolgt, als endlosen Lauf zwischen Leben und Tod; Freiheit und Unfreiheit; Wollen und Nichtwollen; ‚Nichts' und ‚schlummernde(m) Etwas'" beschrieben.[17] Andersch selbst hat seinen Roman „Winterspelt" als „eine ‚Orgie von ‚Komposition'" bezeichnet.[18] Es sei ein „Sandkastenspiel": „Das Buch schildert einen Konflikt zwischen Erkenntnis und Tat. Damals, in Winterspelt, wurde er nicht gelöst. Was entstand, war etwas Halbes, diffus zwischen Spiel und Wirklichkeit, dem Schefold zum Opfer fiel, als er dem Zufall begeg-

---

[16] „Winterspelt", Gesammelte Werke 3, S. 282-283.

[17] Zitiert nach Hanuschek, „Winterspelt", S. 98.

[18] Alfred Andersch: Der Seesack. Aus einer Autobiographie, in: Erzählungen 2. Autobiographische Berichte, Gesammelte Werke 5, S. 415-439, hier S. 425. Das nachfolgende Zitat ebd., S. 427.

nete: Reidel. G.[isela Groneuer] hat Dincklage gekannt, Schefold und Hainstock. Sie ist meine Zeugin. Nur Reidel hat sie nie kennengelernt; ihn habe ich mir rein aus seiner Sprache aufgebaut. Ein Kammerspiel um den Gedanken herum, man brauche Geschichte nicht hinzunehmen, wie sie gekommen. Nie. Kein pazifistisches Buch, sondern ein Akt des Denkens gegen die Philosophie der Generalfeldmarschälle."

Bei der zeitgenössischen Kritik stieß der Roman auf ein zwiespältiges Echo. Wobei der Diogenes Verlag im November 1974 unter der Überschrift „Kunst oder Kritik in der Krise?" ein Ratespiel mit acht gleichen Fragen zum Roman zusammenstellte, die von den Rezensenten völlig unterschiedlich, zum Teil sogar entgegengesetzt beantwortet worden waren.[19] Besonders einfühlsam wertete der mit Andersch befreundete Wolfram Schütte „Winterspelt" als „ein Alterswerk (wie der Stechlin, Der Erwählte, Der Atem): zart und von durchsichtig-kristalliner Struktur."[20] Im Gegensatz dazu vermochten Rolf Michaelis von der Wochenzeitung „Die Zeit" und Marcel Reich-Ranicki von der „Frankfurter Allgemeinen Zeitung", die der Literaturwissenschaftler Volker Wehdeking treffend als die damals „wichtigsten Geschmackstypenträger" auf dem deutschen Literaturmarkt bezeichnet,[21] in ihren Rezensionen vom 4. und 8. Oktober 1974 die Qualitäten von „Winterspelt" weder zu erkennen noch zu würdigen.[22] Heute zählt der Roman zusammen mit „Billard um halbzehn" von Heinrich Böll (1959), „Die Blechtrommel" von Günter Grass (1959) und „Deutschstunde" von Siegfried Lenz (1968) zu den herausragenden Werken der deutschen Nachkriegsliteratur. Niemand Geringeres als der jüdische Schriftstellerkollege Jean Améry (1912-1978), der im Januar 1939 über die Eifel nach Belgien emigrieren musste, um sein Leben zu retten, hat dies bereits 1974 in seiner Rezension bezeugt: „Leute aus Winterspelt: Denkspielerei einer späten Abendstunde. Doch ist ihr Ergebnis vielleicht brauchbar als Zeugenschaft dafür, dass die Gestalten leben – und gewiß nicht nur für den, der ihre Zeit kannte und den Raum, in dem sie sich bewegten. Wer sie nicht sieht, hört, ertastet, mache sich selber verantwortlich. Und wer nicht begreift, dass es sich hier um den wesentlichsten Roman aus dem Zweiten Weltkrieg handelt, der habe so

---

[19] Diese Zusammenstellung findet sich zusammen mit einer Auswahl der zeitgenössischen Rezensionen im Nachlass von Eberhard Fechner im Archiv der Akademie der Künste in Berlin (im Folgenden abgekürzt AdK), Fechner-Archiv Nr. 1545.

[20] Schütte: Sachbuch über Denkweisen im Möglichkeitsfall, Nachdruck S. 156.

[21] Wehdeking: Alfred Anderschs Leben und Werk aus der Sicht der neunziger Jahre, S. 29.

[22] S. dazu Reinhardt: Alfred Andersch, S. 533-534. Der Verriss von Michaelis war „Höheres Indianerspiel" und der von Reich-Ranicki „Ein Kammerspiel inmitten der Katastrophe oder Sandwüste mit Oase" überschrieben.

viel Einsehen, sein kritisches Handwerkszeug zu überprüfen."[23] Mehr als vierzig Jahre nach dem Erscheinen und in der heutigen Kenntnis der historischen Fakten zum Leben von Alfred Andersch lässt sich der Roman allerdings auch noch in anderer Hinsicht lesen und gegenwartsbezogen verstehen. „Worüber Andersch wieder und wieder nachdachte", so der Berliner Literaturwissenschaftler Klaus R. Scherpe 2008, „war die Unfähigkeit der Akteure, aus dem ihnen zugemessenen Rollenverhalten herauszufallen. Das Rollenspiel der Literatur sollte [...] die Herausforderung an diese Realität formulieren und dabei auch die eigenen Verwerfungen, Versagungen, die Wunschprojektionen und Vorlieben wieder aufnehmen, bildlich, sprachlich, was sonst? Man mag diese Selbstermächtigung des Literaten für problematisch halten. Doch anerkennen muss auch der Kritiker einer solchen Haltung, dass Andersch in seinem récit imaginaire versucht hat, das Unmögliche möglich zu machen: die Funktionsträger und Rollenspieler der Realverhältnisse mit den ideologischen und professionellen Deformationen ihrer eigenen Existenz bekannt zu machen, literarisch, wie denn sonst?".[24]

DAS PROJEKT ZUR VERFILMUNG DES ROMANS DURCH EBERHARD FECHNER

Bis zum Ende des Jahres 1974 waren von „Winterspelt" lediglich 18.461 Exemplare verkauft und im ersten Halbjahr 1975 sogar nur weitere 266.[25] Aufgrund des schlechten Absatzes, aber auch weil das Thema Zweiter Weltkrieg gerade Konjunktur hatte, verhandelte Alfred Andersch bereits im Juli 1975 mit dem Sender Freies Berlin über die Verfilmung seines Romans. Erfahrungen mit dem Film, wenn auch zwiespältige, hatte der cineastisch interessierte Schriftsteller bereits sammeln können. 1961 verfilmte Rainer Wolffhardt nach dem Drehbuch von Leopold Ahlsen den Roman „Sansibar oder letzte Grund" für das Fernsehen (Süddeutscher Rundfunk) – mit großer Anerkennung durch Andersch, während die Verfilmung des Romans „Die Rote" 1962 durch Helmut Käutner auf der Grundlage des gemeinsam erarbeiteten Drehbuchs zu einem öffentlichen Zerwürfnis zwischen dem Autor und dem Regisseur führte.[26] Nun sollte der SFB einen Kino-Produzenten finden, der mit 500.000

---

[23] Die Leute von Winterspelt. Zwei Variationen zu einem Roman II, in: Merkur 28 (1974), S. 1180-1182, hier S. 1182.
[24] Scherpe: Literarische Militanz gegen den Militarismus, S. 198.
[25] Zahlenangaben bei Reinhardt: Alfred Andersch, S. 550.
[26] S. dazu Dietrich Harth: Merkwürdiges Beispiel literarischer Logik: Film = Literatur + x, in: Alfred Andersch. Perspektiven zu Leben und Werk, S. 178-187; Manfred Durzak: Alfred Andersch und Helmut Käutner. Zur Verfilmung des Romans „Die Rote", in: ebd., S. 188-201.

DM Eigenmitteln, 300.000 DM aus dem Etat der Filmförderungsanstalt und 200.000 DM als Drehbuchprämie des Bundesinnenministeriums den Spielfilm realisieren sollte.[27]

Als Regisseure waren zunächst der erfolgreiche deutsche Fernsehfilmregisseur Peter Beauvais (1916-1986) sowie die weltbekannten Spielfilmregisseure Michelangelo Antonioni, Stanley Kubrick und Joseph Losey, kurzzeitig auch Konrad Wolf im Gespräch.[28] Doch Hans Kwiet (1931-2005), der damalige Leiter der Hauptabteilung Fernsehspiel, Hörspiel und Feature beim SFB, konnte Andersch für Eberhard Fechner gewinnen. Der Dokumentarfilmer hatte im Mai 1975 einen großen Erfolg mit der zweiteiligen Verfilmung von Walter Kempowskis Roman „Tadellöser & Wolff" im deutschen Fernsehen erzielt und war von Kwiet auf den Roman „Winterspelt" als attraktive Vorlage für eine weitere Literaturverfilmung angesprochen worden.[29] Nach dem Optionsvertrag mit dem Diogenes Verlag und einem persönlichen Treffen von Fechner mit Andersch in der zweiten Septemberhälfte 1975 in Zürich wurde am 22. Oktober schriftlich vereinbart, dass bis zum 15. Januar 1976 eine erste Drehbuchfassung und bis zum 1. März 1976 das endgültige Drehbuch vorliegen sollte.[30] Dafür erhielt Fechner ein Honorar in Höhe von 22.000 DM.

Aus den in seinem Nachlass überlieferten Unterlagen geht hervor, wie intensiv und sorgfältig sich Fechner mit der Romanvorlage beschäftigt hat. Auf der Grundlage der gewissenhaften Lektüre strukturierte Fechner den knapp 700 Seiten umfassenden Roman thematisch im Hinblick auf den entscheidenden Tag 12. Oktober 1944 und dann noch einmal chronologisch für die Zeit vom 1. bis zum 12. Oktober 1944 sowie für den Zeitraum der Ardennenschlacht vom 16. Dezember 1944 bis zum 20. Januar 1945.[31] Für einen Brief an Andersch formulierte Fechner die für ihn offenbar zentrale Frage: „Was bewegt Dincklage, gegen jede Regel einen so unglaublichen Plan aus der Tasche zu holen? a. Die Haltung gegenüber Käthe [in die er sich verliebt hat und der er zu imponieren versucht]? b. Die Pro-

---

[27] So Reinhardt: Alfred Andersch, S. 717 (Anmerkung 10).

[28] Ebd., S. 548 und S. 573 (mit falscher Schreibweise des Namens Wolf).

[29] S. dazu „Geschichte soll nicht mehr dargestellt werden". Ein Gespräch [von Armin Kerker] mit dem Fernsehregisseur Eberhard Fechner, in: Kultur & Gesellschaft. Zweimonatsschrift für demokratische Kultur vom Dezember 1976, S. 17-19, hier S. 17; Kein Interesse an Geschichte. „Winterspelt"-Verfilmung nicht förderungswürdig? Ein Gespräch [von Armin Kerker] mit dem Regisseur Eberhard Fechner, in: Deutsche Volkszeitung Nr. 5 vom 3.2.1977. Zur Verfilmung der Romane von Walter Kempowski s. Egon Netenjakob: Eberhard Fechner. Lebensläufe dieses Jahrhunderts im Film, Weinheim/Berlin 1989, S. 195-224.

[30] Reinhardt: Alfred Andersch, S. 553; Schreiben des SFB/Hauptabteilung Personal, Honorare und Lizenzen an Fechner vom 22.10.1975, in AdK Fechner-Archiv Nr. 574.

[31] AdK Fechner-Archiv Nr. 1911.

vokation von Hainstock [der Dincklage über Käthe Lenk darüber informiert, dass ihn die Amerikaner für einen ‚Verräter' halten]? c. Die Gewissheit, dass er undurchführbar ist? Also eine reine Gedankenspielerei bleibt?".[32] Darüber hinaus setzte sich der Regisseur mit den wichtigsten Buchbesprechungen auseinander und machte sich Gedanken über die Darstellung der Hauptfiguren.[33] Auch eine erste Übersicht über die einzelnen Text-Teile mit den veranschlagten Filmzeiten wurde angelegt: Für den Doku-Rahmen (I) mit Vorspiel, Nachspiel und Titel, die Biogramme (II), den Roman (III) und die Novelle (IV) kalkulierte Fechner insgesamt 91 Minuten.[34] Die Dokumentarfilm-Szenen sollten aus den Beständen des Bundesarchivs in Koblenz und der Friedrich-Wilhelm-Murnau-Stiftung in Wiesbaden bezogen werden.

Bereits am 18. Februar 1976 schickte Fechner Jens Peter Behrend (* 1945), der von 1974 bis 1980 als Dramaturg in der von Kwiet geleiteten Fernsehspiel-Abteilung des SFB arbeitete, das redigierte Drehbuch: „mit allen Strichen, den wenigen Textänderungen, vor allem der Szene Reidel-Borek und der korrigierten Einstellungsnummerierung. So, wie wir es vor wenigen Tagen besprochen haben."[35] Am 23. Januar 1976 teilte Kwiet in einem Brief an Fechner mit, dass er mit der ersten Drehbuchfassung „sehr zufrieden" war. Gleichzeitig ließ er ihn wissen, dass der Berliner Filmproduzent Manfred Durniok (1934-2003), mit dem Fechner 1975 den Dokumentarfilm „Lebensdaten" für den SFB realisiert hatte, sein „Interesse an der Übernahme und Durchführung der Produktion" des Films angemeldet hatte.[36] Aber auch die in Hamburg ansässige Gesellschaft für audiovisuelle Information Multimedia wollte mit ihrer Berliner Tochterfirma Sunny Point das Projekt realisieren. Kwiet überließ Fechner die Entscheidung, der dann eine Kooperation mit Sunny Point einging. Am 19. Februar 1976 konnte Multimedia den Regisseur darüber informieren, dass dem Schauspieler Henning Schlüter ein Angebot für die Rolle des Dr. Bruno Schefold unterbreitet, aber auch Peter Ustinov wegen einer Mitwirkung in der gleichen Rolle angefragt, die Übernahme der Rolle des Wenzel Hainstock mit Hans Christian Blech verbindlich vereinbart und für die Zeit vom 15. August bis 17. Oktober 1976 ein Optionsvertrag mit Helmut Griem für die Rolle des

---

[32] Fragen an Herrn Andersch, AdK Fechner-Archiv Nr. 574.
[33] AdK Fechner-Archiv Nr. 1545 und Nr. 1993.
[34] AdK Fechner-Archiv Nr. 568. Zum Folgenden s. ebd.
[35] AdK Fechner-Archiv Nr. 574. Diese erste Fassung des Drehbuchs ist überliefert in AdK Fechner-Archiv Nr. 711.
[36] Das Schreiben Kwiets an Fechner in AdK Fechner-Archiv Nr. 574.

Major Joseph Dincklage geschlossen worden war.[37] Für die Rolle der Käthe Lenk war Heidemarie Theobald vorgesehen. Dem Schreiben lagen auch ein Drehplan und eine Kalkulation bei.

Am 12. März 1976 stellte die Sunny Point Filmproduktion GmbH bei der Filmförderungsanstalt in Berlin den Antrag auf Zuerkennung von Förderungshilfen in Höhe von 600.000 DM.[38] Drei Monate später, am 16. Juni 1976, informierte die FFA die Sunny Point darüber, dass ein Darlehen der Projektförderung „für ihr programmfüllendes Spielfilmvorhaben ‚Winterspelt'" abgelehnt wurde. Das Filmförderungsgesetz setze für die Darlehensgewährung voraus, „dass das Projekt aufgrund des Drehbuchs sowie der Stab- und Besetzungsliste einen Film erwarten lässt, der geeignet erscheint, die Qualität und die Wirtschaftlichkeit des deutschen Films zu verbessern." Die Projektkommission der FFA hatte jedoch in ihrer Sitzung vom 28. Mai festgestellt, „dass das vorgelegte Projekt von der Anlage und vom Aufbau her zu jenen Filmen gehört, die sich den Prinzipien des Bildschirms unterwerfen und nicht den Gesetzen der großen Leinwand. Die Methode des unpersönlichen Erzählers, der in teilweise ermüdenden Passagen durch viele Worte zu erreichen versucht, was eigentlich Aufgabe des Bildes wäre, ist nur ein Beispiel unter anderen. Der zentrale Konflikt, so wie er hier behandelt wird, ist eher ein gedanklicher als ein dramatisch sinnlicher. Die Wirtschaftlichkeit des Projektes muss demnach infolge mangelnder Kinoqualität bestritten werden." Abschließend wurde noch angemerkt, dass „die Höhe der beantragten Darlehenssumme in keinem Verhältnis zu den Herstellungskosten steht."

Gegen diese Entscheidung legte Sunny Point am 19. Juli 1976 Widerspruch ein. In der ausführlichen Begründung vom 2. August wurde die FFA darauf hingewiesen, dass es sich bei „Winterspelt" „nur auf den ersten Blick" um einen „Kriegsfilm" handeln würde. „Vielmehr will dieser Film – nach unseren Beobachtungen seit Wickis BRÜCKE [aus dem Jahr 1959] zum ersten Mal wieder – den Krieg am persönlichen Schicksal von Menschen und nicht etwa an Materialschlachten sichtbar machen." Insbesondere einem jungen Kinopublikum sollte das

---

[37] Das Schreiben der Gesellschaft für audiovisuelle Information Multimedia an Fechner ebd.

[38] S. hierzu und zum Folgenden die überlieferte Korrespondenz in AdK Fechner-Archiv Nr. 572. Vgl. dazu auch Peter F. Gallasch: Wie man aus einem Kinofilm-Projekt ein Fernsehspiel macht. Oder: Für den Fall, dass Fechners WINTERSPELT nach allem noch gedreht wird, in: FUNK-Korrespondenz Nr. 10 vom 5.10.1976, S. 9-11; und Klaus Eder: Wer hält was für kinogeeignet? Noch einmal zur Praxis der Filmförderungs-Anstalt, in: Deutsche Volkszeitung vom 10.2.1977. Zu den gesetzlichen und institutionellen Rahmenbedingungen der damaligen staatlichen Filmförderung s. Hans Günther Pflaum: Filmförderung in der Bundesrepublik. Ein Überblick, in: Jahrbuch Film 77/78. Berichte/Kritiken/Daten. Hg. von Hans Günther Pflaum, München/Wien 1977, S. 85-94.

„zufällige Zusammentreffen, Zusammenspiel und Aneinander- bzw. Miteinanderscheitern von Menschen verschiedenster Geisteshaltung und Gruppenzugehörigkeit in einer bestimmten, von innerer Dramatik gekennzeichneten Phase des 2. Weltkrieges (2 Monate nach dem letzten Attentat auf Hitler) [...] die Sinnlosigkeit von Krieg und Völkermord, aber auch etwas von der Problematik vor Augen [..] führen, die sich mit dem Begriff des Widerstandes in der jüngeren deutschen Geschichte verbindet und dies gewiss ehrlicher, intensiver und nachhaltiger als ein Dutzend aktionsreicher Kriegsfilme der letzten Jahre." Die von der FFA gegen das Filmprojekt ins Feld geführten „Prinzipien des Bildschirms" und „Gesetze der großen Leinwand" hielt Sunny Point für problematisch, da in der Theorie „wenig gesichert", ebenso wie das „Auseinanderdividieren von gedanklichen bzw. dramatisch-sinnlichen Konflikten". Gegen diesen Ansatz von Zensur wurde kritisch angemerkt, man gehe „nach wie vor davon aus, dass das deutsche Kino von gedanklichen Konflikten nicht frei gehalten werden soll". Ob der „sehr schwerwiegende gedankliche Konflikt von WINTERSPELT vom Publikum als dramatisch bzw. sinnlich empfunden wird", hinge letztlich „entscheidend von seiner Umsetzung und damit von den Qualitäten des Regisseurs ab."
In diesem Zusammenhang wurde die Projektkommission „ausdrücklich" gebeten, „die bisherige Arbeit des Regisseurs Eberhard Fechner einzubeziehen", da sie „ein ganz wesentlicher Kontext zum Drehbuch ist". An Filmen wie „Tadellöser & Wolff", „Unter Denkmalschutz", „Nachrede auf Clara Heydebreck" und „Klassenphoto" ließe sich „seine in Deutschland wohl einzigartige Fähigkeit zur dokumentarischen Verdichtung eines Stoffs wie WINTERSPELT ablesen, ebenso wie der innere Zusammenhang von Authentizität, Dramatik und Sinnlichkeit." Für Sunny Point war auch der Autor Alfred Andersch, dem gerade der Große Literaturpreis der Bayerischen Akademie der Schönen Künste verliehen worden war, ein Garant für Qualität. Entscheidend im Sinne des Filmförderungsgesetzes sei nicht ausschließlich die Wirtschaftlichkeit, sondern in gleichem Maße die Qualität eines Kinofilms. Daher wurde die Kommission gebeten, „aus der Quelle der bisher gemachten Erfahrungen zu schöpfen und angesichts der Wichtigkeit des Stoffs den gleichen Mut zum möglichen Irrtum zu bezeugen, der bereits anderen Objekten zuteilwurde. Dieser Stoff zumindest hat ihn verdient."
Nachdem die FFA eine Revision ihres Entscheids und damit eine Förderung des Spielfilm-Projekts „Winterspelt" am 7. September endgültig ablehnte, setzte eine intensive publizistische Debatte ein. DER SPIEGEL kritisierte in seiner Ausgabe vom 4. Oktober 1976 die zweifelhaften Kriterien, nach denen die FFA sowohl die Wirtschaftlichkeit als auch die äs-

thetische Qualität eines Kinofilm-Projekts zu beurteilen sich anmaßte.[39] Während Fechners Verfilmung von „Winterspelt" abgelehnt worden war, hätte die FFA keine Probleme damit gehabt, „anstandslos solche Plotten wie ‚Das Netz' oder ‚Potato-Fritz'" finanziell zu unterstützen. Die FUNK-Korrespondenz referierte in ihrer Ausgabe vom 6. Oktober 1976 unter der Überschrift „Wie eine Koproduktion Film/Fernsehen nicht zustande kam" die Positionen der Sunny Point Filmproduktion und kommentierte: „Ein trauriges Kapitel bundesdeutscher Filmförderung, so scheint es, wobei man nicht umhin kann, Vermutungen darüber anzustellen, was denn nun der eigentliche Grund der Misere ist: Widerstand gegen die Thematik der Romanvorlage oder Widerstand gegen einen erfolgreichen FERNSEH-Regisseur?".[40] In der Ausgabe der Wochenzeitung DIE ZEIT vom 8. Oktober 1976 attackierte Hans C. Blumenberg mit dem Titel „Karl May statt Kluge?" das „berüchtigte Schnulzen-Kartell der deutschen Filmwirtschaft", die „letzten Exponenten von Opas Kino".[41] Der Filmkritiker wies auf die politischen Bestrebungen des Verbands der Spielfilmproduzenten, des Filmverleiher-Verbands und des Hauptverbands der deutschen Filmtheater hin, das Filmförderungsgesetz „zu Fall zu bringen": „Die von der Filmwirtschaft in Zukunft im Wege der Selbsthilfe aufzubringenden Mittel" sollten, so die Pläne, nur noch „für eine Wirtschaftsförderung" eingesetzt werden dürfen. Darüber hinaus machte Blumenberg auf die Bestrebungen der Bundesländer Bayern und Saarland aufmerksam, dem Kuratorium Junger deutscher Film den Länder-Zuschuss in Höhe von 750.000 DM und damit die Finanzierungsgrundlage vollständig zu entziehen. Das Kuratorium hatte 1976 ohnehin schon nur zehn von 59 beantragten Projekten finanziell unterstützen können, darunter eine Beihilfe von 120.000 DM für die Verfilmung von „Winterspelt".

Fechner selbst äußerte sich Ende April 1977 bei den 4. Römerberggesprächen in Frankfurt am Main, die dem Thema „Sie schlagen uns das Kino tot" gewidmet waren. Nach den Querelen um die nicht erfolgte Filmförderung, die zur Folge hatte, dass die auf den September/Oktober 1976 terminierten Optionen für die vorgesehenen Hauptdarsteller Helmut Griem, Peter Ustinov und Heidemarie Theobald verfallen waren, erklärte der Regisseur das Projekt für „begraben".[42] In seinem Beitrag zur Debatte über die mangelhafte wirtschaftliche

---

[39] Film: Kein Geld für Fechners „Winterspelt", in: DER SPIEGEL vom 4.10.1976, S. 205.
[40] FUNK-Korrespondenz Nr. 41 vom 6.10.1976, S. 15.
[41] DIE ZEIT Nr. 42 vom 8.10.1976.
[42] Michael Beckert: Kino als Lebens-Mittel. 4. Römerberggespräche Frankfurt: Überlebt der deutsche Film?, in: Saarbrücker Zeitung Nr. 104 vom 5.5.1977, S. 6, und die Richtigstellung durch Fechner: Unsicherheit und Ratlosigkeit.

Unterstützung des deutschen Films auf der einen, die Gefahr von Zensur und Selbstzensur der Regisseure und Filmproduzenten auf der anderen Seite, unterstrich Fechner „die Unsicherheit und Ratlosigkeit deutscher Filmemacher": „Niemand weiß, nach welchen objektiven Kriterien die Projektförderung der FFA ihre Mittel ausschüttet."

In die gleiche Kerbe schlug Alfred Andersch, der sich bei den Römerberggesprächen mit einem Vortrag „Bücher schreiben und Filme machen – zwei Berufe in einem Boot" in die Debatte um die Verfilmung seines Romans einschaltete.[43] Für den zeitkritischen Schriftsteller war die „Einschränkung der Freiheit" durch Bürokratien und Institutionen inzwischen zu einem akuten Thema geworden.[44] Die FFA kritisierte Andersch scharf dafür, dass sie sich ohne fachliche Qualifikation und rechtliche Legitimation „ästhetische Werturteile" als Grundlage ihrer Entscheidungen zur Vergabe von Filmförder-Mitteln des Bundes und der Länder, also öffentlicher Steuergelder, anmaße. Zu beklagen war ein Zustand, bei dem „ausgewiesene Regisseure, Menschen, die längst bewiesen haben, dass sie hervorragende Filme machen können, sich einer erniedrigenden Prozedur des Einreichens von Drehbüchern, des Erklärens von Absichten, der frustrierenden Selbst-Interpretation und des Antichambrierens unterziehen müssen, und dass viele von ihnen abgewiesen werden, und zwar nicht mit einer einfachen Begründung: wir haben kein Geld mehr – das wäre verständlich, könnte ohne weiteres akzeptiert werden –, sondern mit blödsinnigen Urteilen über filmischen Wert oder Unwert."

Mit dem Gedicht „Artikel 3 (3)", das in der Ausgabe der „Frankfurter Rundschau" zum Jahreswechsel 1976/77 veröffentlicht worden war, hatte Andersch in die aufgeheizte Debatte um die Praxis des Radikalenerlasses der Ministerpräsidenten und Innenminister der Bundesländer vom 18. Februar 1972 und die als Folge des RAF-Terrorismus zunehmenden staatlichen Überwachungsmaßnahmen Stellung bezogen.[45] Für den in der Schweiz lebenden Autor wurde die Bundesrepublik Deutschland in seinem übertrieben polemisch geratenen

---

Regisseur Eberhard Fechner: Missverständnisse in einem SZ-Bericht, in: ebd. Nr. 121 vom 26.5.1977, S. 12.

[43] Die Rede wird im Folgenden zitiert nach dem Text in Alfred Andersch: Essayistische Schriften 3, Gesammelten Werke 10, S. 283-292.

[44] Bücher schreiben und Filme machen, S. 289. Das nachfolgende Zitat ebd., S. 290-291.

[45] S. zum Folgenden Reinhardt: Alfred Andersch, S. 562-566; Anatomie einer Affäre. Der „Fall Andersch", mit Dokumenten nacherzählt von Dieter E. Zimmer, in: DIE ZEIT Nr. 13 vom 19.3.1976; Helmut Heißenbüttel: Andererseits schreibe ich nur, was mir Spaß macht. Der Lyriker Alfred Andersch und das politische Gedicht, in: Alfred Andersch Text + Kritik 61/62, S. 105-109; Joachim Jacob: Alfred Anderschs *Artikel 3 (3)* – Über engagierte Lyrik, Metapher und Erinnerungskultur 1976, in: Alfred Andersch. Engagierte Autorschaft, S. 178-175.

Gedicht zu einem neofaschistischen Polizeistaat, den er immer heftiger öffentlich attackierte. Damit befand er sich in bester Gesellschaft mit Heinrich Böll und Günter Grass, die die Beschneidung der im Grundgesetz garantierten demokratischen Freiheitsrechte zu jener Zeit ebenfalls scharf kritisierten und vergleichbaren Diffamierungen in der rechtskonservativen Presse ausgesetzt waren wie Andersch.[46] In dieses Bild passte, dass der damalige Fernsehprogrammdirektor des Südwestfunks, Dieter Stolte, im Januar 1977 Jürgen Lodemann, dem Moderator des im dritten Fernsehprogramm laufenden „Literaturmagazin", die Ausstrahlung der mit dem Schauspieler Jürgen Andreas Anderseits aufgezeichneten Gedicht-Rezitation von „Artikel 3 (3)" untersagte. In ihrer Ausgabe vom 29. Januar 1977 veröffentlichte die „Frankfurter Allgemeine Zeitung" das Gedicht mit einem gehässigen Kommentar von Günther Rühle, der die Sprache von Andersch mit der des nationalsozialistischen Hetzblatts „Der Stürmer" verglich. Diesem rauen politischen Klima war nun offenbar auch die Tatsache geschuldet, dass die FFA einem so renommierten Regisseur wie Fechner die finanzielle Unterstützung für die Verfilmung des Romans „Winterspelt" versagte, in der ein Kommunist eine zentrale Rolle spielte. Dass nicht ästhetische, sondern politische Gründe in diesem Fall ausschlaggebend waren, belegte auch der informelle Tipp eines Filmproduzenten an Fechner: die Chancen auf die Förderung seines Projekts würden durch die Umwandlung des Kommunisten, der als „Sympathieträger des Buches" auftritt, in einen „Antifaschisten allgemeiner Art" steigen.[47]

DIE REALISIERUNG DES FILMPROJEKTS

Es spricht für die unbestechlichen Qualitäten von Fechner, dass er auf solche opportunistischen Angebote nicht einging und trotz aller Gründe zur Resignation nicht aufgab. In einem Interview mit Armin Kerker für die Zeitschrift „Kultur & Gesellschaft" des Demokratischen Kulturbundes im Dezember 1976 hatte der Regisseur dargelegt, weshalb er sich für die Verfilmung dieses komplexen Romans entschieden hatte: „Was mich an diesem Film ganz eminent interessiert, war – ich baue ja an dem Bild des deutschen Bürgers in diesem Jahrhundert und es ist ein Stein mehr in diesem Mosaik gerade für mich – das Versagen des Militärs vor der Diktatur, auch im Augenblick des sicheren Untergangs. Sie waren in kei-

---

[46] Vgl. dazu Ralf Schnell: Heinrich Böll und die Deutschen, Köln 2017; Harro Zimmermann: Günter Grass und die Deutschen. Eine Entwirrung. Essay, Göttingen 2017.
[47] So Fechner im Gespräch mit Armin Kerker „Geschichte soll nicht mehr dargestellt werden", in: Kultur & Gesellschaft, S. 17-19, hier S. 18.

ner einzigen Sekunde in der Lage, dem entgegenzutreten."[48] Wäre der in „Winterspelt" dargestellte „militärhistorisch einmalige Vorgang" der kampflosen Übergabe eines Bataillons an der Westfront tatsächlich geschehen, „hätte es die letzten Monate des Krieges ganz entscheidend beeinflusst, der Krieg wäre mit Gewissheit viel eher zu Ende gewesen, hätte also vielen Tausenden und Abertausenden das Leben gerettet".

Der SFB hatte zunächst angeboten, „Winterspelt" als reines Fernsehspiel für das Fernsehen in Kooperation mit dem ORF zu realisieren. Dazu hatten Kwiet und Behrend am 16. Februar 1977 Fechner mitgeteilt, dass es einen Interessenten für die Auftragsproduktion des Fernsehspiels und einen Interessenten für die Produktion einer „Kleinst-Kinoproduktion" gab.[49] Woraufhin Jannet Fechner am 22. Februar 1977 antwortete, dass ihr Mann „fest entschlossen ist, das Projekt ‚Winterspelt' unter allen Umständen zu realisieren."[50] Allerdings nicht als Fernsehspiel, wie Fechner im Gespräch mit Armin Kerker klar zum Ausdruck gebracht hatte: „'Winterspelt' ist ein Kammerspiel mit wenigen Personen. Wenn das Fernsehen den Film alleine realisiert, wird er nur die Mittel zur Inszenierung des Kammerspiels haben. Und wenn ich das Kammerspiel irgendwo im Niemandsland und im Nirgendwo ansiedle, dann hat es keine Bedeutung."[51] Neben der bereits bewilligten Beihilfe des Kuratoriums Junger deutscher Film stand Fechner seit November 1976 auch eine Drehbuchprämie des Auswahlausschusses für Filmförderung im Bundesinnenministerium in Höhe von 200.000 DM zur Verfügung (den gleichen Betrag hatten übrigens auch Volker Schlöndorff für die Grass-Verfilmung der „Blechtrommel" und Peter Handke für die Verfilmung seines Romans „Die linkshändige Frau" erhalten).[52] Mit diesen Geldern war das Projekt allerdings noch nicht finanzierbar. In einer Kostenzusammenstellung vom 28. Januar 1977 rechnete man mit Herstellungskosten für den Produzenten in Höhe von 2.212.947 DM.[53]

Im Frühjahr 1977 gelang es Fechner, die Ullstein AV, eine Tochtergesellschaft des Springer-Konzerns in Hamburg, als Produktionsgesellschaft zu gewinnen.[54] Der Film war nun mit

---

[48] „Geschichte soll nicht mehr dargestellt werden", S. 18. Das nachfolgende Zitat ebd.
[49] AdK Fechner-Archiv Nr. 574.
[50] Ebd.
[51] „Geschichte soll nicht mehr dargestellt werden", S. 19.
[52] Innenministerium fördert zwölf Spielfilmvorhaben, in: Süddeutsche Zeitung vom 10.11.1976.
[53] AdK Fechner-Archiv Nr.
[54] Reinhardt: Alfred Andersch, S. 576.

Produktionskosten in Höhe von insgesamt 1.878.000 DM kalkuliert.[55] An der Finanzierung sollten sich der SFB und der Hessische Rundfunk mit jeweils 500.000 DM sowie der ORF mit 100.000 DM beteiligen, die Fördermittel des Bundesinnenministeriums (200.000 DM) und des Kuratoriums Junger deutscher Film (120.000 DM) eingebracht werden und die Ullstein AV wollte die verbleibenden 458.000 DM übernehmen. Allerdings machten die Vertreter des SFB und des HR bei einer Besprechung am 30. März 1977 in Hamburg deutlich, dass ihre Sender sich nur mit jeweils maximal 300.000 DM für das Filmprojekt engagieren könnten. Bis zum 30. April sollte geklärt werden, ob über die Intendanten der beiden deutschen Fernsehsender „Sondermittel" zu erhalten waren. Zudem einigten sich Fechner und Johannes J. Frank als Herstellungsleiter der Ullstein-AV intern darauf, die Produktionskosten durch Einsparungen auf 1,6 Millionen DM zu reduzieren.

Der 23 Seiten umfassende Kostenvoranschlag für den geplanten 35 mm-Farbfilm vom 20. April 1977 sah Gesamtkosten von 1.752.835 DM vor.[56] Vorgesehen waren sechs Vorbautage, zwölf Bautage, 30 Drehtage, zwölf Tage für den Rohschnitt, sechs Tage für den Feinschnitt, ein Tag für die Musikaufnahmen, zwei Tage für die Synchronisation und drei Tage für Mischungen. Die Dreharbeiten sollten am 12. September 1977 in der Eifel beginnen, die Standardkopie am 10. Januar 1978 abgeliefert werden. Für die Verfilmungsrechte waren dem Diogenes Verlag 75.000 DM zu zahlen. Fechner erhielt für die Film- und Fernsehrechte insgesamt 50.000 DM, als Regisseur noch einmal 40.000 DM. Der Regiestab, zu dem seine Frau Jannet Gefken als 1. Regie-Assistentin gehörte, war mit 105.350 DM kalkuliert, der Produktionsstab mit 49.450 DM. Die Darsteller sollten Gagen in Höhe von insgesamt 268.000 DM erhalten, wobei den Hauptdarstellern vertraglich 172.000 DM zugesichert wurden, während für die kleinen Rollen über Gagenschein 37.100 DM und für die Komparsen 52.400 DM vorgesehen waren. Für die Ausstattung wurden 180.940 DM kalkuliert: Kostüm-Kauf, Kostüm-Miete, Waffen, Fahrzeuge und Flugzeuge. Für die Außenaufnahmen an 30 Tagen in der Eifel und in Belgien entstanden geschätzte Kosten in Höhe von 479.120 DM, für das Film-Material und dessen Bearbeitung 121.500 DM. In der revidierten Finanzierungskalkulation vom 23. Mai 1977 wurden die Gesamtkosten nach Einsparungen in allen Positionen nur noch mit insgesamt 1.523.055 DM angegeben.[57] Dazu trugen SFB und HR nun jeweils 350.000 DM,

---

[55] Ullstein AV 5-seitige Hausmitteilung-Aktennotiz des Herstellungsleiters Johannes J. Frank für Uwe Luckes vom 30.3.1977, AdK Fechner-Archiv 567. Zum Folgenden s. die Überlieferungen ebd.

[56] AdK Fechner-Archiv Nr. 567.

[57] Ebd.

der ORF 150.000 DM, die Schweizerische Rundspruch Gesellschaft 70.000 DM und die Ullstein-AV 260.055 DM bei. Fechner selbst brachte die 120.000 DM aus dem zinslosen Förderungsdarlehen des Kuratoriums Junger Deutscher Film ein.[58]

Das von Fechner noch einmal überarbeitete Drehbuch vom 12. Mai 1977 umfasste 237 Seiten.[59] Nach einem persönlichen Gespräch in Zürich mit Hans Kwiet bestätigte Alfred Andersch am 30. Mai 1977 noch einmal schriftlich seine Änderungswünsche am Drehbuch.[60] Die sprachliche Fassung der Dialoge wertete er als durchweg „überholungsbedürftig in Richtung Umgangssprache":„Eliminierung des Imperfekts, das ja im gesprochenen Deutsch kaum vorkommt. Sorgfältig die Stellen untersuchen, an denen Reflexionspartien des Romans in direkte Rede überführt worden sind. Auch die Frage, ob einige Dialogstellen, die im Roman Ergebnisse langwieriger Überlegungen sind, im Drehbuch nicht zu abrupt, zu verkürzt wirken, müsste geprüft werden." Bezüglich des „Rückblenden-Problems", das die Biografien von Hainstock, Dincklage, Käthe Lenk und Reidel aus der Zeit vor 1944 betraf, schlug Andersch vor, den Erzähler entweder zu eliminieren oder konsequent auch da einzusetzen, wo er im Drehbuch durch einen Dialog ersetzt worden war. Gegen die im Drehbuch vorgesehene „Bettszene" von Käthe Lenk und Dincklage legte er „als Autor des Romans ein ausdrückliches Veto ein – (das einzige, wie ich bemerken möchte!)." Auf die Kritik Anderschs stieß auch die „unzulässige Übertragung" von Reflexionen im Roman in direkte Rede im Drehbuch und die zu wenig herausgearbeitete „Trinkgeld-Vorgeschichte" aus dem Leben Reidels als Hoteliers-Sohn und -Lehrling. Neben dem Plan Dincklages zur Übergabe seines Bataillons handelte es sich hierbei um „das zweite zentrale Motiv des ganzen Buches. Wenn es nicht in der nötigen Bedeutung sichtbar wird, bleibt der Tod Schefolds ungenügend motiviert, was desaströs wäre." Insgesamt bescheinigte Andersch dem Drehbuch aber, dass es „mit bewundernswerter Genauigkeit gearbeitet" worden war.

Die strittigen Fragen wurden dann im Rahmen einer „Arbeitskonferenz" am 9. und 10. Juli 1977 zwischen Andersch und Fechner geklärt.[61] Der vorgesehene Untertitel „Freies Geleit" wurde verworfen, der Filmtitel jedoch mit „Winterspelt 1944" präzisiert, um den historischen Kontext zu verdeutlichen. Auf eine Darstellung des letzten, auch im Roman nur angedeu-

---

[58] Kuratorium junger deutscher Film e.V., München, an Sunny Point vom 10.11.1976, AdK Fechner-Archiv Nr. 572.
[59] Das Drehbuch ist überliefert in AdK Fechner-Archiv Nr. 241.
[60] Das Schreiben findet sich in AdK Fechner-Archiv Nr. 574. Zum Folgenden s. ebd.
[61] Die Notizen Fechners „Für das Gespräch mit A. Andersch am 9. + 10.7.77" und die 60 „Fragen an Herrn Andersch" finden sich in AdK Fechner-Archiv Nr. 570.

teten Gesprächs zwischen Dincklage und Reidel nach der Tötung Schefolds und der Entdeckung des Plans wurde verzichtet, das Ergebnis jedoch – die Beförderung Reidels – durch die Unteroffiziers-Litzen auf seiner Uniform am Ende des Films gezeigt. Der Regisseur machte dem Autor allerdings deutlich, dass das Drehbuch „stark vom Roman abweichen" müsse: Je besser ein Buch sei, umso unmöglicher werde es, „es in ein anderes Medium zu übertragen".[62] Ohnehin könnten nur 10 % der Geschichte im Film überhaupt dargestellt werden. Dazu merkte Fechner während der Dreharbeiten in einem Zeitungsinterview an: „Man darf gar nicht den Anspruch erheben, einen Roman verfilmen zu wollen. Man kann ihn immer nur – und das klingt jetzt vielleicht ein bißchen hart – als Stofflieferanten sehen. Der Regisseur nimmt aus der angebotenen Fülle die Teile heraus, die ihm wichtig erscheinen, und macht daraus etwas Neues. Etwas ganz Neues, das mit dem Roman natürlich etwas zu tun hat, ihn aber niemals ersetzen kann. Nämlich den gesamten visuellen und akustischen Bereich."[63]

Nachdem im Sommer 1977 auch noch 32 Seiten des Romans mit Passagen zu Wheeler, Kimbrough und anderen amerikanischen Soldaten aus dem deutschen Original ins Englische übersetzt worden waren,[64] stand der Realisierung des Projekts nichts mehr im Wege. Als Hauptdarsteller konnten unter Vertrag genommen werden:[65] Hans Christian Blech (1915-1993) als Wenzel Hainstock, Henning Schlüter (1927-2000) für die Rolle des Dr. Bruno Schefold und Claus Theo Gärtner (*1943), der damals an der Schaubühne Berlin unter Peter Stein arbeitete, als Obergefreiter Hubert Reidel. Die Rolle der Käthe Lenk erhielt die 1954 in Ost-Berlin geborene Katharina Thalbach. Die Tochter des Regisseurs Benno Besson und der Schauspielerin Sabine Thalbach hatte in der DDR trotz ihres jungen Alters bereits große Erfolge auf der Bühne und im Film erlebt, war fest beim Berliner Ensemble engagiert und bereits 1973 von der westdeutschen Zeitschrift „Theater heute" als Schauspielerin des Jahres ausgezeichnet worden. Im Dezember 1976 hatte Katharina Thalbach jedoch im Gefolge der

---

[62] „Fragen an Herrn Andersch", Punkt 20, das Folgende in Punkt 21, AdK Fechner-Archiv Nr. 570.

[63] Mathes Rehder: Unverklärter Blick zurück. Eberhard Fechner drehte seinen ersten Kinofilm „Winterspelt", in: Hamburger Abendblatt Nr. 267 vom 15.11.1977. Vgl. dazu auch Eberhard Fechner: [Wieviel Literatur braucht das Fernsehen?] Rede anläßlich der PEN-Tagung in Erlangen 1978, in: Nagel/Kirschner: Eberhard Fechner, S. 183-197.

[64] AdK Fechner-Archiv Nr. 571.

[65] S. den Kostenvoranschlag vom 23.5.1977, der für die Hauptdarsteller Gagen in Höhe von 172.000 DM vorsah, in AdK Fechner-Archiv Nr. 576, den Drehplan zum Film mit der Disposition vom 15.8.1977 in AdK Fechner-Archiv Nr. 1543 sowie die Sammlung von Zeitungsartikeln über Hans Christian Blech und Katharina Thalbach in AdK Fechner-Archiv Nr. 1999.

Biermann-Ausbürgerung zusammen mit ihrem Lebensgefährten Thomas Brasch die DDR verlassen. Für die Rolle des Major Dincklage waren nach der Absage von Helmut Griem unterschiedliche Schauspieler in Erwägung gezogen worden: Martin Benrath, Horst Janson, Peter Fitz, Knut Hinz, Manfred Zapatka.[66] Es wurde dann Ulrich von Dobschütz (*1940), den Andersch wenig schätzte und der auch in den Kritiken zum Film schlechte Bewertungen erhielt.[67] Schwierigkeiten bereitete auch die Besetzung der Rollen von Kimbrough und Wheeler. Da amerikanische Schauspieler wegen des Booms der Spielfilm- und Fernsehserien-Produktion in den USA nicht zur Verfügung standen bzw. in der Gage sehr teuer waren, wich man auf preiswertere britische Schauspieler aus:[68] George Roubicek (*1935) spielte Captain John Kimbrough und der 1933 aus Berlin emigrierte Frederick Jaeger (1928-2004) den Major Robert Wheeler. Die Bauern und Bauersfrauen der Dörfer Winterspelt und Hemmeres spielten sich selbst. Als Komparsen für die Landser und die Waffen-SS wurden 150 Bundeswehrsoldaten aus Gerolstein und Daun eingesetzt, die 200 Soldaten der US Army kamen mit Genehmigung des U.S. European Command in Stuttgart aus Bitburg und Spangdahlem.[69]

Die Drehorte in Maspelt (anstelle des im Zweiten Weltkrieg stark zerstörten Winterspelt, das nur noch auf einer historischen Postkarte aus den 1930er Jahren zu Beginn und am Ende des Films gezeigt werden konnte), St. Vith, Hemmeres, Krewinkel bei Losheim und Irrhausen (Steinbruch von Willi Weiland) waren im Juni 1977 von dem Heimatforscher Georg Michaelis aus Gerolstein im Auftrag der Ullstein-AV erkundet worden.[70] Dazu wurde festgehalten: „Fechner legt großen Wert auf genaue dokumentarische Arbeit. Der Film soll in

---

[66] S. dazu die Stabliste der Ullstein AV für „Winterspelt", o.D. [vermutlich Frühjahr 1976] in AdK Fechner-Archiv Nr. 1997; Koproduktion Film/Fernsehen „Winterspelt" kommt nun doch zustande, in: FUNK-Korrespondenz Nr. 28 vom 13.7.1977.

[67] Reinhardt: Alfred Andersch, S. 594.

[68] Dazu das Schreiben von Wolfgang Glattes, Bavaria Film Studios München/New York, an Fechner vom 23.2.1976, AdK Fechner-Archiv Nr. 1652.

[69] 33 Jahre danach: Wehrmacht im Dorf. Film wird fast originalgetreu, in: Kölnische Rundschau Nr. 229 vom 3.10.1977; Im Gleichschritt zum Friseur. Außenaufnahmen mit deutschen und US-Soldaten, in: Kölner Stadt-Anzeiger Nr. 228 vom 1./2.10.1977. S. dazu auch die Pressemitteilung der Ullstein AV: An die Jetztzeit ranrobben... Der konsequente Weg des Regisseurs Eberhard Fechner, hier Bl. 5, in AdK Fechner-Archiv Nr. 569, und das Schreiben des Office oft he Assistant Secretary of Defense in Washington D.C. an Henning Rintelen von der Ullstein AV vom 17.8.1977, in dem auf die Weiterleitung der Bitte um Bereitstellung US-amerikanischer Soldaten für den Film an das Office of Public Affairs im US-amerikanischen Hauptquartier in Stuttgart hingewiesen wird, AdK Fechner-Archiv Nr. 1998. Die Soldaten wurden schließlich über einen Aufruf im amerikanischen Soldatensender AFN gefunden.

[70] Georg Michaelis an Johannes J. Frank vom 7.7.1977, AdK Fechner-Archiv Nr. 572. Das nachfolgende Zitat ebd. S. auch die Motivliste nach Motivsuche am 17., 18., 19.6.1977 in AdK Fechner-Archiv Nr. 1995.

der Hauptsache am Ort der Handlung in Maspelt gedreht werden." Der Regisseur selbst hatte sich ebenfalls vor Ort in der Eifel umgesehen und sich vor dem Ortsschild Winterspelt, Ortsteil Elcherath, Kreis Bitburg-Prüm, fotografieren lassen.[71] Für die Filmbauten war der renommierte Film-Architekt Hans-Jürgen Kiebach (1930-1995) zuständig, der 1973 einen Oscar für die Ausstattung des Films „Cabaret" erhalten hatte. Für „Winterspelt 1944" mussten an den Drehorten alle Fernsehantennen von den Dächern der Dörfer verschwinden, Straßen, Häuser, Fenster und die Kleidung der Bauern in den Originalzustand zurückversetzt werden. Für die aufwändige Ausstattung sorgte der österreichische Szenenbildner Wolf Witzemann (1924-1991). Die Zusammenstellung der Requisiten für die 97 Bilder umfasst nicht weniger als elf Seiten.[72] Ob Frisuren, Uniformen, Orden, Zigarettenpackungen, Trinkbecher, Waffen, Fahrzeuge, Schützengräben, Karten oder Uhren – alles musste in die Zeit des Jahres 1944 passen. Die militärgeschichtlichen Fachberater Günther Lange, Gerd Scharnhorst und Samuel W. Magill achteten auf korrektes Auftreten, zeitgemäße Aufmärsche, Grußformeln, die Einrichtung der militärisch genutzten Räumlichkeiten, Schützenlöcher für die Wachposten, zeitgenössische Radiosendungen, Wehrmachtsberichte, Frontverlauf u.v.a.m. sowohl auf deutscher als auch auf amerikanischer Seite.[73]

Als Kameramann war ursprünglich Gero Erhardt vorgesehen, mit dem Fechner bereits „Tadellöser & Wolff" erfolgreich realisiert hatte.[74] Der Regisseur entschied sich dann aber für Kurt Weber (1928-2005), der nach den antisemitischen März-Unruhen 1968 aus Polen in die Bundesrepublik emigriert war.[75] Fechner zog allerdings auch noch Rudolf Körösi (*1938) hinzu, mit dem er seit seinem ersten Film „Selbstbedienung" im Jahr 1966 insgesamt acht Filme realisiert hatte. Den Schnitt übernahm wiederum Barbara Grimm, mit der Fechner bei der Verfilmung von „Tadellöser & Wolff" erstmals zusammengearbeitet hatte. Bei der Musik entschied sich Fechner für den aus Ungarn stammenden, aber seit 1956 in Wien lebenden Komponisten György Ligeti (1923-2006), der Filme von Stanley Kubrick bereichert

---

[71] S. AdK Fechner-Archiv Nr. 1992.

[72] AdK Fechner-Archiv Nr. 1994.

[73] S. dazu im Einzelnen die Zusammenstellungen und Vermerke über Drehbuchbesprechungen aus dem Juli 1977 in AdK Fechner-Archiv Nr. 1994. S. auch die 2-seitige Liste mit „Erledigungen", in der zahlreiche Details festgehalten werden, die bei den Dreharbeiten zu beachten waren, AdK Fechner-Archiv Nr. 1998.

[74] Vorläufige Besetzungsliste, o.D. [vermutlich 1976], in AdK Fechner-Archiv Nr. 1996, und Kostenvoranschlag vom 20.4.1977, AdK Fechner-Archiv Nr. 567.

[75] S. dazu die Stabliste in AdK Fechner-Archiv Nr. 569 und die Auflistung für den Abspann vom Oktober 1977, AdK Fechner-Archiv Nr. 1998.

hatte und auch von Andersch besonders geschätzt wurde.[76] Zu hören war der Cellist Siegfried Palm mit dem Symphonieorchester des Hessischen Rundfunks unter der Leitung von Michael Gielen.

Die Proben mit den 36 Schauspielern liefen vom 22. bis 28. August 1977.[77] Gedreht wurde vor Ort an 42 Tagen vom 5. September bis zum 22. Oktober, also zu genau jener Zeit, als das Drama um die Entführung und Ermordung des Arbeitgeberpräsidenten Hanns Martin Schleyer (1915-1977) die Aufmerksamkeit der Medien und der gesamten Öffentlichkeit in Deutschland absorbierte. Der Schnitt erfolgte bis zum Ende des Jahres 1977. In den Vorspann zum Film nahm Fechner die beiden Sätze aus „Winterspelt", mit denen Andersch unter der Überschrift „Sandkasten" den Schlüssel zum Verständnis seines Romans, im Grunde aber auch seines gesamten literarischen Schaffens nach 1945 als einer Auseinandersetzung der Literatur mit der historischen Vergangenheit offen legte: „Geschichte berichtet, wie es gewesen./Erzählung spielt eine Möglichkeit durch."[78] Um den Wechsel vom Dokumentarischen in die Fiktion analog zum Roman zu verdeutlichen, setzte Fechner an den Anfang und an das Ende seines Spielfilms historisches Dokumentarfilmmaterial aus dem Jahr 1944. Obwohl im November 1977 bereits eine umfangreiche Sichtung von historischem Dokumentarfilmmaterial aus bundesdeutschen und amerikanischen Archiven vorgenommen worden war,[79] entschied sich der Regisseur dann doch kurzfristig für Filme zur Ardennenoffensive aus den National Archives in Washington/DC. Am 11. Januar 1978 telegrafierte Produktionsleiter Johannes F. Frank von der Ullstein-AV an Frank von Krusenstiern in New York, dass er die Filmrollen dringend benötigte, da der Spielfilm zu den Internationalen Filmfestspielen in Berlin uraufgeführt werden sollte – „und wir bringen ihn ohne das Material aus Washington nicht rechtzeitig zu Ende."[80] Der Transfer über den Ozean gelang

---

[76] Vgl. Reinhardt: Alfred Andersch, S. 594-595.

[77] S. hierzu und zum Folgenden den detaillierten Drehplan mit Stand vom 28.8.1977 in AdK Fechner-Archiv Nr. 724, den revidierten Drehplan mit 32 Drehtagen in AdK Fechner-Archiv Nr. 1543 sowie die detaillierte Auflistung zu jeder Drehwoche und jedem Bild mit den genauen Drehzeiten in AdK Fechner-Archiv Nr. 1998.

[78] Vgl. hierzu und zum Folgenden das „Eingerichtete Drehbuch" mit den handschriftlichen Anmerkungen und Änderungen, Ergänzungen, Kommentaren, Kürzungen, genauen Längenangaben, Zeichnungen, Kameraeinstellungen und Beschreibungen in englischer Sprache, AdK Fechner-Archiv Nr. 284.

[79] S. dazu die Akten-Notiz Fechners vom 21.11.1977 mit dem Hinweis auf die Sichtung von Dokumentarfilmen am 24.11. bei der Firma Illge in Berlin sowie das Schreiben von Samuel W. Magill an Fechner vom 5.12.1977 zu Filmmaterial, das das US-amerikanische Verteidigungsministerium leihweise zur Verfügung stellen wollte, AdK Fechner-Archiv Nr. 1998

[80] Die Korrespondenz ist überliefert in AdK Fechner-Archiv Nr. 1995.

dann rechtzeitig, sodass der Film mit einer Länge von 111 Minuten bis Februar 1978 fertiggestellt werden konnte.

Noch während der Dreharbeiten hatte Frank den Spielfilm Wolf Donner (1939-1994) zur Aufnahme in das Programm der Berlinale, die erstmals nicht mehr im Sommer, sondern im Februar/März stattfinden sollte, angeboten.[81] In einem Schreiben vom 26. September 1977 zeigte sich der damalige Leiter der Filmfestspiele grundsätzlich interessiert, obwohl er bislang weder den Roman noch das Drehbuch gelesen hatte: das Sujet klinge „faszinierend und für den Regisseur habe ich eine große Bewunderung." Am 26. Januar 1978 teilte Donner dann allerdings Frank telefonisch mit, „dass das Auswahlkomitee nach Besichtigung des Filmes und eingehender Diskussion zu der fast einhelligen Meinung gekommen sei, den Film nicht im Festspiel-Programm laufen zu lassen." Zur Begründung führte Donner an, dass der deutsche Film aufgrund der bisherigen Erfahrungen auf der Berlinale „immer einer besonders harten deutschen Kritik gegenüber" gestanden hatte. Daher glaubte er, „dass es dem Film ‚Winterspelt' nicht helfen würde, wenn er sich gegenüber dieser Kritik nicht halten könne." Zum Trost sollte der Film aber im Sonderprogramm „Deutsche Reihe 78", die Ulrich Gregor verantwortete, gezeigt werden. Dieses Forum des deutschen Films war zwar nicht der Öffentlichkeit zugänglich, sprach aber deutsche und ausländische Filmkritiker sowie ausländische Verleiher und Interessenvertreter ausländischer Fernsehanstalten an. In diesem Seitenbereich der Berlinale war „Winterspelt 1944" am 24. Februar und 3. März 1978 erstmals im Minilux am Zoo zu sehen.

Die öffentliche Kinopremiere erfolgte wesentlich später. Erst am 13. Oktober 1978 wurde „Winterspelt 1944" im Cinema Paris in West-Berlin gezeigt, nach wenigen Tagen aber vom Programm abgesetzt.[82] Auch bei der Auswahl zum Programm der 2. Duisburger Film-Woche fiel der Spielfilm durch. Am 20. Oktober 1978 teilte die damalige Festivalleiterin Angela Haardt der Ullstein-AV mit, dass die „enorme Einschränkung, die durch die geringen finanziellen Mittel notwendig wurde", die Veranstalter dazu zwinge, „auf eine ganze Reihe von wichtigen Filmen zu verzichten."[83] Wie von Wolf Donner vorhergesagt, hatte der inzwischen

---

[81] Hierzu und zum Folgenden die Korrespondenz vom September 1977 und die Aktennotiz Franks über das Telefonat mit Donner vom 26.1.1978 in AdK Fechner-Archiv Nr. 1995.

[82] Presseinformation des Diogenes Verlags vom 7.10.1978, überliefert in AdK Fechner-Archiv 3207; Inge Bongers: Geschichte aus zweiter Hand. Bilder der Zeit: Eberhard Fechners Kino-Einstand, in: Der Abend. Eine Zeitung für Berlin vom 6.10.1978; B.L.: Ohnmacht des Gewissens. Cinema Paris: „Winterspelt 1944", in: Berliner Morgenpost vom 13.10.1978.

[83] AdK Fechner-Archiv Nr. 3207.

Winterspelt, Eberhard Fechner mit Henning Schlüter und Claus Theo Gärtner.

von der Filmbewertungsstelle der Bundesländer mit dem Prädikat „wertvoll" ausgezeichnete Film im Ausland wesentlich mehr Erfolg. Durch Vermittlung des Goethe-Instituts wurde er im Herbst 1978 sowohl in der Carnegie-Hall als auch im Rahmen einer großen Fechner-Retrospektive im Museum of Modern Art (28.11.-8.12.) gezeigt.[84] Inter Nationes nahm „Winterspelt 1944" im Juni 1979 in sein Kulturprogramm auf, das weltweit über die Auslandsvertretungen und die Goethe-Institute verbreitet wurde.[85] Im Oktober 1983 wurde der Film mit dem 1. Preis der internationalen Friedensfilmtage in Montreuil ausgezeichnet.[86]

---

[84] Mitteilung der Presseabteilung des Diogenes Verlags, ebd.

[85] Reinhardt: Alfred Andersch, S. 603.

[86] Dazu die Pressemitteilung des Diogenes Verlags vom Oktober 1983 und das Schreiben von Ute Kirchhelle, die als Leiterin der Filmarbeit im Goethe-Institut Paris den Preis in Vertretung des Regisseurs entgegen genommen hatte, an Fechner vom 25.10.1983, AdK Fechner-Archiv Nr. 3207.

Fechners Film hatte sich gegen „Apocalypse now" von Francis Ford Coppola, „1900" von Bernardo Bertolucci und 18 weitere Spielfilme bei der Jury aus Pariser Film- und Friedensexperten durchgesetzt.

ZEITGENÖSSISCHE FILM- UND FERNSEHKRITIK

Überblickt man die zahlreichen Besprechungen, die seit 1978 zu „Winterspelt 1944" in der deutschen Presse erschienen sind, so fällt auf, dass sich die wenigsten davon auf den Kinofilm, die meisten aber auf die mehrmals wiederholten Ausstrahlungen im Fernsehen beziehen.[87] Die klügste Besprechung stammt dabei von einem Autor, den man nicht ohne weiteres mit Eberhard Fechner in Verbindung bringen würde. Dass Hans Hellmut Kirst (1914-1989) mit seiner Romantrilogie „08/15" zu den Bestsellerautoren der frühen Nachkriegsliteratur in Deutschland zählte, ist bekannt. Dass er seit den späten 1940er Jahren und bis 1972 Filmkritiker der Tageszeitung „Münchner Mittag" war und seit 1969 beim ZDF in Mainz regelmäßig am „Ratschlag für Kinogänger" mitarbeitete, dürften nur wenige wissen. In seiner Filmbesprechung „Als viele noch auf ein Wunder hofften", die am 28. April 1978 in der Tageszeitung „Die Welt" erschien, würdigte Kirst sowohl den Roman von Andersch als auch die Verfilmung. An Fechners Verfilmung schätzte er, dass er „seine literarische Vorlage nicht einen Augenblick lang vergessen, nichts eigenwillig verändert, nichts beliebig ausgedeutet" hatte – „nur eben alles vereinfacht", da der vom Autor auf 600 Seiten ausgebreitete Stoff in einem knapp zweistündigen Spielfilm nicht vollständig hatte bewältigt werden können. An der Auswahl der Schauspieler, die nicht nach großen, gefallsüchtigen Namen, sondern nach Eindringlichkeit in der Darstellung getroffen worden war, erkenne man die besondere Handschrift des Regisseurs: „Eberhard Fechner sucht nicht den Glanz, den Effekt, die optische Brillanz. Er berichtet in konzentrierten Worten. Sein Film scheint oft in völlige Dunkelheit zu versinken, eben in einer Zeit, in der nichts mehr leuchtet. Selbst dieser Eifelherbst mutet an wie von bannender Traurigkeit überflutet."

Zum Kinostart in Berlin schrieb Volker Baer (1930-2016) im „Tagesspiegel" vom 13. Oktober 1978, dass die Herausforderung für Fechner darin bestanden habe, aus dem „sprunghaften, intellektuell konzipierten Roman […] ein Szenarium [zu] destillieren, das ihm eine geradlinige Geschichte erlaubte, das vor allem aus der einzigartigen Mischung von literarischem Einfall und historischer Überlieferung Realität werden ließ." Der Film lebe weniger „von den

---

[87] Alle Besprechungen wurden von Fechner gesammelt und sind jetzt überliefert in AdK Fechner-Archiv Nr. 569.

Winterspelt, Henning Schlüter und Claus Theo Gärtner.

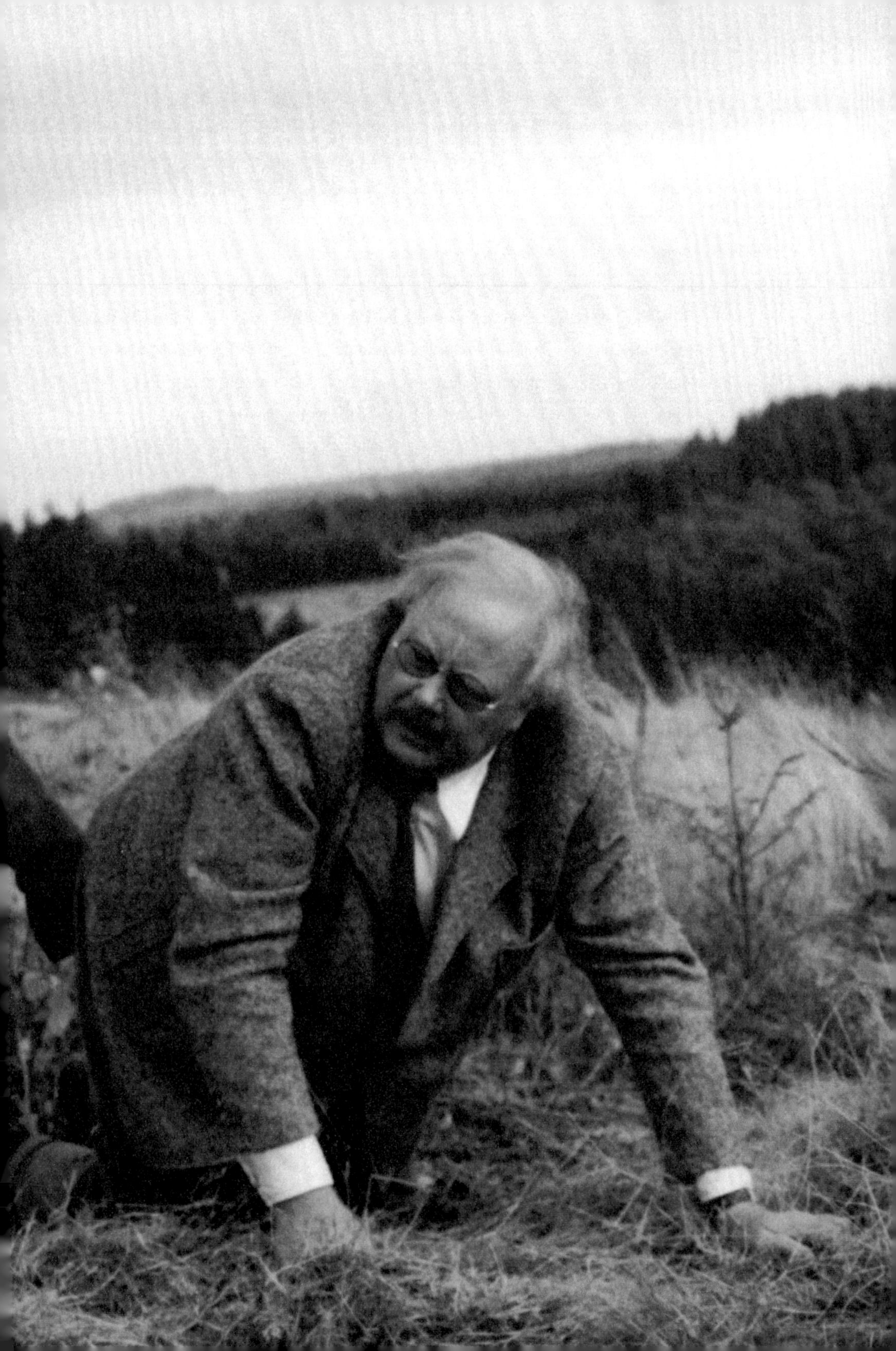

äußeren Vorgängen als von den Gesprächen zwischen den konträren, erdachten Figuren […], wobei sich allerdings nun das gesprochene Wort doch anders ausnimmt als die geschriebenen Gespräche bei der Lektüre." Baer vermisste die Darstellung des politischen Hintergrunds, den Andersch durch die Einarbeitung von historischen Dokumenten in seinen Roman verdeutlicht hatte. Dem Film hielt der Kritiker jedoch zugute, dass er sich „in seiner kritischen Absicht ebenso wie in seiner bewusst spröden szenischen Umsetzung von allem unterscheidet, was man herkömmlicher Weise unter dem Signum des Kriegsfilms in den Kinos anzutreffen pflegt, ein Film, der, obwohl nur ein einziger Schuss fällt, nur ein einziger Mensch stirbt, die ganze Unbarmherzigkeit eines unmenschlichen Systems, die ganze Sinnlosigkeit eines militärischen Apparats dokumentiert – auch wenn sich intellektuelle Gedankenspiele nicht kongruent in einen Film umsetzen lassen." Für die „Berliner Morgenpost" (vom 13.10.1978) war „Winterspelt 1944" ein „stiller, unaufwendig inszenierter, doch wichtiger Film über die Ohnmacht des Gewissens in einer Zeit, in der Individualität als staatsgefährdend galt." Dem im Cinema Paris zu sehenden Film wünschte man einen ähnlichen „Publikumszulauf", wie Sam Packinpahs Kriegsfilm „Steiner – Das Eiserne Kreuz", der damals als Kassenschlager in den deutschen Kinos lief.
Erste kritische Töne stimmte Günther Bastian in seiner Besprechung im Magazin für Kino und Filmkultur „Film-Dienst" (vom 21. August 1979) an. Fechner sei bei „Winterspelt 1944" „nicht an den ihm adäquaten Stoff geraten, obwohl er ein anerkannt hervorragender ‚Erzähler deutscher Geschichte' ist." Da aber der Regisseur zu stark an die literarische Vorlage gebunden gewesen sei, habe er „seine eigenen Möglichkeiten nicht durchspielen können; seine Kunst wirkt bei ‚Winterspelt' wie in einem fremden Gehäuse. Die Personen von ‚Winterspelt' gerinnen ihm irgendwie zu Charaktersynthetik; die Realitätsgehalte der Zeitschilderung ‚greifen' nicht." Fechner versuche zwar „mit ein paar kräftig nachhelfenden Gewaltsamkeiten zu Momenten eigenwilliger Transparenz zu kommen, doch im gesamten versagt er bei diesem Durchleuchtungsversuch jüngster deutscher Geschichte vor der Forderung Anderschs, ‚nicht zu erhellen, was ist, sondern nur, was nicht ist.'"
Ähnlich wortgewaltig verriss auch Fritz J. Raddatz (1931-2015) in der Wochenzeitung „Die Zeit" (Nr. 14 vom 28.3.1980) den Film, der zur Erinnerung an den am 21. Februar 1980 verstorbenen Alfred Andersch am 30. März erstmals im Abendprogramm der ARD gezeigt wurde. Unter der Überschrift „Indianerkrieg" warf Raddatz dem Regisseur vor, „das Buch zugleich gänzlich missverstanden, zumindest zum Missverständnis hin interpretiert" zu haben. Die beiden verunglückten Liebesgeschichten im Roman – die zwischen Käthe Lenk und Major

Joseph Dincklage sowie die zwischen dem Obergefreiten Hubert Reidel und dem Schützen Fritz Borek – verkämen „im Film zu Klamauk, Augenrollen und Plattitüden". „Wo das Buch schweigsam ist," so Raddatz, „ist der Film nur lang(atmig), wo ein Schriftsteller die Balance aus Schuld und Ohnmacht auswägen wollte, hat der Regisseur nur das Versagen militärischer Apparate schraffiert. Es scheint, als habe Fechner das intellektuell-politische Motiv, von dem Anderschs Buch geprägt ist […,] so gut begriffen, dass er Argumente nur mehr illustriert hat, statt uns mit Bild und Ton und Bewegungsabläufen neue, eigene Argumente zuzutragen."

Für den Kritiker der „Frankfurter Rundschau" (vom 31. März 1980) war gerade dies der Vorzug der Verfilmung. Denn bei Fechner sei das „zur handfesten Story" geworden, „was in Alfred Anderschs Roman ein Geflecht aus logischer Analyse von in eine Episode des Krieges verstrickten Menschen ist, von Reflexionen, von sehr persönlichen Aktionen, die logisch oder unlogisch, willentlich oder unbewusst daraus folgen." Der Film sei „spannend, er war ergreifend, und er formulierte deutlich, was manchem zu idealistisch, weil in den realen Konsequenzen zu wenig effektiv erscheint: dass, wenn jeder als Individuum handeln könnte, frei vom Druck übermächtiger Organisationen und Institutionen, es keinen Krieg mehr geben würde. In diesem Fazit allerdings deckt er sich mit dem Roman." Auch für den Kritiker der sozialistischen Wochenzeitung „Unsere Zeit" vom 1. April 1980 war der Film „ermutigend für jeden Demokraten, eine Provokation für alle Ewiggestrigen". Denn es werde in ihm deutlich, dass „gegen das Hitlerregime und seinen verbrecherischen Krieg […] Widerstand möglich" war. „Und wenn es nur ein ‚entartetes' Bild von Paul Klee ist, das aus dem Land geschmuggelt wird, ein Buch des ‚Juden' Spinoza, das ein Wehrmachtssoldat beim Wacheschieben liest, oder eine Botschaft an den ‚Feind', um das Morden zu verkürzen."

In der „Frankfurter Allgemeinen Zeitung" vom 1. April 1980 sah Volker Hage (*1949) in Fechners Spielfilm „eine Verbeugung vor dem kürzlich verstorbenen Schriftsteller Alfred Andersch". Das im Roman entworfene Planspiel des Majors Dincklage habe der Regisseur in eine reale Handlung umgesetzt. Auch die verschlungene Chronologie der Vorlage habe Fechner in eine stringente Filmerzählung übertragen. „Wie er dann die entsprechenden Elemente des Romans zusammengetragen hat, mitunter nur gedanklich geäußerte Erwägungen in gesprochenes Wort übersetzt, das ist eine Meisterleistung zu nennen." Als besondere Überraschung der Verfilmung wertete Hage „die Erfahrung, dass durch die Konzentration auf den Erzählstoff, auf die eigentliche Geschichte, von der märchenhaften Qualität des Romans, von der Spannung zwischen Erfindung und Realität, kaum etwas verlorengeht, viel-

Winterspelt, Ulrich von Dobschütz.

mehr gerade die Phantasieleistung unaufdringlich betont wird". Heiko R. Blum (1935-2011) wertete in der „Deutschen Volkszeitung" vom 1. April 1980 den Filmstil Fechners als „spröde, karg und exakt." Der Regisseur tue „nichts, um dem Zuschauer die emotionale Annäherung zu erleichtern." Allerdings gewinne das, „was von der Leinwand herab (der Film wurde vorab im Kino aufgeführt) auf Widerstand stieß, [...] am Bildschirm an Dichte."

Das genaue Gegenteil attestierten dem Film zwei andere Besprechungen. Der „Mannheimer Morgen" vom 1. April 1980 arbeitete in seiner Rubrik „Kritisch fernsehen" die Unterschiede zwischen dem ersten, wenig beachteten Kinofilm Fechners und seinen erfolgreichen Fernsehfilmen heraus. Seine „Zustands- und Personalbeschreibung" in „Winterspelt 1944" eignete sich nach Einschätzung des Kritikers „weniger für das Medium Film als seine Drehbücher ‚Tadellöser & Wolff' und ‚Ein Kapitel für sich' nach den Romanen Walter Kempowskis." Die insgesamt sechs Filmteile waren an Weihnachten 1979 im ZDF im Zusammenhang zu sehen gewesen und hatten das Fernsehpublikum erneut begeistert. Demgegenüber trug „Winterspelt 1944" für den Kritiker „noch zu viele Merkmale" der Fernseh-Dokumentationen Fechners, in denen er anhand von authentischen Lebensberichten die jüngste deutsche Vergangenheit lebendig werden ließ." Die Fernsehkritik der „Stuttgarter Zeitung" (vom 1. April 1980) sah „Winterspelt" von Fechner „In den Eifelsand" gesetzt. Von der komplexen Erzählweise und der feingliedrigen Struktur des Romans sei in der Verfilmung nichts mehr übriggeblieben. Fechner „baute, bündig, aus Alfred Anderschs Schnipselkomposition, aus diesem Personal, das weniger aus Charakteren denn aus Charakterhülsen zu bestehen scheint, eine lapidare ‚runde' Geschichte – wie als sei die wirklich passiert, mit Kriegswochenschau vorher und nachher." Nur noch dank der Mitwirkung erstklassiger Schauspieler, „am wenigsten noch: dank Ulrich von Dobschütz", konnte sich „das Opus halbwegs sehen lassen."

Ähnlich scharf urteilte Hubert Haslberger (1951-2012) in der „FUNK-Korrespondenz" (Nr. 16 vom 16. April 1980): „Selten vermochte einen die Umsetzung eines so wichtigen Buches durch einen so bedeutenden Regisseur derart irritieren, selten nur befielen einen derartige Zweifel in bezug auf das Gelingen eines solchermaßen ehrgeizigen Unternehmens." Der Film sei „zum allzu wortreichen fiktiven Planspiel ohne eigene filmische Kraft" missraten. Fechners „devote Werktreue rächte sich in einem erheblichen Mangel an filmeigenen sinnlichen Argumentationen." Mit gönnerhafter Arroganz wünschte der Kritiker dem Regisseur „in Zukunft eine etwas sicherere Hand in der Wahl des Stoffes; als Wahlhilfe mag ihm der Hinweis auf sein ganz außerordentliches Geschick im Umgang mit Dokumentarmaterial dienen. Die eindrucksvollen Dokument-Collagen zu Beginn und zum Schluss des Films weisen einen Weg, den weiterhin zu beschreiten sich für Fechner mehr als lohnen dürfte."

Erwähnenswert sind schließlich noch drei Reaktionen von Fernsehzuschauern, deren Briefe im Nachlass von Fechner im Archiv der Akademie der Künste überliefert sind.[88] Karlheinz Thiergart aus Kaarst schrieb Fechner am 6. April 1980, dass die Qualität seiner Filme darin begründet liege, dass er stets „überaus genau und geradezu peinlich korrekt auf Kleinigkeiten achten" würde. Daher erkundigte er sich nach drei Details aus „Winterspelt 1944", die ihm als historisch nicht korrekt aufgefallen waren: die Schirm-Mütze des Majors Dincklage, die Reisen von Käthe Lenk auf ihrer Flucht aus Berlin mit der Reichsbahn quer durch Deutschland und die amerikanischen Jagdbomber, die allzu deutlich als umfrisierte Sport-

---

[88] AdK Fechner-Archiv Nr. 1776.

flugzeuge erkennbar waren. Die beiden ersten Punkte konnte der Regisseur am 15. Mai 1980 mit Belegen aus seinen umfangreichen Recherchen zum Film aufklären, den letzten Punkt musste er als Makel konzedieren, da ihm keine US-amerikanischen Originalflugzeuge zur Verfügung standen. Fechner wies aber auch noch darauf hin, dass sich die „Geschichte, die dem Roman von Andersch zugrunde liegt, […] sich in etwa tatsächlich in der Eifel ereignet [hatte], wenige km von Winterspelt entfernt. Der bewusste Major soll heute noch leben." Gemeint ist damit Gerhard Graf von Schwerin (1899-1980), der wie Dincklage mit dem Ritterkreuz des Eisernen Kreuzes ausgezeichnet worden war – allerdings bereits 1942 für seinen Kampf an der Ostfront. Als Generalmajor übernahm Schwerin im Frühjahr 1944 das Kommando über die 116. Panzer-Division, die im September 1944 in Aachen stationiert war. Am 14. September wurde Schwerin seines Kommandos enthoben, da er angeblich die Evakuierung der Stadt und damit deren sichere Zerstörung bei den bevorstehenden Kämpfen abgelehnt hatte.[89]

Wie präsent die Vergangenheit des Zweiten Weltkriegs und der Antikommunismus 1980 in der deutschen Gesellschaft noch waren, belegen zwei weitere Briefe. S. Freiherr von Gemmingen aus Oberstdorf polemisierte in einem Brief an den Bayerischen Rundfunk vom 30. März 1980, also dem Tag der Ausstrahlung des Films, gegen die „kindlichen Spielchen", mit denen sich die Programmdirektoren „beschäftigen können, ohne sich um die Zeit und Welt bekümmern zu müssen." Offenbar hätten „die Herren noch nicht bemerkt, dass auch ihre Spielwiese von einer totalitären Macht bedroht ist – auch militärisch –, deren Expansionsdrang sich nicht nur in den afghanischen Bergen erschöpft." Die „Winterspelt-Story" erinnerte den Zeitzeugen „makaber an die früher übliche Verunglimpfung der deutschen Soldaten". „Warum", fragte Gemmingen allen Ernstes, „wird eigentlich auf dem Bildschirm ständig Tendenzen Vorschub geleistet, die den Widerstandswillen gegen eine totalitäre Bedrohung unserer politischen und nationalen Freiheit unterwühlen?". Erhard von Schmidt aus Overath-Heiligenhaus, der sich als überzeugter Nationalsozialist bekannte, wertete in einem Brief an die ARD vom 1. April 1980 die „tendenziösen Aussagen" von „Winterspelt 1944" als „geradezu widerlich". In dem Film seien „auf der einen Seite lauter Edelmenschen, auf der anderen lauter Entartete" zu sehen. „So, wie Sie das Dritte Reich darstellen, muss wirklich jeder denken, das deutsche Volk sei in diesen Jahren ein Volk von Geisteskranken gewesen."

---

[89] S. dazu die kritische Darstellung von Christoph Rass, René Rohrkamp und Peter M. Quadflieg: General Graf von Schwerin und das Kriegsende in Aachen. Ereignis, Mythos, Analyse, Aachen 2007.

Diese beiden Briefe ließ Fechner unbeantwortet. Die Reaktionen dürften ihm allerdings verdeutlicht haben, dass die Aufklärung über die Verbrechen der NS-Diktatur und den von Deutschland zu verantwortenden Zweiten Weltkrieg noch lange nicht abgeschlossen war. Seit 1976 und noch bis 1984 arbeitete Fechner an seiner Dokumentation des Majdanek-Prozesses, mit dem das Landgericht Düsseldorf von 1975 bis 1981 die Verbrechen von 15 Angehörigen des Wachpersonals im Konzentrations- und Vernichtungslager Majdanek zu ahnden versuchte. Aus den umfangreichen Befragungen der Angeklagten, der Überlebenden, des vorsitzenden Richters, der Staatsanwälte, der Verteidiger und Prozessbeobachter, stellte Fechner die dreiteilige Dokumentation „Der Prozess" zusammen – sein vorletzter Film.

EINE NACHBETRACHTUNG IM ABSTAND VON 40 JAHREN

„Winterspelt 1944" blieb die einzige Literaturverfilmung Fechners, die zumindest für eine kurz Zeit in den deutschen Kinos zu sehen war. Ein weiteres Spielfilmprojekt aus dem Jahre 1979, die Verfilmung von Joseph Breitbachs Roman „Bericht über Bruno", wurde nicht mehr realisiert.[90] Die Darstellungen zum Werk Fechners blenden „Winterspelt 1944" zumeist aus. So auch das insgesamt kenntnisreiche, detailgenaue und einfühlsame Buch von Egon Netenjakob aus dem Jahr 1989. Und dies, obwohl Fechner darin mit einem Hinweis auf den großen Zusammenhang seines Filmschaffens zitiert wird: „In den letzten sechzehn Jahren, von 1973 an, hab ich keinen Film mehr gemacht, der nicht in irgendeiner Beziehung zu allen anderen steht. Das heißt, ich habe mich für ein Thema, für ein Projekt erst dann entschieden, wenn ich mir klar darüber wurde, dass es als Ergänzung, als Pendant, als Gegensatz, als Widerspruch zu dem bisher Gemachten taugt. […] Die Filme sind jeder einzeln für sich zu betrachten und zu bewerten, sie sind aber auch in einem größeren Zusammenhang von mir gedacht."[91]

Vor diesem Hintergrund war auch die Entscheidung Fechners zur Verfilmung des Romans „Winterspelt" von Alfred Andersch eine bewusst getroffene Auswahl aus der deutschen Literatur zur NS-Diktatur und zum Zweiten Weltkrieg. Die Entscheidung war sowohl anspruchsvoll als auch mutig. Denn der umfangreiche und vielschichtige Roman musste

---

[90] S. dazu Eberhard Fechner: „Übereinstimmungen" (1979), in: Josef Nagel/Klaus Kirschner: Eberhard Fechner. Die Filme, gesammelte Aufsätze und Materialien, Erlangen 1984, S. 198-201.
[91] Das Zitat bei Netenjakob: Eberhard Fechner, S. 98.

in eine erzählbare Filmhandlung übersetzt werden; und angesichts der kontroversen, vielfach negativen Besprechungen in den Feuilletons war die Wertschätzung durch Fechner alles andere als selbstverständlich. Hinzu kam das politisch und gesellschaftlich vergiftete Klima, mit dem der Roman ebenso wie das Filmprojekt zu kämpfen hatten: der „Radikalenerlass" als Ausdruck eines latenten Antikommunismus und eines virulenten Misstrauens gegenüber „linken" Gesinnungen, der Einsatz polizeistaatlicher Methoden zur Abwehr des RAF-Terrorismus und die Rückkehr autoritärer Strukturen in der Politik und den Institutionen der öffentlichen Verwaltung. Die Ablehnung der Förderung des Filmprojekts „Winterspelt" durch die FFA war eine Folge dieses Reizklimas. Die Entscheidung war eindeutig politisch motiviert und richtete sich gegen Alfred Andersch, der mit seiner offenen und harschen Kritik an den politischen Missständen in der Bundesrepublik Deutschland zu den „Ratten und Schmeißfliegen" gerechnet wurde, als die der CSU-Vorsitzende Franz-Josef Strauß bei einem Auftritt im bayerischen Landtagswahlkampf am 29. Juli 1978 linke Schriftsteller, Künstler und Journalisten diffamierte. Auch das unbestreitbare Renommee Fechners als anerkannter und erfolgreicher Filmregisseur konnte diesen politischen Makel nicht ausgleichen. Dass er das Projekt dennoch realisiert hat – und zwar ohne jegliche politische Konzession, spricht für die herausragenden Qualitäten Fechners, aber auch für die verantwortlichen Fernsehspiel-Redakteure im SFB und HR, die das Projekt allen Widrigkeiten zum Trotz mitfinanzierten.

Allerdings konnte Fechner seinen Film nicht wie geplant im Herbst 1976, sondern erst ein volles Jahr später realisieren. Das führte dazu, dass sich die ursprünglichen Wunschbesetzungen bei den Hauptrollen zerschlugen – was im Vergleich mit „Tadellöser & Wolff", bei dem gerade die Schauspieler einen wesentlichen Anteil am Erfolg des Fernsehfilms hatten, für „Winterspelt 1944" zu einem großen Manko wurde. Hinzu kam, dass Fechner 1977 bereits mit zwei neuen Filmprojekten beschäftigt war: „Ein Kapitel für sich", der Fortsetzung der Kempowski-Geschichten in der Nachkriegszeit, und „Der Prozess", seiner Auseinandersetzung mit dem Gerichtsverfahren gegen die Täter im KZ Majdanek. Trotz dieser Einschränkungen und Belastungen ist Fechner mit „Winterspelt 1944" ein handwerklich solides, bis heute sehenswertes „Kammerspiel" gelungen. Die Darstellung der individuellen Tragik der handelnden oder eben auch nicht handelnden Personen überzeugt ebenso wie die Herausarbeitung der vertanen historischen Chance, mit der Überführung eines Gedankenspiels in die Wirklichkeit, also einer rechtzeitigen Kapitulation der deutschen Wehrmacht das Leben von Millionen Menschen retten zu können. Die Abgelegenheit und Ruhe der

Herbstlandschaft in der Eifel, die im Kontrast zum Kriegsgeschehen an den unterschiedlichen Frontabschnitten im Westen und Osten steht, bietet den Schauspielern eine ideale Bühne, auf der sie ihre jeweiligen Rollen entfalten können. Obwohl in Farbe gedreht, wirkt der Film dunkel-düster, fast wie in Schwarz-weiß und erzeugt gerade damit eine tiefe Traurigkeit und Melancholie, die dem Thema angemessen ist. Dass die Idylle allerdings auch in der Eifel nur zum Schein besteht, wird zum einen durch die brutale Tötung Schefolds durch Reidel mit zehn Gewehrschüssen deutlich: im Grunde die Hinrichtung eines selbstbewussten bürgerlichen Intellektuellen durch einen Untergebenen mit Minderwertigkeitskomplexen, dem der Krieg die Macht über Leben und Tod gibt und dessen Tat auch noch ungesühnt bleibt. Zum anderen führen die zu Beginn und am Ende des Spielfilms gezeigten Dokumentaraufnahmen zur Ardennen-Schlacht vor Augen, wie das massenweise Morden und Sterben nach der kurzen Waffenruhe weiterging, weil die Wehrmacht und die Waffen-SS die Befehle Hitlers gewissenlos ausführten.

Fechners Spielfilm wirkt sicherlich auf einem Fernsehbildschirm intensiver als auf einer Kinoleinwand. Und er passt wohl auch besser in das Fernsehformat, mit dem der Regisseur bestens vertraut war – im Gegensatz zum Kino, das anderen visuellen Gesetzen und anderen Erwartungshaltungen der Zuschauer folgt, nicht nur in den 1970er Jahren. Insofern ist „Winterspelt 1944" ein Solitär im filmischen Schaffen Eberhard Fechners geblieben. Größere Beachtung und Wertschätzung verdient dieser Spielfilm trotzdem, weil die Grundfrage nach der Verantwortlichkeit jedes Einzelnen in der Geschichte, mit der sich der Roman ebenso wie der Spielfilm auseinandersetzen, bis heute aktuell ist.

Eberhard Fechner, spätes Portrait.

OLIVER HADJI

Meeting Eberhard

Es war am 17. Mai 1987 in Hamburg. Der Abend der Wahl zur Hamburger Bürgerschaft. Wir waren eingeladen auf eine Wahlparty von befreundeten SPD-Sympathisanten und Klaus von Dohnanyi, dem damaligen Ersten Bürgermeister der Freien und Hansestadt Hamburg. Wir unterhielten uns mit den anderen Gästen und ich fragte meine Begleitung, ob sie den Herrn, kenne der dort auf dem Sofa sitzt. Sie sah mich entsetzt an. Das ist Eberhard Fechner. Der beeindruckende Dokumentarfilmer. Wenn sie es sagt, wird es stimmen, denn sie kannte sich in dieser Welt bestens aus.
Ich selbst arbeitete zu dieser Zeit als Fotograf, war 22 Jahre alt und hatte natürlich immer großes Interesse an Menschen, besonders daran, sie zu fotografieren. Ich beobachtete Eberhard Fechner und dachte mir, dass ich ihn unbedingt ansprechen muss. Also fasste ich meinen Mut und ging hin. Ich stellte mich vor und wir begannen, gemeinsam mit seiner Frau Janet eine angeregte Diskussion: über den Wahlabend, wie die unterschiedlichen Erwartungen seinerseits und auch meinerseits waren, wenn auch mit der Hoffnung auf dasselbe Ergebnis, das sich dann im Übrigen auch einstellte. Janet Fechner war eher zurückhaltend. Sie beobachtete Eberhard sehr fürsorglich und liebevoll, das Gespräch zwischen uns begleitete sie als aufmerksame Zuhörerin.
Gegen Ende des Gesprächs kam ich zu meinem ursprünglichen Anliegen und fragte Eberhard Fechner, ob ich ihn denn auch einmal fotografieren dürfte. Eberhard hatte eine sehr schwere Krankheit hinter sich und war immer noch geschwächt, aber er willigte dennoch ein. „Geben Sie mir dann Ihre Telefonnummer?", kam meine Frage. „Nein, die müssen Sie sich selber suchen, wenn Sie das wirklich wollen". Wenig später stieß der alte und neue Erste Bürgermeister Hamburgs, Klaus von Dohnanyi zu uns. Ich verabschiedete mich und sagte zu Eberhard, dass wir uns ja bald wiedersehen werden.
Eine Woche nach diesem Abend rief ich nun also an und Eberhard sagte zu. Wir trafen uns in der Wohnung der Fechners. Eine schöne helle Wohnung und stilvoll eingerichtet: viel Kunst, kein Schnickschnack. Wir unterhielten uns sehr lange über Fotografie und über Bilder, über Kameras und Kameraführung. Es war ein wundervoller Nachmittag, an dem ich un-

glaublich viel über Eberhard und Janet gelernt habe. Schließlich machte ich auch Fotos. Eberhard saß geduldig Modell und sagte, dass es nun reiche und wir sicherlich nochmals Gelegenheit dazu finden werden.

Zuhause angekommen, ging ich in die Dunkelkammer, um den Film zu entwickeln und im Anschluss die Kontaktbögen anzufertigen. Es waren schöne Aufnahmen dabei. So rief ich eine Woche später bei Fechners an, um die Fotos vorzustellen. Wir verabredeten uns und Eberhard sagte, dass er sehr überrascht sei, wie gelungen diese Bilder waren, denn er befinde sich ja nach wie vor in einem eher nicht so sehr fotogenen Zustand.

Aus diesen ersten Begegnungen entwickelte sich eine wunderbare Freundschaft zu Eberhard und Janet Fechner, die sich auf eine sehr intensive, für mich sehr fruchtbare Zusammenarbeit ausdehnte. Nachdem es Eberhard wieder etwas besserging und mit „La Paloma" eines seiner Meisterwerke im Fernsehen zur Ausstrahlung anstand, meldete sich das renommierte Magazin „Stern" mit seiner TV-Beilage bei Eberhard. Sie wollten ein Portrait von ihm machen. Der „Stern" schlug einen Fotografen vor, den Eberhard aber ablehnte: entweder Oliver Hadji macht das oder es gibt weder ein Interview noch ein Portrait. Für mich war dies ein absoluter Ritterschlag und ein Beweis für Eberhards Freundschaft. Dazu muss man wissen, dass Eberhard ein äußerst loyaler Mensch war, der jedoch niemals aufgrund von Freundschaft eine schlechte Qualität akzeptiert hätte, was ich später noch einmal zu spüren bekommen sollte. Der „Stern" hatte noch nichts von mir gehört oder gesehen und war deshalb äußerst skeptisch, willigt aber trotzdem ein. Alle waren am Ende zufrieden mit den Ergebnissen, auch und im Besonderen Eberhard, was mir am allermeisten bedeutete. Eberhard hat auf diese Weise für mich einen Weg geebnet, der viele Jahre zu großartigen und spannenden Portraits im „Stern" geführt hat und mir den wohl bestmöglichen Eintritt in die Welt der Profifotografie geebnet, wofür ich ihm ewig dankbar bin.

„La Paloma" war damals Eberhards jüngste Arbeit und nun sollte die PR-Maschinerie anlaufen. Fechners hatten die Idee, alle Mitwirkenden, Kapitäne zur See, Cap Horniers, Zimmerleute, Kochleute in Hamburg an unterschiedlichen Plätzen zu fotografieren. Der Schiffsfriedhof, der Old Commercial Room, denn Paul Rauch war einer der Mitwirkenden und Inhaber dieser Hamburger Institution. Eberhard und ich fuhren viel im Hamburger Hafen herum, um die Motive zu suchen und festzulegen. Wir mussten natürlich auch bedenken, dass unsere „Fotomodelle" bis zu 90 Jahre alt waren und teilweise eine Anreise mit dem PKW aus mehr als 300 km hinter sich hatten. Ich will hier nicht alle Einzelheiten erzählen. Denn Janet Fechner hat einen zauberhaften Artikel über unsere Foto-Dokumentation

Eberhard Fechner mit seiner Frau Jannet Gefken-Fechner

geschrieben, der in einem kleinen Büchlein beim WDR abgedruckt wurde und schildert, was an diesem Tag alles genau passiert ist.

Ein Bild genügte Eberhards Ansprüchen allerdings nicht ganz. Er bewertete es zwar von der inhaltlichen Aussage her als wertvoll, jedoch nicht in der technischen Bildgestaltung. Das Foto hatte eine ganz leichte Unschärfe, die sich durch eine Gegenlicht-Situation ergab. Nun sprechen wir von damals analogen Zeiten, sodass sich nicht wie heute die Möglichkeit bot, per Photoshop die Mängel zu beseitigen. Es reichte keine einfache Erklärung, vielmehr wurden Experten hinzugezogen – nicht nur um feststellen zu lassen, was noch zu retten wäre, sondern auch, ob der Fehler hätte vermieden werden können. Es war für mich eine eindrucksvolle und nachhaltige Lehrstunde – mir ist so etwas nie wieder passiert. Es ging Eberhard nicht darum, Recht zu behalten, sondern eher darum, die Perfektion zu suchen. Technik war wichtig, aber sie musste dienlich sein und kein einschränkendes Hindernis. Insgesamt sind an diesem Tag zu „La Paloma" sehr viele wunderbare Bilder entstanden, von denen zahl-

Eberhard Fechner, spätes Portrait.

reiche für die Pressearbeit genutzt wurden. Wir machten zusätzlich Portraits der Seefahrer im Studio. Dabei sind weitere eindrucksvolle Bilder entstanden. Sie wurden im Rahmen einer Ausstellung gezeigt, die Eberhard anlässlich der Pressevorführung organisiert hatte.

Wir trafen uns danach in unregelmäßigen Abständen immer wieder und unterhielten uns über Projekte. Ich holte mir auch immer wieder Rat für neue Projekte, die ich gerade anging oder angehen wollte.

Bei Eberhards folgendem Projekt, der Film „Wolfskinder", war ich dann komplett involviert. Es ging um eine Familie, die in den Wirren des Zweiten Weltkriegs versprengt worden war, insbesondere um die Kinder, die alleine durch die Wälder Ostpreußens streiften (daher die Bezeichnung „Wolfskinder"), auf der Suche nach ihren Angehörigen. Gedreht wurde in Hamburg und in München. Ich wurde als Kameraassistent und Fotograf engagiert. Nun bekam ich also das erste Mal die Arbeitsweise von Eberhard hautnah mit, die heute als „Fechnern" bezeichnet wird. Eine ausgefeilte, einfühlsame, sehr liebevolle und kluge Interviewtechnik.

Eberhard Fechner, spätes Portrait.

Es war tatsächlich beeindruckend zu sehen, wie intensiv, akribisch ausdauernd und sensibel er mit den Menschen umging. Das Ergebnis war ebenfalls faszinierend. Ein Film, das war ja Eberhards Lebensthema, über Deutschland und seine Menschen. Erzählt anhand realer Geschichten, die sicherlich stellvertretend für viele andere Schicksale standen. Meisterhaft in Szene gesetzt und vor allen Dingen äußerst unprätentiös. Man muss diese Filme gesehen haben, um zu verstehen, wie besonders diese Art war. Der Film wurde 1990 gedreht und produziert und wurde leider Eberhards letzter.

Eberhards Anerkennung meiner Arbeit und unserer Freundschaft gab er in einer handschriftlichen, persönlichen Widmung in seinem Buch über die „Comedian Harmonists" Ausdruck. Es ist gleichzeitig das, was uns verband: „Für Oliver, den meisterlichen Fotografen und jugendlichen Freund". Es war und ist eine besonders große Ehre für mich gewesen, mit diesem außergewöhnlichen Menschen und Künstler eine Zeit lang zusammen arbeiten und von ihm und seiner Frau lernen zu dürfen.

Eberhard Fechner mit Fotos als Schauspieler in unterschiedlichen Rollen.

KLAUS KREIMEIER

Nachrede auf Eberhard Fechner

Was bleibt von einem Menschen, der, wie Klara Heydebreck in Eberhard Fechners Film („Nachrede auf Klara Heydebreck", 1969), jahrzehntelang nahezu unbeachtet in einer Berliner Wohnung gelebt, Verwandte und Nachbarn gemieden, mit sich selbst gekämpft, sich allein mit Zeit und Welt, mit Krankheit und Tod auseinandergesetzt hat? Es bleiben die vagen Erinnerungen desinteressierter Angehöriger und Nachbarn – ein Kopfschütteln, ein Schulterzucken, ein Nach-Worten-suchen, eine verlegene Selbstbefragung, die bald stockt, dann abbricht und in Ratlosigkeit, Gleichgültigkeit versiegt. Es bleiben Schriftstücke, die dokumentieren, dass dieser Mensch in aller gebotenen gesetzlichen Ordnung und in der großen Unordnung der Zeit ein einsames Leben gelebt und es sehr still aus eigener freier Entscheidung beendet hat.

Dieses Leben bliebe eine Chimäre, wäre da nicht viel bedrucktes, auf alten Schreibmaschinen bearbeitetes oder in der Kalligraphie der wilhelminischen Bürokratie beschriebenes, beglaubigtes und gestempeltes Papier: Zeugnisse und Bescheinigungen aus der Kaiserzeit, die belegen, dass Klara Heydebreck die Schule besucht, sie ordnungsgemäß verlassen und eine Lehre begonnen hat, dass sie in Kriegs- und Nachkriegsjahren als Lohnbuchhalterin tätig war, ein Gehalt bezogen und, bedingt durch Inflation und Wirtschaftskrise, Stempelgeld erhalten hat – und wären da nicht auch, sorgsam in Schatullen und Schubladen verwahrt, einige wenige private Dinge: Fotos einer Spreewaldfahrt, ein Sparbuch, ein Poesiealbum.

Doch etwas muss dieses Leben um- und angetrieben, bewegt und beseelt haben: Neben all den Zeugnissen und Bescheinigungen finden sich auch eigene Zeichnungen in Kohle, Bleistift und Tusche, Malhefte, Kunstzeitschriften und Ausstellungskataloge. Dokumente eines beinahe lautlos gelebten und verloschenen Lebens, das doch ein ganz eigenes und eigensinniges Leben war: Fechner legt sie wie seltene Sammelstücke vor seine Kamera, ein diskreter, schweigsamer Begutachter, der das Urteil über den Befund, Schlussfolgerungen und Bewertungen dem Zuschauer anvertraut.

Die Erinnerung an einen Menschen und sein Werk ist eine flüchtige, fragile Sache. Was wissen wir über Eberhard Fechner? Was werden die Menschen in dreißig, vierzig Jahren über ihn wissen oder in Erfahrung bringen können? Wird es in fünfzig, in hundert Jahren seine Filme noch geben? Es wird sie geben – vorausgesetzt, dass die Archive das wertvolle Ursprungsmaterial so lange wie möglich fachgerecht aufbewahren und vor dem chemischen Zerfall schützen können. Allerdings sind wir längst im Begriff, unsere Filme (und darüber hinaus große Teile unseres gesamten Kulturguts) neuen Speichertechnologien anzuvertrauen, über deren Zukunftsfähigkeit wir noch zu wenig wissen. Werden kommende Generationen die heute in DVD-Editionen oder auf Blue-ray vertriebenen Fechner-Filme betrachten können? Das ist unwahrscheinlich. Wir wissen nicht, ob die Digitalisate die Kopierverfahren von morgen und übermorgen überleben werden oder ob spätere Wiedergabegeräte sie noch entziffern können.

Einige seiner Filme findet man bei YouTube, dem größten und chaotischsten Filmcontainermonstrum im Internet: „Nachrede auf Klara Heydebreck", 1969; „Die Comedian Harmonists", 1976; „Ein Kapitel für sich", 1979/80; „Abschiedsvorstellung", 1986; „La Paloma", 1988; „Wolfskinder", 1990). Das, was heute „access" genannt wird – der Zugang zu den Filmen, ihre Verfügbarkeit – haben die digitalen Tools in der Tat revolutioniert: Wir müssen nicht auf die nächste Fernsehausstrahlung oder Werkschau warten und nicht einmal ins Kino gehen, um den einen oder anderen Fechner-Film zu sehen. YouTube bedeutet: Wir wühlen in einer riesigen Kiste und ziehen Zufallsfunde heraus. Aber die großartigen neuen Wühlkisten des digitalen Zeitalters – Archive, Plattformen, Datenbanken, auch „social media" wie YouTube – lassen allenfalls erahnen, was sie leisten könnten, wenn unser Umgang mit ihnen und die Ansprüche, die wir an sie stellen, ihren technologischen Möglichkeiten ebenbürtig wären.

Was wissen wir über Eberhard Fechner? Der Wikipedia-Eintrag über ihn ist karg.[1] Einer knappen Zusammenfassung seiner Biografie folgt eine chronologische Aufzählung der Filme, an denen er als Regisseur, Autor oder Darsteller beteiligt war. Nur wenige Titel enthalten Links zu Unterseiten mit den jeweiligen filmografischen Daten und Inhaltsangaben. Dies gilt überwiegend für Kino- oder Fernsehfilme, in denen Fechner als Darsteller mitgewirkt hat, sowie für einige seiner Fernseherfolge als Drehbuchautor und/oder Regisseur (z.B. „Vier Stunden von Elbe 1", 1968; den „Tatort" „Frankfurter Gold", 1971; „Tadellöser & Wolff", 1975

---

[1] https://de.wikipedia.org/wiki/Eberhard_Fechner. Stand: 5.8.2018.

und „Winterspelt", 1978). Für Fechners bedeutende, seine Arbeitsweise kennzeichnende Dokumentarfilme „Nachrede auf Klara Heydebreck" (1969), „Die Comedian Harmonists" (1976) und „Der Prozeß. Eine Darstellung des Majdanek-Verfahrens in Düsseldorf" (1984) findet sich in der deutschen Version des größten Internet-Lexikons (bisher) kein eigener Eintrag. Noch dürftiger sieht es auf den internationalen Wikipedia-Seiten aus, auf der englischsprachigen heißt es schlicht: „The page Eberhard Fechner does not exist."[2] Die Spuren, die jemand gelegt hat, die Zeichen, die er setzte, die Werkstücke, die er hinterließ, verbleichen oder zerbröseln umso schneller, je avancierter die Werkzeuge und je kurzlebiger die Software-Upgrades sind, die wir einsetzen, um sie zu bewahren.

Ungeachtet zahlreicher Spielfilme, die Eberhard Fechner gedreht hat oder an denen er beteiligt war, gehört er – wie Klaus Wildenhahn oder Georg Stefan Troller, in internationaler Sicht vielleicht Jean Rouch, Joris Ivens, Richard Leacock, Chris Marker, Lindsay Anderson oder Fernando E. Solanas mit ihren je unterschiedlichen Mitteln und ästhetischen Strategien – zu jenen Regisseuren, die den Dokumentarfilm zu klassischer Reife brachten: einer (im weitesten Sinne) politischen Qualität, die das Medium zum großen Bewegtbildgeschichtsbuch des 20. Jahrhunderts und zugleich zum Tagebuch seines Alltags werden ließ. Fechner arbeitete – diese mediengeschichtliche Tatsache wird oft unterschätzt – wie Wildenhahn und viele andere seiner Generation für das Fernsehen der damaligen Bundesrepublik Deutschland – ein Fernsehen, das es nicht mehr gibt. Es waren die öffentlich-rechtlichen Sender der 1970er und 1980er Jahre, unter deren Obhut sich der Dokumentarfilm als ein adäquates Medium der Erinnerung, des historischen Inne-Werdens (und politischen Begreifens) entwickeln konnte.

Seine bedeutenden Filme entstanden in den letzten zwei Jahrzehnten vor einem kulturellen Umbruch, den wir heute „disruptiv" nennen, weil er mit seinen digitalen Apparaturen unser ganzes Leben grundstürzend verändert hat. Als Fechner 1992 starb, stand das dual genannte Fernsehsystem der Bundesrepublik Deutschland schon vor seinem Umbau zur Quotenmaschine, zur Instant-und Rapid-Kultur der postmodernen Unterhaltungselektronik, zur schillernden Hybridästhetik der „docu fiction" und zur Zeitökonomie der „breaking news", denen bald die Echtzeit-Ticker der Online-Medien und, als vorläufig letztes dokumentari-

---

[2] https://en.wikipedia.org/w/index.php?search=eberhard+fechner&title=Special:Search&go=Go&searchToken=9mi7gi47ep840j82n6sj8wrlc. Stand: 5.8.2018.

sches Genre, die Selfies folgten. Fechners Filme entstanden vor dem großen „Angriff der Gegenwart auf die übrige Zeit" (Alexander Kluge).

Als Fechners Film „Der Prozeß. Eine Darstellung des Majdanek-Verfahrens in Düsseldorf" im Jahr 1984 die westdeutsche Öffentlichkeit erreichte, waren vierzig Jahre seit einem der größten Verbrechen der Deutschen im Zweiten Weltkrieg vergangen. Vierzig Jahre, nachdem mehr als eine Viertelmillion Menschen in Lublin/Majdanek erschossen, totgeprügelt, dem Hungertod überlassen oder in die Gaskammern getrieben worden waren. Vierzig Jahre, die vergingen, bevor die Urteile gegen einige Überlebende der nationalsozialistischen Vernichtungsmaschinerie Rechtskraft erlangten. Vierzig Jahre Verschleppung, Verdrängung, Leugnung, Suche nach Entlastung und Entschuldung. Befragt man die Tiefenpsychologie, hat die Indolenz der Institutionen, der Gedächtnisschwund großer Gemeinwesen, der Boykott eines Volkes gegen seine Geschichte viele Gesichter.
Wir kennen das Sich-Erinnern, das Innewerden als jähen Schock, der uns, sei es beim Betrachten eines Bildes, sei es in einer alltäglichen Situation, durchzuckt und gegebenenfalls einen Nachhall erzeugt: ein Nachschwingen, das unser Bewusstsein beschäftigt, bis wir es uns zu eigen gemacht, zu einem Teil von uns gemacht haben. Und wir kennen Erinnerung als Prozess, der seine Zeitlinien verlangt, Anstrengung, gedankliche Konzentration – Ausdauer auch, einen Haufen Arbeit und Mut. In acht Jahren Dreharbeit, vom Prozessbeginn an, hat Fechner 70 Interviews geführt: mit den Repräsentanten des Gerichts, der Anklage und der Verteidigung; mit Sachverständigen, Prozessbeobachtern und 26 Zeugen sowie mit fünf der Angeklagten (die bemerkenswerterweise vor der Kamera eine Mitteilsamkeit entwickelten, die sie zuvor im Verfahren verweigert hatten). Aus 150000 Metern gedrehten Materials, 230 Stunden, entstand schließlich ein dreiteiliger, insgesamt viereinhalb Stunden langer Film, der sich ausschließlich aus den Aussagen der Prozessbeteiligten sowie schwarz-weißen Fotos, hauptsächlich aus dem Lager, zusammensetzt.

Erinnerung als Schock und als Arbeitsprozess: Beide Formen begegnen und überschneiden sich im Medium der Fotografie. Das zeigt Fechners Film „Klassenphoto" (1970). Es ist ein sehr konventionelles Bildarrangement, eben das Foto einer Schulklasse, das den Betrachtern – ehemaligen Schülern des Berliner Lessing-Gymnasiums aus dem Jahrgang 1937 – nach drei Jahrzehnten den Moment des Wiedererkennens ermöglicht, während Fechners Befragungen komplexe Erinnerungswanderungen auslösen, mit den vielfältigen Aus-,

Neben- und Fluchtwegen, über die wir verfügen, wenn wir uns unserer eigenen Biografie und ihren Brüchen stellen. Aus der Schürfarbeit, der sich der Befrager ebenso wie die Befragten unterziehen, schälen sich Gedächtnisfragmente, Gedächtnissplitter heraus mit Kanten und Rissen, die Fechner nicht poliert, um sie zu einem Kaleidoskop zu glätten – vielmehr konstruiert er aus ihnen widerspruchsreiche Dialoge, die an ihren Bruchstellen auch das Nichtgesagte oder Halbausgesprochene, das Verdeckte und Versteckte aufblitzen lassen. Wenn Klaus Wildenhahn die Arbeit Robert Flahertys als die eines nimmermüden, in seinen Gegenstand versunkenen Dokumentarfilm-Schnitzers beschrieb, so könnte man Fechner einen Dokumentarfilm-Bildhauer nennen, der mit feinem Werkzeug an der Skulptur einer Generation mit ihren Wundmalen und Narben gemeißelt hat. Als Gegenentwurf, als fundamentales Dementi und Absage an diese Kultur hat die letzte Medienrevolution das Selfie samt seiner Löschfunktion in die Welt gebracht.

Die International Movie Data Base (IMDb), die größte Filmdatenbank im Internet, führt auf ihrer Fechner-Seite die Lebensdaten des Regisseurs und, unter „Winner", seine Preise und Auszeichnungen auf: „4 wins and 0 nominations" (22 sind es auf der Seite von Wikipedia).[3] IMDb nennt, weitgehend vollständig, zwanzig Regiearbeiten. Die Links führen zu den Einzeldarstellungen, aber auf der Hauptseite zu „Der Prozeß" wird nicht einmal der Regisseur genannt. Vertraut man IMDb, hat Fechners Film, international ein Hauptwerk des neueren Dokumentarfilms, keinen Autor.

Noch leben wir zwischen zwei Kulturen mit unterschiedlichen Zeitökonomien: der analogen mit ihren vertrauten Festungen – Archiven, Museen, Bibliotheken – und der digitalen, deren Instrumente wir noch unvollkommen handhaben und schlecht verwalten. Die analogen Strategien werden von den digitalen überlagert, dabei entstehen Transiträume, in denen wir Gewinn und Verlust beobachten und verrechnen können, den Zuwachs an Wissen und das Zerstäuben der Erinnerung. Das digitalisierte Gedächtnis der Menschheit ist ein Wolkenfeld voller Verheißungen und Enttäuschungen – immer wieder reißt es auf, Wege brechen mitten im Datenstrom ab, wir greifen ins Leere. Die wahrhaft revolutionäre Qualität des Webs, die Hyperlinkstruktur, sorgt für Vernetzung und enorme Beschleunigung, gleichzeitig rennen wir oft gegen eine Wand, stolpern über Untotes und verdorrtes Gestrüpp. Vieles, was wir dem Netz anvertrauen, stirbt schnell.

---

[3] https://www.imdb.com/name/nm0269993/?ref_=fn_al_nm_1. Stand: 5.8.2018.

Die zentrale Plattform zum deutschen Film, filmportal.de, würdigt den Regisseur mit einer ausführlichen Biografie und einer kompletten Filmografie; will man jedoch über die Filme mehr erfahren, wird der Nutzer in der Regel aufgefordert, selbst einen Kommentar zu schreiben. Dies gilt auch für Fechners „Der Prozeß", filmportal.de zufolge sein „wichtigster Film": Nach wenigen dürren Zeilen zum Gegenstand des Films wird man gefragt: „Sie haben diesen Film gesehen? Dann freuen wir uns auf Ihren Beitrag!"[4]

In der alten, langsamen Welt der Lexika und Enzyklopädien, die nun untergeht, galten andere Gesetze. Schwer vorstellbar, dass der Herausgeber eines mehrbändigen Literaturlexikons seine Leser aufgefordert hätte, den Eintrag zu Ludwig Börne oder Elias Canetti doch bitte selbst zu verfassen. Die Betreiber der neuen digitalen Plattformen appellieren an die Kreativität der Nutzer und träumen von einem luftigen Gebilde namens „Schwarmintelligenz". Was aber, wenn diese Schwarmintelligenz ein Phantasma wäre, die Kreativität der Nutzer eine von den Administratoren selbst geschaffene Fiktion? Dann bliebe – selbst bei fortschreitender Digitalisierung unseres „kulturellen Erbes" – die Erinnerung an seine Leistungen (sie wäre ja die Aufgabe der großen Datenbanken, Plattformen und Portale) ein nie zu realisierendes Projekt, eine gigantische, doch stets nur virtuelle, von Lücken klaffende Bibliothek, eine Landschaft aus Bauruinen, kaum begehbar für Forscher und andere, die sie sinnvoll nutzen wollen.

Fechners „Prozeß" macht verstummen – eben dies ließ die Betreiber unserer unablässig auf Hochtouren laufenden audiovisuellen Systeme 1984 um ihre Kundschaft fürchten. Sie hatten ihre Karriere in der Phase der Reformschübe begonnen und verfügten in jenem rationalistisch-technokratischen Reformjargon, der stets funktioniert, wenn es gilt, dem Blick der Medusa auszuweichen, dass Fechners Film seiner „künstlerischen Strenge" wegen nicht ins Erste Programm, sondern in die Dritten Programme „einzuspeisen" sei. Der Majdanek-Film im Dritten Programm – das sei ein Anfang, „neue Sehgewohnheiten" auszubilden, so der damalige SDR-Programmdirektor Hans Heiner Boelte.

Damals, 1984, saßen wir nach einer Vorführung des Films in einem kleinen Kreis zusammen. Lange wollte kein Gespräch aufkommen, dann sagte jemand: Wir wissen noch immer nicht, nach vierzig Jahren, wie all das geschehen konnte, welche Leute damals zu solchen Untaten

---

[4] https://www.filmportal.de/film/der-prozess-eine-darstellung-des-majdanek-verfahrens-in-duesseldorf. Stand: 5.8.2018.

imstande waren – und was sich seither wirklich verändert hat. Was unterscheidet uns Heutige von den Mördern – und was trennt unser Deutschland, das Deutschland von heute von jenem Gemeinwesen, das die Mörder hervorbrachte? Darüber sprachen wir – auch darüber, dass wir nach vierzig Jahren, nach all den antifaschistischen Büchern und Filmen, den Diskussionen und Seminaren, den endlosen Theorie- und Politikdebatten noch immer am Anfang der Fragen, der Selbstbefragung und auch der Erschütterung stünden.

Nur – was bedeutet das: „Nach vierzig Jahren"? Diese großen historischen Bögen, die wir so gern schlagen – sind sie nicht ziemlich klappernde Leerformeln, in denen nur unsere Empörung, unsere Moral widerhallt? Wir sind ja die Guten, die Klugen – auf die Mehrheit ist wenig Verlass. Aber stehen wir nicht in Wahrheit ziemlich dumm da?

Fünfzehn Jahre nach Fechners Film brach in Thüringen eine Bande junger Nazis auf und zog mordend durchs Land, fünf Jahre währte der Prozess, seither wissen wir: Es gibt einen „nationalsozialistischen Untergrund" im wiedervereinigten Deutschland, und womöglich sind bürgerliche Helfershelfer, Verfassungsschützer, Staatsanwälte und Polizisten in ihn „verstrickt". Rechtspopulisten, Rassisten und Antisemiten feiern Wahlerfolge, es sind keine „Gespenster". Wir aber, die Guten, die Demokraten, gucken wieder einmal in die Welt wie die Abiturienten auf Fechners „Klassenphoto", Jahrgang 1937.

Wir müssen von einer Illusion Abschied nehmen, der unsere Moral, unsere Empörung immer wieder erliegen: von dem Irrglauben, dass die Geschichte unserer moralischen und politischen Intelligenz – nicht anders als die unserer computergestützten „künstlichen" – aus einer inneren Logik heraus stetig „voranschreitet", in irgendeine bessere Zukunft, unaufhaltsam auf Effizienzsteigerung und Selbstoptimierung bedacht.

Schon heute bezeugen Projekte wie die 2014 freigeschaltete „Deutsche Digitale Bibliothek" (mit nur drei Suchergebnissen zu Fechner: eine kurze biografische Notiz und zwei Fotos)[5] oder die europeana collections (mit zwei Fotos und zwei Grußadressen an den Regisseur),[6] dass den großen digitalen Unternehmungen schon in der Aufbauphase die Zeichen der Vergeblichkeit eingeschrieben sind. Sie gaukeln Omnipotenz vor, versprechen ein allumfassendes Abbild der in Büchern, Schriften, Ton- und Bildträgern dokumentierten Welt und seine unmittelbare, anstrengungslose Verfügbarkeit. Dabei sind sie von fragiler Substanz

---

[5] https://www.deutsche-digitale-bibliothek.de/searchresults?query=eberhard+fechner. Stand: 5.8.2018.
[6] https://www.europeana.eu/portal/de/search?q=%22eberhard+fechner%22. Stand: 5.8.2018.

Eberhard Fechner bei der Recherche.

und ihre Halbwertzeit ist unbekannt. Von „funktioneller Obsoleszenz" sprechen die Fachleute, wenn es um das Schicksal unserer von Computern beherrschten Kultur geht, um die schnellen Mutationen unserer Geräte, ihrer Hard- und Software, ihrer ebenso anfälligen wie „fluiden" Betriebssysteme. Welch ein Paradoxon: gerade unseren modernsten Informationstechnologien und „Aufschreibsystemen" sind schnelle Alterung, Zerfall, Verflüchtigung, „Vergesslichkeit" strukturell eingepflanzt; besonders langfristige Projekte wie Datenbanken und Wissensplattformen seien daher, so die IT-Forschung, durch „nur bedingt vorhersehbare Nichtverfügbarkeit"[7] bedroht.

Wer als Forscher sich solcher Verflüchtigung seines Gegenstands entziehen will, wird sich in die geheimen Verliese der Nachlassverwaltungen begeben. Den Nachlass Eberhard Fechners hat die Berliner Akademie der Künste 2016 in Obhut genommen, und sie hat darüber

---

[7] http://www.virtualuniversity.ch/management/9.html. Stand: 5.8.2018.

Eberhard Fechner am Schneidetisch.

hinaus das mit archivalischer Akribie angelegte Verzeichnis im Internet zugänglich gemacht:[8] insgesamt 3259 Verweise u.a. auf Drehbücher, Fotos, Produktionsunterlagen und Rezensionen zu seinen Filmen, auf eine Korrespondenz von mehreren tausend Blatt, Tonbandaufnahmen der mit Fechner geführten Interviews, Materialsammlungen zu unveröffentlichten Filmprojekten sowie Werk- und Szenenfotos zu seinen Theaterrollen – Belegstücke einer alten, in Jahrhunderten gewachsenen Kultur des Aufschreibens und Festhaltens, Dokumentierens und Kuratierens und zugleich, als Web-Datei, einer jener Transiträume zwischen analoger Ethik und digitaler Technologie, zwischen archaischer und elektronischer Zeit.

---

[8] https://archiv.adk.de/bigobjekt/39883. 5.8.2018

Portrait Eberhard Fechner, 1960er Jahre.

FRITZ WOLF

Von Fechner bis heute oder:
Vom Fernsehen, das es einmal gab

Eberhard Fechners Dokumentarfilm „Nachrede auf Klara Heydebreck" aus dem Jahre 1969 gehört zu den Schlüsselfilmen meiner eigenen medialen Sozialisation. Ich habe den Film über die Jahre stets im Hinterkopf behalten und einige Szenen sind mir bis heute präsent geblieben. Natürlich läuft man nicht ständig mit alten Filmen im Kopf herum, aber die Tagung in Duisburg im März 2018 und die darauf beruhende Publikation sind eine gute Gelegenheit, mich noch einmal damit zu konfrontieren. Eine Wiederbegegnung also: zunächst mit „Clara Heydebreck", dann mit den „Comedian Harmonists" (1975/76) und abschließend mit dem Majdanek-„Prozess" (1976-1984).

Die Anmutung auf den ersten Blick: altes Fernsehen. Das falsche Format, so komisch quadratisch, links und rechts diese schwarzen Balken. Und dann auch noch schwarz-weiß. Und dann die redenden Köpfe, die wir doch in den letzten Jahrzehnten losgeworden zu sein glaubten. Aber dann blieb ich doch wieder hängen in diesen Bildern und die Filme zogen mich hinein wie in eine Zeitmaschine. Was erzählt diese Zeitmaschine?

I. Ich komme noch einmal auf „Clara Heydebreck", auf die „Nachrede". Für mich damals und viele andere war das die Entdeckung des Sozialen im Medium Fernsehen. Die Entdeckung einer anderen Art von Geschichtsschreibung. Dafür war die Zeit reif. Dieser Dokumentarfilm erzählte die Geschichte von Leuten, deren Geschichte sonst niemand aufschrieb und erzählt sie auf eine besondere Weise. Besonders im Gedächtnis geblieben ist mir die Auflistung eines Lebens, diese Bilanz eines Lebens auf Zetteln und am Ende steht als Plus: 6 Mark 49. Mehr ist nicht geblieben.

Diese nüchterne Bilanz empfand ich damals als bewegend. Als besonders emotional, gerade wegen ihrer Nüchternheit. Wie detailliert Fechner die Einzelheiten dieses Lebens zusammenträgt, den Alltag, die Normalität in der Großstadt, aber auch die Normalität der Menschen, die sich in der Nähe von Clara Heydebreck aufhielten, aber nichts von ihr wussten. Am Ende steht da eine große Einsamkeit. Und eine Haltung des Autors, der über die

Wahl seiner Protagonistin sagt: „Ich glaube nicht, dass man mit der Darstellung außergewöhnlicher Schicksale [...] aufzeigen kann, was eine Zeit wirklich repräsentiert. Sie spiegelt sich vornehmlich im Leben derer, die ihre Opfer sind."

II. Die zweite Geschichte, die mir die Zeitmaschine erzählt, handelt vom Umgang mit Geschichte. Dafür stehen fast alle Filme Fechners, denn für Geschichte hat er sich besonders interessiert. Ich erwähne hier zwei: „Der Prozess" und „Die Comedian Harmonists".
Den Film „Der Prozess" nennt Fechner im Untertitel „Darstellung des sogenannten Majdanek-Verfahrens gegen Angehörige des Konzentrationslagers Lublin/Majdanek in Düsseldorf von 1975 bis 1981". Darstellung: Ein interessanter Begriff, weil er auf Fechners künstlerische Auffassung verweist. Dokumentarisch und fiktional waren für ihn keine Gegensätze, sondern zwei verschiedene Arten, die Welt wahrzunehmen. Und er hat diesen Prozess in Düsseldorf, den umfangreichsten Prozess gegen SS-Angehörige des Vernichtungslagers Majdanek, ja nicht im Gerichtssaal gedreht, sondern er hat ihn vor der Kamera nachgebildet, hat Zeugen befragt, Opfer ebenso wie Angeklagte, Staatsanwälte ebenso wie Schöffen, Richter ebenso wie Verteidiger, Prozessbeobachter ebenso wie Nebenkläger. Fechner hat ihn inszeniert. Und es ist das Authentischste, das man zu diesem Thema sehen kann, auch gemessen etwa an Claude Lanzmanns Monumentalwerk „Shoah" von 1985.
Für Zeitgenossen, deren Fernsehgeschichtsbildung von Guido Knopp herrührt, mag dieser Film einige überraschende, erhellende Momente enthalten: vor allem in der Art, wie der Autor die Aussagen der Protagonisten montiert, zueinander und gegeneinander. Man sieht, dass Fechner eine sehr dezidierte und nicht-naive Auffassung von Erinnerung hatte. Seine Idee war ja, dass man die vielen verschiedenen subjektiven Sichten so zusammenbringen könnte, dass daraus so etwas wie eine Annäherung an die objektive Wahrheit entstehen könnte. In den Filmen von Guido Knopp über den deutschen Faschismus – und die waren über die Jahre viel stilprägender als die Filme von Eberhard Fechner – war das völlig anders. Hier gab es keine Annäherungen, sondern gesichert auftretende Interpretationen, vorgetragen von einem dominierend auftretenden Erzähler und Erklärer. Die Zeitzeugen hatten kam eine andere Funktion als den Beleg zu liefern.
Jedenfalls: Wer Fechner-Filme gesehen hat, wird der naiven Vorstellung, vor der Kamera säßen immer Leute, deren Erinnerungen untrüglich sein sollen, nie mehr Glauben schenken wollen.

III. Dritte Erkenntnis aus der Zeitmaschine: Die Bedeutung des Faktischen. Schon der lange Untertitel weist darauf hin. Wenn man sich den Aufbau des Films „Der Prozess" anschaut, dann wirkt der auf den ersten Blick sehr einfach. Heute würde das kein Autor mehr so angehen: dreieinhalb Stunden ohne dramaturgische Kniffe, ohne Rückblenden, ohne Kommentar. Aber Fechners Dramaturgie ist auf das Faktische aus. Film 1 heißt: „Die Ermittlungen". Film 2: „Das Verfahren", Film 3: „Die Urteile". Die Unterkapitel heißen dann: „Prozess-Eröffnung", „Ortsbesichtigung", „Der Aufbau des Lagers", „Die Ankunft der Häftlinge", „Die Selektion", „Die Einkleidung" usw.

Nüchterner und undramatischer geht es nicht. Und doch liegt gerade darin die Dramatik des Erkennens, die Dramatik des Faktischen. Wenn man sich die Fakten dieses Films anschaut, ahnt man etwas von den dokumentarischen Methoden und Überzeugungen von Fechner. Etwa 70 Interviews hat er geführt, 150.000 Meter Film gedreht, 230 Stunden Material, aus dem dann dreimal 90 Minuten Film herauspräpariert wurden. Fechner selbst bezeichnete „Der Prozess" als seinen wichtigsten Film.

IV. Punkt vier der Erkenntnisse: Der lange Atem und die Kontinuität. Fechner selbst hat seine Geschichten immer als Zeitgeschichte erzählt und er hat das im Zusammenhang getan. Ich zitiere: „Ich habe mich für ein Thema, ein Projekt erst dann entschieden, wenn ich mir darüber klar wurde, dass es als Ergänzung, als Pendant, als Gegensatz, als Widerspruch zu dem bisher Gemachten taugt. Ich entscheide mich für einen Stoff immer unter Berücksichtigung dessen, was ich bisher gemacht habe."

Und so kann man seine Filme auch lesen als ein Soziogramm der Bundesrepublik Deutschland der 1960er bis 1980er Jahre, ein soziologisch-filmisches Programm. Ein Zeitpanorama. Eine Chronik des 20. Jahrhunderts. „Nachrede auf Clara Heydebreck" (1969): Das ist ein Film vom Leben und Sterben einer Proletarierin. „Klassenphoto – Erinnerungen deutscher Bürger" (1971): Der Film erzählt das Schicksal einer Gruppe von Kleinbürgern. „Unter Denkmalschutz – Erinnerungen aus einem Frankfurter Bürgerhaus" (1975): zeichnet Großbürgertum, Akademiker und das Schicksal einer deutsch-jüdischen Familie nach. „Lebensdaten. Alltagsgeschichten aus Berlin" (1976): das sind Geschichten von Handwerkern und kleinen Leuten. „Comedian Harmonists – sechs Lebensläufe" (1976): die Geschichte einer Gruppe von Künstlern und die Geschichte von Haltungen, von Loyalität und Opportunismus. „La Paloma" (1989): erzählt die Geschichten von Seeleuten, früh globalisierter Menschen. „Im Damenstift": alleinstehende adelige Damen erzählen aus ihrem früheren Leben (1989).

„Wolfskinder" (1991): die Erinnerungen einer ostpreußischen Flüchtlingsfamilie, deren Mitgliedern von litauischen Bauern geholfen wurde, denen der Film auch gewidmet ist.

Das ist ein ziemlich imposantes Programm, auch wenn es sich erst nachträglich als solches so kompakt interpretieren lässt, worauf Christoph Hißnauer hinweist. Wichtig daran ist jedenfalls: Für einen solchen Angang braucht es mindestens zwei. Einen Autor, der ein solches Programm stemmen will. Und Redakteure, Produzenten, Senderverantwortliche, die ihn nicht nur machen lassen, sondern auch dabei befördern. Das Verhältnis zum Sender war übrigens nicht ungetrübt. Auch Filme von Fechner mussten erst einmal durchgesetzt werden. Und die ARD wagte es nicht, den Film „Der Prozess" im Hauptprogramm zu zeigen. Er wurde zunächst „nur" im Dritten ausgestrahlt und erst Jahre später auch in der ARD.

V. Punkt fünf schließlich aus der Fechner'schen Zeitmaschine und mir der wichtigste und dringlichste: die Haltung zum Zuschauer. Wir begnügen uns heute im Zeitalter von „crossmedia" und „social media" gerne mit einer simplen Denkformel: Hier der „Couch Potato", dort der „User". Hier der leger zurückgelehnte Zuschauer, dort der körpergespannt dem Bildschirm zugeneigte Akteur. Hier der passive Konsument, dort der aktive Prosument. Dabei können wir von Fechner lernen, dass das eine falsche Fragestellung ist. Fechner hatte eine sehr hohe Meinung von den Zuschauern und er hatte nicht vor, es ihnen leicht zu machen. Seine Dramaturgie zielte auf aktivierbare Zuschauer, die selbst denken und die auch selbst denken wollen. Zu seinem Film über „Clara Heydebreck" hat Fechner gesagt: „Der Zuschauer muss selbst seinen Schluss daraus ziehen. Ich liefere keine Gebrauchsanweisungen dazu." Und zu „Comedian Harmonists": „Ich habe alles dargestellt, aber nicht gesagt. Wer es sehen wollte und konnte, der hat es getan."

Das Mittel, den Zuschauer zu einem aktiven, mitdenkenden Zuschauer zu machen, ist Fechners spezifische Methode der Montage: die inszenierte Wechselrede, das virtuelle Gespräch am imaginären Tisch. Mir scheint wichtig, dass man das nicht als eine rein stilistische Frage betrachtet, sondern als eine Schlüsselfrage zur Beziehung zum Zuschauer: Was will ein Autor mit seinen Filmen erreichen? Wen will er erreichen? Und zu welchem Zweck? Montage ist eine Frage der Haltung. Und die ist bei Fechner eindeutig: nicht bevormundend, aufklärerisch, auf Widersprüche achtend, Widersprüche organisierend. Und immer so komplex, wie der Stoff es erforderte.

VI. Soweit die Erkenntnisse aus der Fechner'schen Zeitmaschine. Natürlich bleiben das trotzdem Filme aus einer anderen Zeit. Sie waren eingebettet in ein Fernsehen, das es damals gab und das noch nicht dominiert war einerseits von Event- und Erlebniskultur, andererseits von hochgradig durchgesetzter Formatierung.

Fechner verstand das Fernsehen als ein Medium auf der Seite des Informativen, auch bezogen auf seine fiktionalen Fernsehfilme. Dazu hat er einmal geschrieben: „Der spezifische Ausdruck des Fernsehens ist für mich dokumentarisch-informativ". Rückblickend gesehen gehört zu seinen Filmen und ihrem Zustandekommen auch eine gewisse Bereitschaft zum Experiment, nicht nur des Autors, sondern auch in Redaktion und Produktion. Solche Mitstreiter hat Fechner wohl vorgefunden in Leuten wie Hans Brecht (1923-2007), der langjährige Leiter der Redaktion Film und Theater und stellvertretende Leiter der Hauptabteilung Fernsehspiel beim NDR-Fernsehen, oder Dieter Meichsner (1928-2010), seit 1966 Chefdramaturg und von 1968 bis 1991 Leiter der Hauptabteilung Fernsehspiel beim NDR. Den Schnitt nicht zu vergessen. Ohne die Experimentierfreude seiner Cutterin Brigitte Kirsche wären seine Filme auch nicht geworden, was sie sind. Aber zugleich hat Fechner selbst sich damals schon als Außenseiter empfunden: „Ich bin ja ein Fossil. Das ragt aus der Zeit in diese Fernsehlandschaft, der ich mich nicht anpassen werde."

VII. Fechner und die Folgen – hatte er Folgen und Nachfolger? Im Ganzen gesehen gewiss nicht. Dafür war er zu sehr ein Solitär in der Fernsehlandschaft, wenngleich neben ihm auch Autoren wie Hans-Dieter Grabe (*1937) und Erika Runge (*1939) agierten. Aber auch wenn sich die Fernsehlandschaft und die Wahrnehmungen inzwischen aufgesplittert haben, sehe ich dennoch an verschiedenen Stellen des Programms Menschen, die sich heute mit Fechners Filmen gut vertragen würden. Da ist natürlich die Tradition, die Autoren wie Heinrich Breloer (*1942) und Horst Königsstein (1945-2013) in ihren Doku-Dramen aufgriffen und weiterführten in ein neues Genre.

Heute ist es Raymond Ley (*1958), als Autor, Film- und Fernsehregisseur diese Tradition weiterführt. In der Darstellung von Geschichte sehe ich Andreas Christoph Schmidt (*1957) und Artem Demenok (*1962) in der Nachfolge, mit anderen Stoffen und anderen Erzählweisen, aber in der gleichen Seriosität und Genauigkeit, zuletzt in „Schatten des Krieges" (2016) und erst kürzlich „Krieg und Frieden – Deutsch-sowjetische Skizzen" (2017). Von der Zuwendung zum Alltag im großen Zugriff sehe ich etwas verwirklicht in Fernsehprojekten wie „Berlin 24 Stunden". Auch diese Sendung – ein Film war das ja nicht – arbeitete mit sorgfältiger soziologischer Genauigkeit, setzte die Protagonisten filmisch virtuell miteinander in Beziehung, verflocht ihre Geschichten zu einem Gesamtbild.

Das Gruppenportrait, das Fechner so virtuos beherrschte, sehe ich heute weiter verwirklicht etwa in Filmen wie „Iraqi Odyssey" (2014) des in Bagdad geborenen Regisseurs Samir (*1955), der das Schicksal seiner über die Welt verstreuten irakischen Familie als Geschichte des Nahen Ostens erzählen kann. Oder in den ganz anders gearteten Filmen des 1958 geborenen Sebastian Winkels: „7 Brüder" (2003) etwa oder „Mein schönes Leben/Nicht alles schlucken" (2015). Oder in den dokumentarischen Nachinszenierungen von Calle Overweg, Jahrgang 1962: „Das Problem ist meine Frau" (2003) oder „Beziehungsweisen" (2011).

Die Hartnäckigkeit der Recherche und die dokumentarische Tiefenbohrung finde ich natürlich bei Hans-Dieter Grabe, einem Zeitgenossen von Fechner. Oder ich finde es in den Filmen der 1959 in Biel geborenen Heidi Specogna, die aus einem Filmstoff schon den nächsten herausentwickelt, von „Carte Blanche" (2011) bis zu „Cahier africain" (2016).

Weniger einfach ist es mit dem Sozialen, wozu Fechner mit „Clara Heydebreck" die Tür aufgestoßen hat. Das Soziale als Erzählstoff ist einerseits als Reality-TV abgewandert ins kommerzielle Fernsehen und dort verrät es seine Protagonisten in einer Weise, wie Fechner das nie hätte in den Sinn kommen können. Oder es ist im Öffentlich-rechtlichen einbetoniert worden in Formate wie „ZDF-Zoom" oder „37 Grad", Formate, die den Zuschauer gern bevormunden und ihm vorerzählen, wie er das Gesehene zu beurteilen hat. Im großen Dokumentarfilm spielt das Soziale heute leider nur noch eine untergeordnete Rolle. Es ist nicht spektakulär genug. Man könnte hier noch Jean Boué (*1961) erwähnen oder die Redaktion um das Reportage-Format „7 Tage…" – beide vielleicht nicht zufällig im NDR beheimatet, in dem auch Eberhard Fechner gewirkt hat.

Die Fernseh-Geschichtsschreibung ist heute im Fernsehen weitgehend aufgesogen worden vom „Histotainment". Der Blick von unten wird zwar aufgegriffen, zum Beispiel in der Verwendung von Tagebüchern und Briefen als Material für „Re-Enactment", wie etwa in dem großen Event-Mehrteiler zum 100. Jahrestag des Ausbruchs des Ersten Weltkriegs, „14 – Tagebücher des Ersten Weltkriegs" von Jan Peter (2014). Dieser Zugang wiederum ist vor allem gewählt, weil natürlich keine Zeitzeugen mehr zur Verfügung stehen. Und er hat auch den Vorteil, dass Geschichte multiperspektivisch erzählt werden kann. Aber strukturell gesehen wird in fast allen Geschichtsdarstellungen des Fernsehens wieder Ereignisgeschichte geschrieben, nach dem Muster „333 bei Issos Keilerei", Geschichtsschreibung der Macht und der Mächtigen. Zuletzt gut zu sehen in den großen historischen Event-Mehrteilern des ZDF

„Die Deutschland-Saga: Woher wir kommen – Wovon wir träumen – Wer wir sind" (2014) und „Die Europa-Saga" (2017) von und mit dem britischen Historiker Christopher Clarke.

VIII. Soweit also das Fernsehen, das es heute gibt. In dem, im Großen und Ganzen, nicht mehr das Medium Mittel zum Zweck ist – wie bei Fechner zum Zweck der Aufklärung –, sondern wo das Medium selbst sein eigener Zweck ist. In dem vor allem Emotionalisierung das Maß der Dinge und der Dramaturgien ist. Ein neuer Überwältigungsrealismus greift Platz, ob im Kino mit „Dunkirk" von Christopher Nolan (2017) und im Spielfilm über das Massaker auf der norwegischen Insel „Utoya 22. Juli" von Erik Poppe (2018). Oder wie im Fernseh-Zweiteiler „Gladbeck" von Kilian Riedhof (2018), der peniblen Nachinszenierung der Geiselnahme von Gladbeck aus dem Sommer 1988, dem Versuch, einer Wiederbelebung der Emotionen. Wie hätte wohl Eberhard Fechner einen solchen Stoff angefasst? Man würde gern mit ihm darüber sprechen. Ersatzweise hier eine Aussage von ihm: „Realistische Fernsehspiele bilden die Wirklichkeit ab und zwar sollten sie sie so abbilden, dass die Wirklichkeit erkennbar bleibt. Dies ist der Zugang für die Millionen Fernsehzuschauer, aber sie zeigen die in der Wirklichkeit verborgenen Zusammenhänge mit, die nämlich sind in der Wirklichkeit selbst nicht erkennbar."

Noch einmal zurück zu „Nachrede auf Clara Heydebreck". Ich habe davon gesprochen, dass mir dieses Stück Fernsehen lange im Gedächtnis geblieben ist. Das war nicht nur eine individuelle Angelegenheit. Es war auch die Zeit dafür, die Sicht auf die Gesellschaft, die Sicht in die Gesellschaft zu erweitern. Der Zeitgeist war aufnahmebereit für den Blick von unten, für „oral history", für den Alltag, für unbekannte Biographien. Heute haben sich die Medianangebote und die Blickwinkel ins Unermessliche vervielfacht. Fokussierung wird da immer schwerer.

Wenn man sich das dokumentarische Programm der ARD für die Saison 2018/19 ansieht, muss man konstatieren: aktualistisch in der Themenwahl, auf Action orientiert, auf den Event und auf Service. Wir bekommen etwa den „Beamten-Report" und den „Deutsch-Türken-Report" und das „Microsoft-Dilemma". Die eiligen Reportagen mit ihrer überschaubaren Aufmerksamkeitsspanne sind dabei, den langen Dokumentarfilm und die geduldige Wahrnehmung zu verdrängen und unter den Dokumentationen erschöpfen sich die Innovationen auf immer neue Checks und den x-ten Blick von oben. Angesichts dieser Entwicklungen kann man vielleicht aus der Wiederbegegnung mit dem Werk von Eberhard Fechner als Lehre ziehen: Jede Zeit und jede Gesellschaft hat das Fernsehen, das sie verdient.

Eberhard Fechner mit seinen Filmen.

TORSTEN MUSIAL

Welche Spuren hinterlässt ein Mensch?
Das Eberhard-Fechner-Archiv in der Akademie der Künste als Quelle für die Forschung

ERWERBUNGSGESCHICHTE

„Diese ganzen unglaublichen Geschichten, die eine einmalige historische Bedeutung haben – egal, wer da vor der Kamera steht [...]", sagte Eberhard Fechner über das Material zu seinen Dokumentationen in einem Interview, sollten unbedingt für wissenschaftliche Zwecke von einem Archiv übernommen werden.[1] Doch zu dieser Ansicht kam er erst 1990. Zuvor war ihm lange nicht klar, ob er sein eigenes Archiv dauerhaft aufbewahrt wissen wollte. Über dessen Verbleib hatte er jedenfalls zunächst nicht endgültig nachgedacht.

Dabei wusste Fechner um den Stellenwert von Archiven. Durch die Vorbereitung seiner Filme, die ohne die Recherche in verschiedenen Archiven unmöglich gewesen wäre, hatte Eberhard Fechner auch schon früh deren Bedeutung erkannt. Regelmäßig war er dort zu Gast und nutzte deren Kompetenz. Aber er begann erst, sich intensiver mit der Aufbewahrung der Unterlagen zu seiner künstlerischen Arbeit zu befassen, als ihm der NDR erklärte, dass er das für seinen Film „Der Prozeß" über die Anklage gegen die Verantwortlichen im Konzentrationslager Majdanek nicht verwendete Interviewmaterial nicht länger aufheben könne. Daraufhin initiierte Fechner die Abgabe der Filmrollen an das Bundesarchiv-Filmarchiv. Anderes Material nahm er in der Folge von den Dreharbeiten mit nach Hause oder beließ es gleich dort. Vor allem seit der Gründung der Eberhard Fechner Film Produktion 1983 und der Dreharbeiten zu der Dokumentation über die Lebenserinnerungen alter adliger Frauen „Im Damenstift" verblieb ohnehin zunehmend mehr Material bei ihm zuhause. 1984 gehörte Eberhard Fechner dann zu den Gründungsmitgliedern der Sektion Film- und Medienkunst der Akademie der Künste in Westberlin und war auch ihr stellvertretender Direktor. In dieser Zeit kam er immer wieder auch mit dem großen Archiv des Hauses in Be-

---

[1] Annette von Stürmer: Ich glaube, das menschliche Gesicht ist eine Landschaft ... Interview mit Eberhard Fechner, in Eberhard Fechner-Archiv Nr. 544.

rührung und wusste daher um dessen Bestände, nutzte diese zum Teil auch für seine eigenen Recherchen. Aber es war ihm auch als Ort für die Bewahrung seiner eigenen Werke und deren Vorarbeiten sowie der seiner Künstlerkolleginnen und -kollegen vertraut. Parallel setzte er sich unermüdlich gemeinsam mit anderen Regiekollegen für die geplante Deutsche Mediathek ein.

Zugleich hatte sich das Archiv der Akademie der Künste in den frühen 1990er Jahren, nicht zuletzt angeregt durch die Akademiemitglieder Egon Monk, Rolf Hädrich und Fechner selbst, für einen neuen Sammelschwerpunkt Fernsehen entschieden. Aber auch die Tatsache, dass sich bereits die Bestände vieler Künstlerkollegen, mit denen Fechner zusammengearbeitet hatte, im Haus befanden, bewog ihn schließlich, sein Archiv der Akademie der Künste anzuvertrauen. In den Jahren nach seinem Tod 1992 betreute es jedoch vorerst Jannet Fechner noch in den bisherigen privaten Wohnräumen weiter. Erst nach ihrem Tod im Jahre 2015 kam es dann in die Akademie der Künste.

ARCHIVBESCHREIBUNG

Über 300.000 Blatt Papier, rund 1.500 Stunden Tonbandinterviews, 5.000 Briefe und mehr als 3.000 Fotos: das ist die knappe, rein zahlenmäßige Beschreibung des Eberhard-Fechner-Archivs in der Akademie der Künste. Der größte Teil des insgesamt knapp 40 Regalmeter umfassenden Archivs dokumentiert im Wesentlichen die Arbeit an seinen Filmen wie Drehbuchfassungen, Produktionsunterlagen, Fotos sowie Tonmitschnitte der Interviews, die Fechner für seine preisgekrönten Dokumentationen wie „Comedian Harmonists" (1976) oder „Der Prozeß" (1984) geführt hat. Hinzu kommen Zeugnisse seiner Theaterarbeit, eine umfangreiche Korrespondenz, u.a. mit Hardy Krüger, Giorgio Strehler, Roman Cycowski, Ralph Giordano, Egon Monk und Walter Kempowski, sowie Unterlagen zu seiner Tätigkeit in der Akademie der Künste.

Im Hinblick auf Fechners Archiv ist der Titel dieses Beitrags durchaus doppeldeutig zu verstehen. Einerseits geht es um die Spuren Fechners, die er mit seinen Filmen hinterlassen hat und die sich auch in seinem künstlerischen Nachlass finden, in seinen Arbeitsunterlagen und in seinen Briefen. Diese Materialien stellten für Fechner eine Arbeitsregistratur dar, die er für seine Produktionen nutzte, in der die Genese seiner Filme dokumentiert ist, in der sich die Grundlagen für geplante Projekte verbergen und seine Arbeitsbeziehungen deutlich werden. Andererseits finden sich in diesem Bestand aber auch die Spuren der Protagonisten seiner Dokumentationen, deren Lebensläufen und Erinnerungen er in seinen

Filmen nachging. Dazu gehören neben den Interviewmitschnitten viele Briefe, die der Filmemacher mit den unterschiedlichen Protagonisten seiner Filme gewechselt hat, teilweise noch lange, nachdem die Dreharbeiten bereits abgeschlossen waren. Aber es sind auch Fotos und persönliche Dokumente von ihnen überliefert, so beispielsweise Ausweise und Kassenbücher von Klara Heydebreck, deren Lebensgeschichte er in dem gleichnamigen Film nachging.

Das Eberhard-Fechner-Archiv verdankt seine Größe und relative Geschlossenheit gleich mehreren glücklichen Umständen. So bewohnte Eberhard Fechner seit der Mitte der 1970er Jahre ununterbrochen eine Wohnung mit großzügig geschnittenen Räumen am Nonnenstieg im gutbürgerlichen Hamburger Villenviertel Harvestehude. Im Souterrain des Hauses hatte er sich ein eigenes Studio mit viel Platz und einem Schneidetisch eingerichtet. Wer ihn dort besuchte, hatte eher den Eindruck, in der Registratur einer Anwaltskanzlei als im Arbeitszimmer eines bekannten Fernsehregisseurs zu sein. Drehbücher standen ordentlich nebeneinander im Regal. Interviewabschriften mit umfangreichen Indizes waren sorgfältig in Aktenordnern abgeheftet und diese wiederum fein säuberlich mit den Namen der jeweiligen Gesprächspartner beschriftet worden. Daneben stapelten sich meterhoch Tonbandspulen und Filmbüchsen, jeweils nach Filmen und Interviews sortiert. Doch was nach penibler, ja fast schon pedantischer Ordnung aussah, war eher notwendiger Ausdruck des akribischen Arbeitsstils Eberhard Fechners. Denn der Filmemacher betrieb in der Vorbereitung seiner Projekte immer äußerst umfangreiche und aufwändige Recherchen bei der Suche nach Dokumenten und Quellen. Ehemalige Mitarbeiter wissen von einem geradezu manischen Wissensdrang zu berichten. Selbst scheinbare Details mussten vorher gründlich geklärt werden. Dies bezog sich zwar hauptsächlich auf die Spielfilmproduktionen und weniger auf die Dokumentationen, bei denen er seinen Interviewpartnern möglichst unvoreingenommen und ohne großes Vorwissen, was Details ihrer Biografie betraf, gegenüber treten wollte. Dennoch war es ihm auch dabei wichtig, das historische Umfeld genau zu kennen.

Aber auch sein Arbeitsstil beim Montieren der Dialoge in diesen Interviewfilmen verlangte eine akribische Ordnung der Abschriften der Tonaufzeichnungen. Fechner zerlegte diese Texte zunächst fast bis auf einzelne Sätze oder sogar Satzteile, sortierte sie anschließend nach den Personen und deren Aussagen und gliederte diese wiederum nach Themen oder Fragestellungen. Daraus komponierte er das Drehbuch, das eher einer Montageliste glich. Für den eigentlichen Schnitt des Filmmaterials musste dann alles sofort griffbereit sein. Und so entstand eigentlich schon während der Filmproduktion eine Art Arbeitsarchiv mit starkem Werkstattcharakter. Man könnte aber fast meinen, Fechner sei selbst ein Archivar gewesen, so genau und systematisch führte er seine Ablage. Sicherlich auch bedingt durch die ungeheure Materialfülle, die bei jedem Film entstand, und deren Beherrschung der Schlüssel zu einem zügigen Produktionsablauf war.

ZIEL DER ARCHIVIERUNG

Das Ziel der Archivierung bestand darin, die vorgefundene Struktur im Wesentlichen zu erhalten, um Fechners Arbeitsweise erkennbar bleiben zu lassen. Doch gleichzeitig sollte die archivalische Erschließung den Zugriff für die wissenschaftliche Forschung möglichst komfortabel und nutzbringend machen. Daher wurde ein Klassifikationssystem entworfen, das sich zum einen an die generellen Vorgaben der Akademie der Künste und der Nachlassverzeichnung allgemein orientiert, zugleich aber der spezifischen Arbeitsweise Fechners gerecht wird. Dazu wurden die Unterlagen zu den Filmen nach den einzelnen Produktionen sortiert und innerhalb dieser Ordnungsgruppen nach den verschiedenen Arbeitsstufen. Zur Verdeutlichung sollen hier einmal die einzelnen Arbeitsschritte Fechners bei einer Produktion aufgeführt werden und zugleich beschrieben werden, welche Unterlagen daraus erwachsen sind.

Nach der Entscheidung für ein bestimmtes Thema oder einen Stoff recherchierte Fechner zunächst umfassend. Davon zeugen Rechercheunterlagen wie Zeitungsartikel, Adressenlisten oder Fotos. Aus der Phase der unmittelbaren Filmvorbereitung gibt es Planungsunterlagen, Übersichten zu den Drehorten, Konzeptionen, Fragenkomplexe und auch einzelne Interviewfragen. Der umfänglich größte Teil der Dokumente erwuchs während der Produktion. Neben Interviewplänen, Kalkulationen, Korrespondenz, verschiedenen Drehbuchfassungen mit Notizen, Schnittprotokollen und Montagelisten existieren Filmrollen, Tonbänder und Tonbandabschriften. Hinzu kommen umfangreiche handgeschriebene Notizblöcke Jannet Fechners, die noch während der Dreharbeiten die wichtigsten Aussagen sowie die Szenenanschlüsse notierte. All diese verschiedenen Unterlagen verweisen aufeinander durch die Namen der Interviewpartner, thematische Begriffe sowie die Nummern der Bild- bzw. Tonrollen. Insbesondere die Notizen Jannet Fechners und die verschiedenen Drehbuchfassungen beziehungsweise Montagelisten stellen eine wichtige Quellengruppe dar, an der wesentlich die Werkgenese nachvollzogen werden kann. Denn Eberhard Fechner arbeitete zunächst „am Papier" und erst danach im Schneideraum. Er konstruierte aus den einzelnen Aussagen seiner Protagonisten ein Drehbuch, nach dessen Vorgaben dann erst der Film montiert wurde. In seinem Archiv kann aber auch generell Fechners Arbeitsweise, seinen Beziehungen zu anderen Künstlern, seinen nicht verwirklichten Projekten sowie der Rezeption seiner Filme nachgespürt werden.

BESONDERE QUELLENGRUPPEN

Auf zwei Dokumentengruppen soll besonders hingewiesen werden: auf die Audio-Mitschnitte der Interviews und auf die Zuschriften beziehungsweise Zusendungen der Zuschauer. Die Audio-Mitschnitte sind in großem Umfang, zu einigen Filmproduktionen sogar vollständig, überliefert worden. Fechner hatte immer sehr materialintensiv gearbeitet und viel mehr gedreht, als er später in den Filmen verwendet hat. So hatte er für die Dokumentation über das Leben von Seeleuten „La Paloma" rund 70 Stunden gedreht, aber nur drei Stunden davon im Film eingesetzt. Bei „Der Prozeß" waren sogar 220 Stunden Interviews entstanden, die Fechner zu 4,5 Stunden verdichtete. An diesen Aufzeichnungen, die schon lange vor dem eigentlichen Beginn der Interviews einsetzen, lässt sich der besondere Fragestil Fechters gut erkennen und nachvollziehen: er unterbrach die Interviewten nicht, stellte nur selten Rückfragen oder konfrontierte sie mit Dokumenten. Ebenso ist erkennbar, welche Aussagen Fechner benutzt hat, aber auch, welche er nicht verwendet hat. Besonders deutlich wird in diesen ungeschnittenen Aufnahmen, wie subjektiv die Erinnerungen der einzelnen Interviewpartner sind. Aber es ist auch eine Auswertung unter anderen Gesichtspunkten möglich, beispielsweise unter soziologischen Aspekten oder alltagsgeschichtlichen Fragestellungen.

Fechners Filme bewegten die Menschen, sprachen Erinnerungen an, die längst vergessen schienen. Als Folge erfuhren seine Filme eine umfängliche Rezeption, und das nicht nur in der Publizistik. Viele Zuschauer schrieben ihm Briefe, öffneten sich ihm, sahen ihn als eine Art Vertrauten an, dem sie das, worüber sie teilweise jahrzehntelang nicht gesprochen hatten oder sprechen konnten, endlich anvertrauen können. So erreichten ihn viele Briefe mit eigenen Texten und Erinnerungen der Zuschauer wie beispielsweise nach der Ausstrahlung von „Wolfskinder". Fechner hat aber in der Vorbereitung verschiedener Produktionen auch gezielt um solche Erinnerungen geworben wie bei dem nicht realisierten Filmprojekt „Währungsunion". Die in seinem Archiv dazu erhaltenen persönlichen Erinnerungen, Tagebücher, Briefe und autobiografischen Niederschriften stellen eine außergewöhnlich interessante Quellengruppe dar. In diesem Zusammenhang sei auch auf die umfangreiche Gruppe der

Filmprojekte hingewiesen, die in verschiedenen Reifestufen vorliegen, angefangen von Recherchematerial für die geplante Dokumentation über Marylin Monroe, erste Textfassungen und zahlreiche ausgearbeitete Entwürfe des Szenenbildners Götz Heymann für „Kinderkreuzzug" oder gar komplette Drehbücher wie für sein letztes Projekt „Grunewaldvilla".

ZUGANG UND FORSCHUNG

Mit der Auswertung des Archivs wurde schon sehr zeitig begonnen. Eberhard Fechner hatte es bereits selbst genutzt, u.a. für seine Bücher „Nachrede auf Klara Heydebreck", „Giorgio Strehler inszeniert" und „Die Comedian Harmonists" sowie für seine Aufsätze und Reden. Nach seinem Tod brachte Jannet Fechner mit Hilfe der Dokumente dann die Bücher „La Paloma" und „Grunewaldvilla" heraus. Aber auch die Forschung hatte in dieser Zeit bereits Zugang zum Archiv. So entstanden mit Hilfe dieser Quellen und mit tatkräftiger Unterstützung durch Jannet Fechner seit der Mitte der 1990er Jahre mehrere Abschlussarbeiten und Dissertationen. Dadurch wurde bereits damals die große Bedeutung des Archivs deutlich. Nach der Übergabe an die Akademie der Künste ist das Eberhard-Fechner-Archiv inzwischen vollständig erschlossen und online über die Archivdatenbank der Akademie der Künste recherchierbar.[2] Einzelne Dokumente sind auch bereits digitalisiert und, insofern die Urheber zugestimmt haben und dem keine anderweitigen Einschränkungen entgegenstehen, ebenfalls online einsehbar. Als nächstes ist geplant, die Audio-Mitschnitte der Interviews zu digitalisieren. Die Einsicht in das Eberhard-Fechner-Archiv ist im Lesesaal des Archivs am Robert-Koch-Platz möglich. Dort kann aber auch in anderen Archiven zur Fernsehgeschichte geforscht werden, wie denen von Peter Beauvais, Dieter Meichsner, Egon Monk oder Dieter Wedel. Seit der Öffnung des Bestands Ende 2017 wurde er inzwischen bereits mehrfach genutzt. Gegenstand der Forschungen waren u. a. die Aussagen zum Majdanek-Prozess, Fechners Montagetechnik und die Geschichte der Deutschen Mediathek.

Neben der Bewahrung des Archivs und der Betreuung der Nutzeranfragen forscht die Akademie der Künste auch selbst am Bestand und publiziert die Ergebnisse dieser Forschung. Daneben initiiert sie verschiedene Veranstaltungen wie Symposien und Filmvorführungen, um Fechners Werk lebendig zu halten. Eberhard Fechner wollte mit seinen Filmen ein Jahrhundert dokumentieren. Aber auch sein Archiv ist ein weiterer Schlüssel zum Verständnis dieses Abschnitts der Menschheitsgeschichte.

---

[2] http://www.archiv.adk.de

Jannet Gefken-Fechner

v.l.n.r.: Angela Haardt, Dietrich Leder, Torsten Musial, Werner Ružicka, Jan-Pieter Barbian, Julia Schumacher.

Verzeichnis der Autorinnen und Autoren

Jan-Pieter Barbian (* 1958)
Studium der Geschichte, Germanistik und Philosophie. Magister Artium 1986, 1991 Promotion mit der Studie „Literaturpolitik im ‚Dritten Reich'. Institutionen, Kompetenzen, Betätigungsfelder". 1987-1991 Wissenschaftlicher Mitarbeiter im Fach Geschichte der Universität Trier. 1991-1998 Fachbereichsleiter für „Kulturelle Bildung" an der Volkshochschule der Stadt Duisburg. Seit 1999 Direktor der Stadtbibliothek Duisburg, ehrenamtlicher Geschäftsführer des Vereins für Literatur Duisburg und der Duisburger Bibliotheksstiftung. 2009 „Librarian in residence" des Goethe-Instituts in New York und in Washington/DC. 2010, 2013 und 2016 auf Einladung des Goethe-Instituts Vortragsreisen nach Beijing, Chengdu, Hangzhou, Guangzhou, Hong Kong, Shanghai und Wuhan, 2011 nach Moskau, Perm und Genua. Arbeitsschwerpunkte: Kultur-, Film-, Buch- und Bibliotheksgeschichte im 20. Jahrhundert; internationale Beziehungen auf dem Gebiet des Bibliothekswesens; Kulturelle und Interkulturelle Bildung in Öffentlichen Bibliotheken.

Simone Emmelius (* 1958)
Von 1976 bis 1982 Studium der Literaturwissenschaft, Volkswirtschaftslehre und Filmwissenschaften an den Universitäten Mainz und Konstanz mit den Abschlüssen M.A. und Promotion über „Fechners Methode". 1984 bis 1985 Volontariat beim ZDF, im Anschluss bis 1987 Redakteurin in der Redaktion „Gesellschaftspolitik". Von 1987 bis 1997 Stabsreferentin Unternehmensplanung mit den Aufgaben Marktanalyse, Konzept-Entwicklung für die Neugründung von Fernsehsendern (ARTE, KIKA, PHOENIX) und Pilotprojekte auf neuen technischen Verbreitungswegen. Danach bis 2009 Leiterin der Redaktion „ZDFvision" mit den Aufgaben Konzeption, inhaltliche Positionierung und Umsetzung in den Digitalsendern ZDFdokukanal, ZDFinfokanal sowie erster interaktiver Programmangebote. Von 2009 bis 2012 Leiterin der Redaktion ZDFneo und von April 2012 bis April 2018 Senderchefin von ZDFneo. Seit Mai 2018 Leiterin der Hauptredaktion Spielfilm im ZDF.

Angela Haardt (* 1942)

Abschluss als M.A. an der Universität München in deutscher und polnischer Literaturwissenschaft und philosophischer Ästhetik. 1972 bis 1974 Gründungsmitglied des internationalen forums der filmavantgarde (iff) in München. Von 1977 bis 1986 Leiterin des Fachbereichs „Kulturelle Bildung" an der VHS Duisburg, Leiterin des kommunalen Kinos „filmforum" Duisburg (bis 1984) und der Duisburger Filmwoche (bis 1984). Von 1990 bis 1997 Leiterin der Internationalen Kurzfilmtage Oberhausen. Von 1979 bis 2014 Jurytätigkeiten in Gremien und bei Filmfestivals im In- und Ausland, zahlreiche Vortragsreisen zum Thema Dokumentar- und Kurzfilm auf Einladung des Goethe-Instituts. Seit 1998 freiberufliche Kuratorin für Film- und Medienkunst für die Wüstenrot Stiftung (Kurzfilmbiennale Ludwigsburg), für die Guardini Stiftung (Filmreihen, Vorträge), Organisatorin von Kongressen im Bereich Film, Tanz und neue Technologien. 2004 Gestaltung der Retrospektive „Eine etwas andere Geschichte. 50 Jahre Kurzfilmtage". Zwischen 2000 und 2011 Lehrtätigkeiten an den Kunsthochschulen Berlin und Hamburg.

Oliver Hadji (* 1965)

Arbeitete als Portrait-Fotograf für namhafte Magazine wie „Stern", „Focus", „Vogue" und „Vanity Fair". Zusätzlich hat er sich auf Theaterfotografie (u.a. am Burgtheater Wien) und Reisereportagen (u.a. von Istanbul nach Baku) spezialisiert. Er lebte lange Zeit in New York und arbeitete mit Peter Lindbergh und Thomas Hoepker zusammen. Als Geschäftsführer der HapaTeam GmbH wirkt er am Vertrieb von hochwertigem Zubehör für Foto und Film mit. 2009 gründete er in Hamburg zusammen mit Sehnaz Seker die Agentur „Die Liebe zur Fotografie", die Foto-Workshops anbietet, Fotobücher veröffentlicht und Fotokunst vermittelt.

Klaus Kreimeier (* 1938)

Studium der Theaterwissenschaft, Germanistik und Kunstgeschichte in München und West-Berlin. Promotion zum Dr. phil. 1964. Von 1964 bis 1968 Dramaturg beim Fernsehen. 1968 bis 1969 Kultur-Redakteur beim Nachrichtenmagazin „Der Spiegel". Danach freier Autor und Dozent an der Deutschen Film- und Fernsehakademie Berlin. 1974 Berufung zum Professor für visuelle Kommunikation an die Universität Oldenburg. Nach einer „Anhörung" im niedersächsischen Kultusministerium Berufsverbot als Hochschullehrer wegen aktiver Unterstützung der Solidaritätsbewegung mit dem vietnamesischen Volk. 1981 Habilitation an der Universität Osnabrück. Mehrere Reisen nach Ost- und Westafrika; daraus entstanden Rundfunksendungen und Studien über die anglophone Literatur Afrikas und das Buch „Geborstene Trommeln. Afrikas zweite Zerstörung" (1985). Von 1997 bis 2004 Professor für Medienwissenschaft an der Universität-Gesamthochschule Siegen. Zahlreiche Veröffentlichungen, u.a. „Kino und Filmindustrie in der BRD – Ideologieproduktion und Klassenwirklichkeit nach 1945" (1975), „Joris Ivens. Ein Filmer an den Fronten der Weltrevolution" (1977), „Die Ufa-Story" (1992, übersetzt ins Englische, Französische und Japanische), „Notizen im Zwielicht. Fernsehalltag und Bildschirmwirklichkeit" (1992), „Lob des Fernsehens" (1995), „Geschichte des dokumentarischen Films in Deutschland. Band 2 Weimarer Republik" (herausgegeben mit Jeanpaul Goergen und Antje Ehmann, 2005), „Prekäre Moderne. Essays zur Film- und Kinogeschichte" (2008), „Traum und Exzess. Die Kulturgeschichte des frühen Kinos" (2011).

Dietrich Leder (* 1954)
Studium der Germanistik, Theaterwissenschaften und Pädagogik an der Universität Köln. Nach dem Abschluss 1980 freiberufliche Tätigkeit als Medienkritiker für mehrere Tages- und Wochenzeitungen, Filmzeitschriften, den Rundfunk und das Fernsehen. Dokumentarfilme („Blindgänger" mit Fosco Dubini), Fernsehessays („Die Jagd nach Sensationen") und Fernsehgespräche („Dokumentarfilmzeit" auf 3sat). Von 1977 bis 1989 Mitherausgeber der Kölner Medienzeitschrift „Zelluloid". 1982 bis 1993 Mitglied der Programmkommission der Duisburger Filmwoche. Seit 1994 Professor für Fernsehen und Film an der Kunsthochschule für Medien in Köln. Zahlreiche Buch- und Aufsatzpublikationen zur Film- und Fernsehgeschichte. Seit 1986 alljährlich Rückblick auf das Fernsehjahr für die „FUNK-Korrespondenz" (heute „Medienkorrespondenz"), der seit 1992 auch im „Jahrbuch Fernsehen" erscheint. Seit 2001 Autor der wöchentlichen Internet-Kolumne „Dietrich Leder – Journal der Bilder und der Töne" (seit 2015 „Leders Journal").

Torsten Musial (* 1960)

Studium der Geschichte und Archivwissenschaft in Berlin. 1996 Promotion. Seit 2000 Leiter des Archivs Film- und Medienkunst an der Akademie der Künste, Berlin. Publikation von Aufsätzen über Rainer Erler, Eberhard Fechner, Martin Held, Jeanine Meerapfel, Ulrich Plenzdorf u.a. Herausgeber von Büchern über Theo Lingen, Kurt Maetzig, Konrad Wolf u.a. Organisation von Ausstellungen über Mario Adorf, Johannes Heesters und Hanna Schygulla.

Werner Ružicka (* 1947)

Studium der Germanistik, Philosophie und Sozialwissenschaften an der Ruhr-Universität Bochum. Ab 1974 Leiter der Kommunalen Filmarbeit in Bochum. Von 1978 bis 1982 Mitarbeit am dokumentarischen Langzeit-Projekt „Prosper/Ebel – Eine Zeche und ihre Siedlung" als Regisseur und Produktionsleiter. Nach 1982 arbeitete er als Autor für das Fernsehen und das Theater. Seit 1985 Leiter der Duisburger Filmwoche. Festival des deutschsprachigen Dokumentarfilms. Daneben war er Mitglied in der Jury und im Beirat der Internationalen Kurzfilmtage Oberhausen, in der Jury der Österreichischen Filmtage Wels und des Adolf-Grimme-Preises sowie Lehrbeauftragter für Dokumentarfilm an der Hochschule für Fernsehen und Film in München. Auf Einladung des Goethe-Instituts leitete er Seminare in China, Israel, Spanien, Brasilien, Indien u.a. Für sein Lebenswerk wurde er im Rahmen der 68. Internationalen Filmfestspiele Berlin am 19. Februar 2018 mit dem Ehrenpreis der deutschen Filmkritik ausgezeichnet.

Julia Schumacher (* 1981)
Von 2001 bis 2008 Studium der Medienkultur und Philosophie an der Universität Hamburg mit den Abschlüssen M.A. (2008, als Buch gedruckt: „Filmgeschichte als Diskursgeschichte. Die RAF im deutschen Spielfilm", Berlin/Münster 2011) und Promotion (2015, als Buch gedruckt: „Realismus als Programm. Egon Monk. Modell einer Werkbiografie", Marburg 2018). 2004 bis 2008 Nebentätigkeit in Teilzeit beim MotivBuero Karin Verbeek, Hamburg, mit den Aufgaben Produktionsservice, Locationscouting und –management. Danach bis 2011 Wissenschaftliche Mitarbeiterin am Institut für Medien und Kommunikation der Universität Hamburg und Koordinatorin der interdisziplinären Summer Schools. Von 2011 bis 2018 freiberufliche Wissenschaftslektorin und Lehrbeauftragte sowie Locationscouting und –management für nationale und internationale Produktionen (Kino, TV, Werbung). Seit 2018 Wissenschaftliche Mitarbeiterin am Institut für Medien und Kommunikation der Universität Hamburg.

Fritz Wolf (* 1947)
Ausgebildet als Germanist und Dramaturg. Von 1979 bis 1988 Kultur-Redakteur der „Deutschen Volkszeitung", bis 1989 deren stellvertretender Chefredakteur. Seit 1989 freier Journalist im Medienbüro Düsseldorf. Von 2000 bis 2002 Literatur-Redakteur der „Galerie" im „Handelsblatt". Langjähriges Mitglied in den Jurys zum Adolf-Grimme-Preis, zum Dokumentarfilmpreis Band-Württemberg (2003), zur Duisburger Filmwoche (2003-2005) und zum Deutschen Dokumentarfilmpreis 2018. Seit 1995 Dozent in der Weiterbildung im Journalisten-Zentrum Haus Busch in Hagen. Seit 2003 Workshops an der Filmhochschule Ludwigsburg sowie beim WDR in Köln und bei ARTE in Straßburg. 2005 Mitarbeit an der dreibändigen Geschichte des WDR. Zahlreiche Aufsatzpublikationen zu Medienfragen: u.a. Studien für die Otto-Brenner-Stiftung über Politische TV-Magazine sowie über Rundfunkgremien, zuletzt „Wir sind das Publikum. Autoritätsverlust der Medien und Zwang zum Dialog".

Bildnachweis

Oliver Hadji, Hamburg
S. 14, 85, 160, 163, 164, 165

Friedhelm Krischer, Duisburg
S. 192

Wolfgang Kunz, Berlin
S. 86, 100, 175

Hans-Joachim Post, Eifel
S. 122, 127, 130, 148, 150-151, 154

Jürgen Röhrscheid, Darmstadt
S. 85, 166, 174, 184

Trotz aller Bemühungen ist es den Herausgebern leider nicht gelungen, alle Inhaber der Rechte der in diesem Band veröffentlichten Fotos ausfindig zu machen. Daher bitten wir für den Fall, dass Fotorechte tangiert sind, sich mit den Herausgebern dieses Buches über den Verlag in Verbindung zu setzen.